Recht und Rhetorik

…eben von Katharina Gräfin von Schlieffen

Band 6

PL ACADEMIC RESEARCH

Herausgeg

§ A

Was die Rechtslehre sei?

Der Inbegriff der Gesetze, für welche eine äußere Gesetzgebung möglich ist, heißt Rechtslehre (*Ius*). Ist eine solche Gesetzgebung wirklich, so ist sie Lehre des positiven Rechts, und der Rechtskundige derselben, oder Rechtsgelehrte (*Iurisconsultus*), heißt rechtserfahren (*Iurisperitus*), wenn er die äußeren Gesetze auch äußerlich, d.i. in ihrer Anwendung auf in der Erfahrung vorkommende Fälle kennt, die auch wohl Rechtsklugheit (*Iurisprudentia*) werden kann, ohne beide zusammen aber bloße Rechtswissenschaft (*Iurisscientia*) bleibt. (…)

Immanuel Kant

Vorwort

Mit dem vorliegenden Band wird meine Promotionsschrift veröffentlicht, die die Rechtswissenschaftliche Fakultät der Fernuniversität in Hagen im Sommersemester 2015 als Dissertation angenommen hat.

Die Verwandlung eines ersten vagen Gedanken in eine wissenschaftliche Abhandlung verlangt Mut, Geduld, Durchhaltevermögen und die stete Bereitschaft zum kritischen Austausch. Diese Bedingungen schafft man nicht alleine aus sich selbst heraus, sondern nur mit der Hilfe und Unterstützung anderer. Und so ist es ein guter Brauch „vor dem Wort" seinen aufrichtig empfundenen Dank *coram publico* gegenüber all jenen auszusprechen, welche die Entstehung, Erarbeitung und Fertigstellung dieser Qualifikationsschrift ermöglicht haben.

Dass ich es als Jurist überhaupt gewagt habe, den Gegenstand meines eigenen Tuns in den Kontext philosophischer Betrachtungen zu stellen, verdanke ich meinem Gymnasiallehrer *Josef Hoischen*, der mich an die philosophischen Disziplinen heranführte und durch seine Lehrweise eine Neugierde für den Stoff hervorrief, welche die Schul- und Studienzeit überdauerte.

Die Möglichkeit zu einer wissenschaftlich tätigen Verbindung von Recht und Philosophie verdanke ich meiner Doktormutter und akademischen Lehrerin *Prof. Dr. Katharina Gräfin von Schlieffen*. Sie ermutige mich zur freien Forschung, unterstützte mich in Momenten des Zweifels mit ihrer Erfahrung und ihrem Vertrauen und lehrte mich geduldig nüchternes, streng am Gegenstand orientiertes Denken über Denken. Sie sensibilisierte mich für die in der Grundlagenforschung grundlegende Annahme der Rhetorizität des Rechts. Ohne ihre wissenschaftliche Fürsorge wäre die vorliegende Schrift niemals entstanden.

Danken möchte ich auch dem *Jungen Forum für Rechtsphilosophie*, das mit seinen Tagungen und Veröffentlichungsmöglichkeiten einen Raum schuf, der es mir gestattete, mich als junger Wissenschaftler im rechtsphilosophischen Diskurs zu erproben und zu entwickeln.

Einen stillen Dank spreche ich an all die vielen Wissenschaftler und Hochschullehrer aus, die ich auf Tagungen und Konferenzen kennenlernen durfte und die durch ihre Denkweisen unwillkürlich auch die Entwicklung dieser Arbeit vorangetrieben haben. Ich verzichte auf namentliche Nennungen, um nicht den Eindruck für Mitverantwortlichkeiten von Überlegungen entstehen zu lassen, die ich ganz allein zu verantworten habe.

Für die Übernahme der Zweitbegutachtung meiner Dissertation möchte ich mich bei Herrn *Prof. Dr. Stephan Stübinger* bedanken.

Dank gilt auch der *FernUniversität in Hagen* und dem *An-Institut Firm GmbH* für die Schaffung von Möglichkeiten und Freiräumen zum wissenschaftlichen Arbeiten und der finanziellen Förderung der Arbeit.

Neben der Unterstützung aus dem akademischen Kreis durfte ich mich über den steten Rückhalt durch meine Familie und Freunde glücklich schätzen.

Insbesondere möchte ich mich bei der *Agentur Pross* bedanken, die mir gerade gegen Ende der Fertigstellung ein Umfeld für gelingendes Arbeiten zur Verfügung stellte.

Weiter schulde ich *Loni* und *Friedhelm Westphal* Dank für ihre gewissenhaften Korrekturarbeiten an meinem Manuskript sowie *Benjamin Graber* für den Satz der Druckvorlage.

Schließlich danke ich von Herzen meiner Frau und meinem Sohn, die mich so oft nachsichtig und großzügig von meinen familiären Pflichten freistellten und mir immer wieder in ihrer Mitte Kraft schenkten; habt Dank.

Der letzte Dank gehört meinen Eltern, denen ich diese Schrift widme.

Bochum / Hagen 2016 Christian Nierhauve

meinen Eltern

Inhaltsverzeichnis

Exordium

„Alle Juristen haben eine Rechtsphilosophie, nur die meisten wissen es nicht (...).“

Ralf Dreier

„Die Gesetzgebung ist an die verfassungsmäßige Ordnung, die vollziehende Gewalt und die Rechtsprechung sind an Gesetz und Recht gebunden.“, heißt es in Artikel 20 Absatz 3 des Grundgesetzes. Der Verfassungstext verbrieft den Gedanken der sog. Gesetzes- und Rechtsbindung und verleiht ihm Verfassungsrang. Mit der Bindungsmetapher wird der rechtsstaatliche Kerngedanke zum Ausdruck gebracht, dass die Ausübung staatlicher Handlungs- und Entscheidungsmacht unter der Leitung von Gesetz und Recht erfolgt.[1] Staatliche Organe sollen gesetzmäßig handeln. Das Bild der Bindung scheint auf den ersten Blick selbsterklärend. Gepaart mit der passivischen Formulierung suggeriert es die Möglichkeit einer unmittelbaren Abhängigkeit zwischen Gesetz, Recht und staatlichem Handeln.[2]

Die eingängige Bindungsmetapher lässt einen auf den ersten Blick intuitiv das vom Verfassungsgeber vermeintlich intendierte Umsetzungsmodell erahnen: Konfrontiert mit einem bestimmten Lebenssachverhalt, der, warum auch immer im Einzelnen, staatlicher Regulierung bedarf, ordnet der Amtswalter oder Richter die Angelegenheit nach den gesetzlichen Vorgaben. Jene schlichte Vorstellung bedürfte keiner weitergehenden Erörterung, wenn die Rechtspraxis ihr entspräche. Doch ist die Wirklichkeit mannigfaltiger als normative Schriftlichkeit. Das gesellschaftliche Leben in seiner stets wechselnden Vielfalt entzieht sich einer totalen Normierbarkeit in Form von gesatztem Recht. Nur allzu oft stellt sich die Frage, ob die Tatbestandsmerkmale des abstrakt-generell formulierten

---

1 Siehe zur dogmatischen Bedeutung des Bindungsgedanken *Hassemer*, Rechtssystem und Kodifikation: Die Bindung des Richters an das Gesetz, in: A. Kaufmann (Hrsg.), Einführung in Rechtsphilosophie und Rechtstheorie der Gegenwart, 8. Aufl., Heidelberg 2011, S. 251 f.

2 Siehe insbesondere in der deutschen Debatte zur Gleichsetzung von Bindung und Methodisierbarkeit erst jüngst: *Wagner / Zimmermann*, Vorwort, in: Bork / Taupitz / Wagner, Archiv für die civilistische Praxis, 214. Band, 2014, S. 5 unter Verweis auf *Rüthers*, Methodenrealismus in der Jurisprudenz und Justiz, JuristenZeitung 2006, S. 53 f.

Gesetzes und der konkrete Lebenssachverhalt gesetzmäßig einander zugeordnet werden können. Welcher Gesetzmäßigkeit folgt die Gesetzmäßigkeit?

Jene Fragestellung deckt die Unbestimmtheit der Bindungsmetapher auf. So klar durch sie auf normativer Verfassungsebene die konstruktive Funktion von Gesetz und Recht für staatliches Handeln vorgegeben wird, so unklar bleibt, *wie* diese Bindung hergestellt oder erzeugt werden kann. Welche Denkart, welche menschliche Erkenntnisfähigkeit erlaubt eine Verwirklichung des Verfassungsauftrages? Die Verfassung selbst schweigt zu dieser Frage und legt auch keine Lösung nahe;[3] aus gutem Grund. Denn die Frage nach den Möglichkeiten und Bedingungen einer konkreten, lebensweltlichen Handlungsanleitung durch allgemeine Sätze ist so alt wie das Recht selbst.[4] Es handelt sich um einen vor- und außerkonstitutionellen Themenkomplex. Daher ist die normative Vorgabe einer *Bindung* von der rechtsphilosophischen Untersuchung ihrer Denkbarkeit und Praktizierbarkeit zu trennen; auch wenn die Trennung in dem Bewusstsein erfolgt, dass sie künstlicher Natur ist und allein dem Zwecke thematischer Klarheit dient. Tatsächlich sind Recht und seine mögliche Denkweise untrennbar miteinander verwoben. In der künstlich-thematischen Aufspaltung des Bindungstopos in eine rein verfassungsrechtlich dogmatische Ebene und eine rechtsphilosophische über die Denkbarkeit seiner Umsetzung soll hier die letztgenannte interessieren, soweit – kein Grundsatz ohne Ausnahme – sich die künstliche Trennung gedanklich sinnvoll durchhalten lässt.

Die Frage nach einer möglichen Bindung an Gesetz und Recht wurde nach dem Zweiten Weltkrieg unter der Norm- und Werteordnung des Grundgesetzes von der Lehre mit einem vielgestaltigen Methodensynkretismus beantwortet, der insbesondere in den späten 50er Jahren in der akademischen Debatte auflebte.[5]

---

3 *Hassemer*, Juristische Methodik und richterliche Pragmatik, in: Rechtstheorie 39 (2008), S. 4.

4 Siehe zu einem Überblick etwa *Raisch*, Juristische Methoden. Vom antiken Rom bis zur Gegenwart, Heidelberg 1995; *Brink*, Über die richterliche Entscheidungsbegründung, Frankfurt am Main 1999, S. 81–212; *Launhardt*, Topik und Rhetorische Rechtstheorie, Frankfurt am Main 2010, S. 15 ff.; *Schröder*, Recht als Wissenschaft, 2. Auflage, München 2012.

5 *Kaufmann*, Das Verfahren der Rechtsanwendung, München 1999, S. 8; siehe zu einem Überblick: *Rückert*, Zu Kontinuitäten und Diskontinuitäten in der juristischen Methodendiskussion nach 1945, in: Acham / Nörr / Schefold (Hrsg.) Erkenntnisgewinne, Erkenntnisverluste / Kontinuität und Diskontinuitäten in den Wirtschafts-, Rechts- und Sozialwissenschaften zwischen den 20er und 50er Jahren, Stuttgart 1998, S. 139 f.; *Hofmann*, Rechtsphilosophie nach 1945, Zur Geistesgeschichte der Bundesrepublik Deutschland, Berlin 2012.

Zu den Ansätzen um die Möglichkeit einer methodisch geleiteten Rechtsgewinnung sollten sich in den Folgejahren Bindungsinterpretationen nach dem Vorbild logischer Denkmodelle sowie unter den Bedingungen idealer Sprechsituationen gewonnenen Begründungen gesellen. Vergröbernd lässt sich sagen, dass allen Spielarten jener Deutungen und Rekonstruktionen juristischen Denkens die stille Sehnsucht inne wohnt, dass das menschliche Rechtsdenken wiederkehrenden Gesetzmäßigkeiten gehorcht, die der Mensch sich naturwissenschaftlichen Beobachtungsobjekten gleich ansichtig machen kann, um sie anwendungsleitend in formelhafte Algorithmen humaner Praxis übersetzen zu können; das alte Streben nach der Erkenntnis des Wissenschaftlichen im Recht.[6]

Gegen die Versuchung des Verwissenschaftlichungsstrebens bot THEODOR VIEHWEG bereits um das Jahr 1953 die Erinnerung an ein altes, in der Rechtsgelehrtendebatte in Vergessenheit geratenes, vorwissenschaftliches Deutungsmodell juristischen Denkens an. Er betonte die topische Struktur rechtlichen Argumentierens und wies darauf hin, dass juristisches Denken jener humanen, intellektuellen Disziplin entstamme, die ursprünglich Jurisprudenz hieß. Seine Arbeiten sollten in der Folge eine Vielzahl von Autoren mit unterschiedlichen Interessenschwerpunkten inspirieren, die eines einte: Die Annahme einer Verbindung von Recht und Rhetorik. Jene Grundüberzeugung führte Jahrzehnte nach VIEHWEGS ersten Arbeiten dazu, dass die Schriftengesamtheit der *Rhetoriker* dem schulenbildenden Obergriff der sog. Rhetorischen Rechtstheorie zugeordnet wurde.[7]

Bemerkenswerterweise widmeten sich die Forschungsarbeiten der rhetorisch interessierten Juristen dem Erkenntnispotenzial einer rhetorischen Rekonstruktion juristischen Denkens vornehmlich unter sprach- und argumentationstheoretischen Aspekten. Zwar wurden sie nicht müde in VIEHWEGS Tradition die Erinnerung an die „alte Geistigkeit" der Jurisprudenz immer wieder anklingen zu lassen.[8] Doch bleibt eine Entfaltung der Annahmen, die durch die These von

6 Zu den populären Implikationen der Wissenschaftlichkeitsthese nach dem Zweiten Weltkrieg siehe *Nierhauve*, Zur Rechtsklugheit. Eine heuristische Begriffsannäherung, in: Bäcker / Ziemann, Junge Rechtsphilosophie, ARSP-Beiheft (Bd. 135) 2012, S. 127 f. m.w.N.

7 Siehe für einen Überblick *Launhardt*, Topik und Rhetorische Rechtstheorie, Frankfurt am Main 2010, S. 163 ff; *von Schlieffen*, Rhetorische Rechtstheorie, in: Ueding (Hrsg.), Rhetorik. Begriff – Geschichte – Internationalität, Tübingen 2005, S. 313 f.

8 Siehe in einem Überblick *von Schlieffen*, Rhetorische Rechtstheorie, in: Ueding (Hrsg.), Rhetorik. Begriff – Geschichte – Internationalität, Tübingen 2005, S. 317.

einer gegenstandsadäquaten Beschreibbarkeit des juristischen Denkens und Handels als Jurisprudenz einbezogen werden, bis in unsere Tage aus.

Die fehlende Erläuterung der *prudentia*-These ist Anlass für die vorliegende Ausarbeitung. Sie sucht eine Darlegung der Implikationen einer als Jurisprudenz verstandenen Denk- und Handlungsweise und soll einen Beitrag zu einer Rekonstruktion des juristischen Denkens und Handelns in der Reflexionstradition der Rhetorischen Rechtstheorie leisten, deren Ziel es ganz im Geiste ihres Gründungsvaters VIEHWEG ist, ein möglichst realitätsgerechtes Bild der Rechtspraxis in feinen Linien nachzuzeichnen und so ein Bewusstsein für die Bedingungen, Möglichkeiten und Leistungsfähigkeiten juristischen Denkens und Handelns als humanes Kulturphänomen zu erlangen. Es sei betont, dass die These der *Rhetoriker* vom Prudentiellen des juristischen Denkens und Handels in der vorliegenden Arbeit als Heuristik dient. Es soll nicht eine Begriffsgeschichte des auf die lateinische Wortgebung *iuris prudentia* zurückgehenden Begriffs Jurisprudenz dargeboten, sondern der Aussagegehalt einer als *iuris prudentia* – als Rechtsklugheit – verstandenen Denk- und Handlungsweise formuliert werden. Wenn im weiteren Verlauf die Untersuchungsergebnisse unter dem Begriff der *Rechtsklugheit* zusammengefasst werden, erhebt dieses Vorgehen weder den Anspruch in dem Begriff *Rechtsklugheit* eine philologisch zulässige Übersetzung für *Jurisprudenz* bzw. *iuris prudentia* gefunden zu haben, noch abstrahierte Merkmale einer etwaigen Geistesgeschichte *der* Jurisprudenz verkürzt mit dem Begriff *Rechtsklugheit* einfangen zu können. Beides lässt der gegenwärtige Forschungsstand nicht zu, da es an einer umfänglichen Geistesgeschichte der Jurisprudenz als Denk- und Handlungsweise fehlt.[9] Angesichts dieses Forschungsstandes ist es daher zulässig bei heuristischer Verwendung der Jurisprudenz-These der *Rhetoriker* die ermittelten Aussagen über eine jurisprudentiell verstandene Denk- und Handlungsweise mit der aus *Jurisprudenz* entlehnten Wortschöpfung *Rechtsklugheit* zu verknüpfen.

Das so verstandene Erkenntnisinteresse vor Augen beginnt die vorliegende Arbeit in einem ersten Teil mit einer Vergegenwärtigung des wesentlichen Gedankengangs VIEHWEGS aus seinem Hauptwerk *Topik und Jurisprudenz.* Bereits durch die Rezeption der Hauptaussagen wird deutlich, dass VIEHWEG seine Topik unausgesprochen im Kontext einer Handlungslehre praktisch-philosophischer Provenienz denkt, den er jedoch in seiner Rechtsphilosophie nie expliziert.

---

9 Siehe zu Einzelnen Vorstößen insbesondere *Schröder*, Wissenschaftstheorie und Lehre der „praktischen Jurisprudenz“ auf den deutschen Universitäten an der Wende zum 19. Jahrhundert, Frankfurt am Main 1979; *Herberger*, Dogmatik. Zur Geschichte von Begriff und Methode in Medizin und Jurisprudenz, Frankfurt am Main 1981.

Anders sein Schüler Ottmar Ballweg; er analysiert die Jurisprudenz in seiner Schrift *Rechtswissenschaft und Jurisprudenz* – ganz der wissenschaftlichen Mode seiner Zeit entsprechend – stilisiert im kybernetischen Theoriedesign und generiert auf diese Weise aus metatheoretischer Perspektive funktionelle Wesensmerkmale des juridisch-prudentiellen Denkens. Durch die Modellierung der Jurisprudenz als technizistische Metapher sieht man sich ihr in einem verselbständigten und abstrakt-verfremdeten Regelkreisgebilde gegenüber, womit sie ihrem ursprünglich praktisch-philosophischen Bedeutungskontext gänzlich enthoben wird. Dennoch ist Ballwegs Rekonstruktion lehrreich und im Rahmen des hiesigen Vorhabens rezeptionswürdig. Denn zum einen bereichert er den rechtsphilosophischen Wissensbestand um die Einsicht in Bedingungen, Relationen und Funktionen, die dem juristischen Denken- und Handeln immanent sind, und zum anderen wird durch die Verfremdung der Jurisprudenz nur die Notwendigkeit unterstrichen, ihre inhaltliche Bedeutung als Rechtsklugheit und damit ihre konzeptuelle Verwobenheit in die praktische Philosophie nachzuvollziehen. Letzteres empfiehlt Ballweg in späteren Schriften selbst, wenn er dazu auffordert, das Recht wieder als das zu begreifen, was es schon immer war: als eine *prudentia iuris.*

Ballwegs Anregung gibt vorläufig den nächsten gedanklichen Schritt der Untersuchung vor. Der Begriff *prudentia* gehört dem Lateinischen an und bedeutet im Deutschen *Klugheit.* Wenn Ballweg nun darauf verweist, dass das Recht wieder als *prudentia iuris* zu verstehen sei, fügt sich dies mit dem allgemeinen Lehrsatz von der Jurisprudenz als einer römischen Erfindung.

Deshalb wird in einem zweiten Teil der Arbeit der Wissensbestand der Rechtsromanisten auf eine rechtsphilosophische Explikation der Jurisprudenz gesichtet. Wie sich zeigen wird, finden sich jedoch bis auf wenige Sentenzen keine weitergehenden philosophisch ausformulierten Reflexionen, was seinen Grund wohl insbesondere darin findet, dass dem römischen Juristen Theorienbildung in moderner Manier fremd war. In der Forschungsliteratur der Rechtsromanisten sowie außerhalb von ihr in anderen rechtsphilosophischen Zusammenhängen wird immer auf Aristoteles als den theoretischen Ahnherr der *phronēsis* – der griechischen Klugheit – verwiesen.

Der Weise aus Stagira hat seiner Nachwelt eine epochenübergreifende Ethik hinterlassen, die in konzisem Stil einen grundlegenden philosophischen Referenzrahmen zur Wiedergewinnung des Bedeutungsgehaltes einer Verbindung von Recht und Klugheit unverzichtbar anbietet. Deshalb widmet sich der dritte Teil einer umfassenden Rezeption der aristotelischen *phronēsis,* die in ihrer gedanklich unauflöslichen Verwobenheit mit der praktischen Philosophie die Grundlage für die Lesart der rechtsrelevanten Begriffe *Gerechtigkeit* und *Billigkeit* bildet. Es wird sich zeigen, dass sich die Merkmale einer rechtsklugen Denkweise nicht schlicht definitorisch angeben lassen. Rechtsklugheit wird vielmehr in ihrer vollgestaltigen Bedeutungsdimension als umrissene Haltung erst im Kontext einer Philosophie des Praktischen erkennbar. Eine solche Philosophie ist um die Angabe der Bedingungen der Möglichkeit werthafter Handlungen bemüht. Sie sucht nicht mehr zu formulieren, als für eine aufgeklärte Praxisorientierung tauglich ist. In jener Denkart entspinnt sich die Rechtsklugheit zu einer Handlungskompetenz in rechtlichen Angelegenheiten, in der verinnerlichte Wert- und Ordnungsvorstellungen sowie erfahrungsgenerierte Handlungsdogmen in menschengemäßer Ausgewogenheit zwischen Empathie und ordnendem Verstand unter Ansehung der konkreten Situationsbedingungen rechtmäßig und gerecht in einer Handlung vermittelt werden. Es sei aber sogleich betont, dass jene Beschreibung nicht als eine ideelle Aggregation menschlicher Entscheidungsbedingungen zu verstehen ist, sondern nur die Interdependenz jener situativen Konditionen reflektiert, die im Moment des menschlichen Handlungsvollzuges am Werke sind. Die Rechtsklugheit agiert frei von absoluten Prinzipien und Idealisierbarkeiten menschlichen Tuns. Sie will nur das optimal menschlich Machbare in rechtlichen Angelegenheiten gedacht als Haltung zur Sprache bringen, ohne sie als vertheoretisierte Vernünftigkeit und Richtigkeit gewährleistendes Denkprogramm zu postulieren. Als Haltung ist sie so stark und so fragil, wie der Mensch sie tätig zu leben vermag. Menschlicher Praxis kann begrifflich nicht vorgegriffen, sondern nur mit einer dem Recht und dem gerechten Handeln versprochenen Haltung begegnet werden. Jenes ethische Versprechen verbürgt die Rechtsklugheit.

Dieses Verständnis der Rechtsklugheit wird schlussendlich im vierten und letzten Teil der Untersuchung mit dem VIEHWEGschen Topikgedanken und seinen rhetorischen Bezügen zusammengeführt. Es wird deutlich, mit RÜDIGER BUBNER gesprochen, dass die Argumentation in die Beratungssituation der praktischen Klugheit gehört.[10]

In der Handlungssituation plausibilisieren *Topik* und *Rhetorik*,[11] was der Kluge in einer gerechten Handlung zu verwirklichen vermag. Der praktische Erfahrungshorizont des Handelnden bildet die geistige Referenz meinungsmäßiger Überzeugungsunternehmungen. Als Wirkmittel ist die *Rhetorik* nur auf die menschliche Praxis *gerichtet*. Sie ist nicht der Lebensvollzug selbst, sondern

---

10 *Bubner*, Klugheit im Gebrauch von Argumenten, in: Kersting (Hrsg.), Klugheit, Weilerswist 2005, S. 202.

11 In Anlehnung an *von Schlieffen*, Vorwort, in: Rechtstheorie 42 (2011), S. 377.

will zu ihm *bewegen*. Die Entscheidung selbst trifft der Kluge aus dem rhetorischen Wechselspiel der topisch strukturierten Überlegung heraus. Die Überlegung determiniert sein Handeln nicht, sondern dient ihm als intellektuelle Optionenschau von Handlungsmöglichkeiten, von denen der Kluge schlussendlich eine als situationsangemessen deutet und in ein Tun übersetzt.

Das Besondere der juristischen Überlegung liegt nun in ihrer mehrfachen rechtlichen Vorstrukturierung. Denn Recht und gerechtes Handeln als Ziel und Ordnungsgarant menschlich gelungener Gemeinschaft gehen der Deliberation immer schon voraus. Jenes vage Strebensziel des rechtmäßigen und gerechten Handelns wird im Rechtsstaat durch eine komplexe Normenordnung handlungsleitend ausbuchstabiert. Durch das staatlich gesatzte Gesetz und die privatautonomen Regelungen wird die juristische Überlegung auf den unterschiedlichsten Gebieten menschlicher Gerechtigkeitsfragen antizipiert und vorgeordnet. Die Gesetze entsprechen als *topoi* Argumentationsmustern zur Erreichung eines Argumentationszieles: dem des gerechten Handelns. Gleichwohl bleibt die gesetzliche Vorordnung in der handlungsbezogenen Überlegung im Modell der praktischen Philosophie jener intellektuelle Prozess, der von der Klugheit umklammert wird. Der Kluge hat die ihm gegenwärtigen kulturellen Ausformungen von Recht und gerechtem Handeln als zwischenmenschliche Handlungsziele internalisiert. Sie sind ihm unbedingtes Ziel seines Tuns. Die topisch-rhetorisch geordnete Überlegung sorgt für eine Vergegenwärtigung der Entscheidungssituation, in der Norm- und Fallmaterial geordnet aufbereitet werden und zur schlüssigen Überzeugung führen sollen. Da die gesetzliche Ordnung als Ausdruck der staatlichen Gemeinschaft keinen Selbstzweck hat, sondern der Verwirklichung eines menschengerechten Miteinanders dient, bleibt die Entscheidungsinstanz der entscheidende Jurist selbst. Denn die Verwirklichung einer Gerechtigkeitsgemeinschaft ist kein Werk der sprachgefassten Regeln, sondern des Handelns.[12] Eine Zusammenschau von VIEHWEGS Topikinterpretation in rhetorischer Lesart und der hier ausformulierten Rechtsklugheit vergegenwärtigen juristisches Denken und Handeln als eine Haltung begründenden Redens und begründeten Entscheidens zum Zwecke einer rechtmäßigen und gerechten Praxis.

12 In Anlehnung an *Kersting*, Der einsichtige Staatsmann und der kluge Bürger, in: ders. (Hrsg.), Klugheit, Weilerswist 2005, S. 21.

Teil 1 – Rechtsklugheit als Desiderat einer Rhetorischen Rechtstheorie

> „(...) Die Jurisprudenz wird zur bloßen Rechtstechnik, wenn sie sich nicht um ihre Grundlagen kümmert. Deshalb bezeichnen wir ja auch eine juristische Arbeit dann und nur dann als rechtswissenschaftlich, wenn sie irgendeinen Grundlagenbezug aufweist. (...)"
>
> THEODOR VIEHWEG

I. Theodor Viehwegs *Topik und Jurisprudenz*

Im Jahre 1953 veröffentlichte THEODOR VIEHWEG seine knappe, aber vielbeachtete und heftig diskutierte Abhandlung[13] *Topik und Jurisprudenz.*

In dieser Schrift widmete er sein Erkenntnisinteresse der Struktur des juristischen Denkens,[14] die er im Ergebnis als ein besonderes Verfahren der Problemerörtung rekonstruiert[15] und dessen gedankliche Ordnungsleistung sich für ihn am trefflichsten anhand der sog. *Topik* beschreiben lässt.

1. Viehwegs Topikthese als rechtsphilosophischer Standpunkt im Kontext juridischer Selbstbeschreibung

Beweggrund für die Neubesprechung der aus der Antike stammenden *Topik* und die Betonung ihrer zeitlosen Bedeutung für das juristische Denken war VIEHWEG die damals wie heute vorherrschende Vorstellung von der Verwissenschaftlichbarkeit der Jurisprudenz.[16] Es „(...) entspricht dem Wunsche der neuzeitlichen abendländischen Kontinentalkultur, die Jurisprudenz als Wissenschaft zu verstehen,"[17] konstatiert VIEHWEG als rechtsphilosophiegeschichtlichen Befund in seinem Traktat; ein Befund der nicht allein der Wahrnehmung VIEHWEGS entsprang, sondern

---

13 Statt Vieler siehe zusammenfassend zur Debatte um die Schrift *Launhardt*, Topik und Rhetorische Rechtstheorie, Frankfurt am Main 2010, S. 1 m. w. N.

14 *Viehweg*, Topik und Jurisprudenz, 5. Aufl., München 1974, S. 13.

15 *Viehweg* a.a.O. S. 14.

16 *Viehweg* a.a.O. S. 81.

17 Ebda.

der sein geistesgeschichtliches Zeugnis in der Wortschöpfung *Rechtswissenschaft* fand und findet. Der Begriff steht paradigmatisch für den alten akademischen Wunsch der intellektuellen Verschmelzung von Recht und Wissenschaft.

Firmierte bis zu den 1790er Jahren das juristische Wissen und Können noch unter dem aus der Antike stammenden Begriff der *jurisprudentia*, so verdrängte der Begriff *Rechtswissenschaft* im deutschen Sprachraum jenen der *Jurisprudenz* in den Folgejahren. Fortan dominierte der Neologismus *Rechtswissenschaft* die Rechtsgelehrtenliteratur.[18] Als Ursache für die Einsetzung einer neuen Selbstbeschreibungsformel der juridischen Disziplin wird im jüngeren Schrifttum insbesondere die Ausrichtung des Wissenschaftsverständnisses am naturwissenschaftlichen Denken benannt.[19] Die Vollkommenheit des wissenschaftlichen Denkbildes und die Art des ihm immanenten Rationalitätsversprechens stellte jede rechtstheoretische oder -philosophische Darstellung des Rechts als rückschrittlich in den Schatten, die für sich keine apodiktischen Gewissheiten und Ergebniseindeutigkeiten in Anspruch nehmen konnte.[20]

So wirkmächtig und anziehend das Hochziel des wissenschaftlichen Rechts ist, hat es nie juridisch-praktische Realität angenommen. Bei genauerem wissenschaftsgeschichtlichem Hinsehen werden vielmehr die eklektizistische Provenienz des szientistischen Leitmotivs und seine chimärenhafte Gestalt sichtbar. Die originäre Bedeutung einer historisch konsensfähigen Theorie der Rechtswissenschaft erweist sich als nicht angebbar. Übrig bleibt allein das Wort *Rechtswissenschaft* als sprachliche Schöpfung. Ihr Überleben als Vokabel im juristisch-akademischen Wortschatz hinterlässt ein verziffertes Geistesbild, dessen gedankliche Substruktur einzig über eine metaphorologische Betrachtung zugänglich wird.[21] In der Sehensweise einer verbildlichten Paradigmatik erscheint die begriffliche Verbindung von Recht und Wissenschaft als die vermeintlich alternativlose Möglichkeit, durch eine Wissenschaft des Rechts Werte wie Rationalität, Objektivität und Allgemeinheit zu verwirklichen und zu bewahren.[22] Wissenschaftlichkeit

---

18 *Schröder*, Theoretische und praktische Jurisprudenz, in: Berichte zur Wissenschaftsgeschichte 16 (1993), S. 232 u. 237.

19 *Von Stephanitz*, Exakte Wissenschaft und Recht, Berlin 1970, S. 53 ff.; *Herberger*, Beziehungen zwischen Naturwissenschaft und Jurisprudenz in der ersten Hälfte des 19. Jahrhunderts, in: Berichte zur Wissenschaftsgeschichte 6 (1983), S. 81 f.

20 *Herberger* a.a.O. S. 80.

21 Zur Metaphorologie *Blumenberg*, Paradigmen zu einer Metaphorologie, Frankfurt am Main 1998, S. 7 f.

22 Vgl. *Simon*, Jurisprudenz und Wissenschaft, in: ders. (Hrsg.), Rechtshistorisches Journal 7 (1988), S. 151.

und Richtigkeit rechtlicher Wirklichkeitsgestaltung werden in denknotwendige Abhängigkeit gesetzt. Genau dieses unter Juristen mehrheitlich verinnerlichte, identitätsstiftende Sinnbild der Wissenschaftsmetapher wurde durch VIEHWEGS Topikthese einer revisionistischen Irritation ausgesetzt.

Das Streben nach einer Verwissenschaftlichung des Rechts sah der Mainzer Rechtsgelehrte seinerzeit darin am Werke, dass Vertreter seines Faches den aus Begriffen und Sätzen bestehenden juristischen Wissensstoff axiomatisch zu systematisieren versuchten, um ein in sich geschlossenes Rechtssystem zu entwickeln, aus dem sich für alle lebensweltlichen Konfliktfälle Rechtslösungen – logischen Operationen gleich – deduzieren lassen sollten.[23]

Wenngleich VIEHWEGS Darlegungen der Systematisierungsbestrebungen verkürzende Momente haben, trifft seine pointierte Gegenüberstellung von *Topik* und *Axiomatik* zweifelsfrei den neuralgischen Punkt einer bestimmten juridischen Ordnungsvorstellung. Der durch ein axiomatisiertes Rechtssystem angestrebte Eindeutigkeitsanspruch im juristischen Denken war für ihn mit einer funktionsfähigen Rechtsordnung nicht vereinbar. „Aus dem Ansatz VIEHWEGS ergibt sich“ so formuliert AGNES LAUNHARDT zustimmungsfähig, „dass jedes juristische Denken, das eindeutige Ergebnisse anstrebt, tendenziell zur Verkürzung von Problemen neigt, indem das Bestehen von alternativen Lösungsmöglichkeiten bestritten und ggf. auch nicht hinreichend danach gesucht wird.“[24]

In dieser gedanklichen Systemkaprizierung liegt eine theoretisch-weltabgewandte Selbstbezüglichkeit, die bei VIEHWEG tiefe Skepsis hervorrief.[25] Groß angelegten theoretischen Systemen begegnete er mit Vorbehalten. Sie bargen für ihn die Gefahr eines sich verselbstständigenden Absolutheitsanspruches des Theoretischen und damit eine Verschiebung des Zweckes, dem jede Rechtstheorie nach VIEHWEG verpflichtet sein sollte: dem Menschen und der Erkenntnis seiner *conditio humana*.

Die rechtsphilosophische Auffassung VIEHWEGS war von einem akzentuiert anthropologischen[26] Rechtsverständnis geprägt, das für ihn den intendierten Nutzen von Theorienbildung in der Rechtsforschung vorgab. So formulierte er selbst in einem Vortrag zur *Rechtsphilosophie als Grundlagenforschung* aus

---

23 *Viehweg*, Topik und Jurisprudenz, 5. Aufl., München 1974, S. 81; siehe zur Zusammenfassung der Kritik an dieser Darstellung *Launhardt*, Topik und Rhetorische Rechtstheorie, Frankfurt am Main 2010, S. 94 ff.

24 *Launhardt* a.a.O. S. 102/103.

25 *Garrn*, Einleitung, in: Viehweg, Rechtsphilosophie und Rhetorische Rechtstheorie, Baden-Baden 1995, S. 10.

26 Ebda.

dem Jahre 1961 in dem ihm eigenen prägnanten und nüchternen Stil: „Da es überhaupt keine effektive Rechtstheorie ohne Menschenbild gibt, muss dieses das Objekt der Untersuchung sein. Dabei ist es (...) empfehlenswert, die Erwartungen herabzusetzen und keine Absolutheitsansprüche zu stellen, die in ihrer Enttäuschung so leicht zum Nihilismus führen."

Einige Zeilen später formuliert er das Proprium, dem jede rechtsphilosophische Bemühung nach seiner Auffassung verpflichtet sein sollte: „Annehmbar erscheint lediglich ein auf möglichst breiter Erfahrungsbasis fußendes hypothetisches, unvollständiges und daher auch überholtes Menschenbild, welches die eigentümliche Beschaffenheit zu zeigen versucht, die allem menschlichen Sein gemeinsam ist. Wenn man annimmt, dass das Recht dem Menschen ermöglichen soll, als Mensch zu leben, muß es jedenfalls diese Beschaffenheit achten und gewährleisten. Die Tatsache, dass unser materiales Wissen, auf das dieses Gebot verweist, insoweit ebenso hypothetisch und in ähnlicher Weise unzulänglich und immer etwas falsch sein wird, wie auf anderen Wissensgebieten, besagt lediglich, daß wir hier wissensmäßig nicht besser gestellt sind als dort. Gleichwohl könnten wir wie dort wertvolle Resultate erzielen, die jedenfalls mehr sind als nichts. Sie würden uns immerhin erlauben, einiges anzugeben, was jedenfalls nicht, unter Berufung worauf auch immer, zum angeblichen Recht gemacht werden kann, wenn man dem Menschen gerecht werden will, d.h. sein eigentümliches Menschsein, soweit erkennbar, erhalten will."[27]

Jene rechtsphilosophische Geisteshaltung erklärt sodann zugleich VIEHWEGS Bemühungen, das Bewusstsein für die Jurisprudenz als kulturelles, humanistisches Erbe auch in der Realität einer technischen Zivilisation wachzuhalten,[28] ohne jedoch den Verführungen einer historisch verklärten Idealisierung des Humanen zu erliegen. Wie HEINO GARRN es formuliert, ließ sich VIEHWEG nicht von irgendwelchen Wunschbildern leiten, sondern betont stets die Notwendigkeit empirisch fundierter Kenntnisse der Bedingungen menschlicher Lebenswirklichkeit.[29] Entsprechend war sein rechtsphilosophischer Denkstil einem möglichst realitätsnahen Bild der Rechtspraxis verpflichtet.

---

27 *Viehweg*, Rechtsphilosophie als Grundlagenforschung, in: ders., Rechtsphilosophie und Rhetorische Rechtstheorie, Baden-Baden 1995, S. 59.

28 Siehe *Viehweg*, Zur geplanten Reform des Rechtsstudiums in Deutschland, in: ders., Rechtsphilosophie und Rhetorische Rechtstheorie, Baden-Baden 1995, S. 61 ff.

29 *Garrn*, Einleitung, in: Theodor Viehweg, Rechtsphilosophie und Rhetorische Rechtstheorie, Baden-Baden 1995, S. 10.

Gerade diese realitätsnahe Einsicht in die vielschichtigen Bezüglichkeiten einer humanen Rechtspraxis sah er durch das szientistisch motivierte Ideal eines axiomatisierten Rechtssystems verstellt.

2. Vicos Hinweis als Viehwegs *inventio*

Inspiriert durch einen Hinweis aus der Dissertation *De nostri temporis studiorum ratione*, die aus der Feder des italienischen Gelehrten Gian Battista Vico stammt und im Jahre 1708 veröffentlicht wurde, entwickelt Viehweg seine *Topik* und stellt sie der von ihm vorgefundenen Vorstellung eines axiomatisierten Rechtssystems entgegen.[30]

Vico beabsichtigte in seiner Abhandlung eine Versöhnung der, wie er sie bezeichnet, „modernen und antiken Studienart".[31] Diese Differenzierung greift Viehweg in *Topik und Jurisprudenz* auf und rezipiert Vicos Ausführungen zu den wissenschaftlichen Methoden.[32]

Die moderne Studienart zeichnet sich nach Vico durch die kritische Methode aus. Sie nehme ihren Ausgang bei einem *primum verum*, das auch durch Zweifel nicht vernichtet werden könne. Die weitere gedankliche Entfaltung erfolge nach Art der Geometrie, d.h. also nach Maßgabe der ersten beweisenden Wissenschaft, die überhaupt auftrat, und zwar in möglichst langen Kettenschlüssen.[33]

In der Artbeschaffenheit der Vordersätze unterscheiden sich nach Vico die neue und alte Methode. Denn die alte Methode, die *topica*, so lässt Viehweg Vico sprechen, nehme ihren Ausgang von einem *sensus communis*, der im Wahrscheinlichen, der *verisimilia*, taste, nach Maßgabe der rhetorischen *Topik* die Gesichtspunkte wechsele und vornehmlich mit einer Fülle von Syllogismen arbeite.[34]

Viehweg lässt Vico dann die Vor- und Nachteile der jeweiligen Denkart herausstellen. So seien Schärfe und Genauigkeit (falls das *primum verum* ein *verum* ist) die Vorteile der neuen Studienart. Dies sei aber das einzige nennenswerte Prädikat der neuen Denkart. Mit der neuen Methode ginge auch eine Vielzahl von Nachteilen einher, wie Viehweg Vico rezipiert: „Verlust an kluger Einsicht, Verkümmerung der Phantasie und des Gedächtnisses, Dürftigkeit der Sprache, Unreife des Urteils, kurz: Depravierung des Menschlichen. Das alles

30 *Viehweg*, Topik und Jurisprudenz, 5. Aufl., München 1974, S. 15.

31 *Gian Battista Vico*, Vom Wesen und Weg der geistigen Bildung (De nostri temporis studiorum ratione, 1708), deutsch-lateinische Ausgabe, Godesberg 1947.

32 *Viehweg*, Topik und Jurisprudenz, 5. Aufl., München 1974, S. 15.

33 *Viehweg* a.a.O. S. 17.

34 Ebda.

aber verhindert nach Vico die alte rhetorische Methode und insbesondere ihr Kernstück die rhetorische Topik. Sie vermittelt humane Klugheit, schult die Phantasie und Gedächtnis und lehrt, einen Sachverhalt von sehr verschiedenen Seiten zu betrachten (...).“[35]

Von Vicos Beobachtungen ausgehend entwickelt Viehweg nun in *Topik und Jurisprudenz* seine Abhandlung, indem er den Gedanken des Neapolitaners festhält und ihn in die juristisch-akademische Diskurswirklichkeit der Bundesrepublik der 1950er Jahre überführt; wobei bei Viehweg die *Topik* und ihre Beziehung zur Jurisprudenz – wie von ihm ausdrücklich beabsichtigt – besonders akzentuiert wird.[36] Bei der gedanklichen Erstellung seiner Rekonstruktion des Topischen in der Jurisprudenz dienen Viehweg die intellektuellen Vorleistungen von Denkern verschiedener Epochen und ihrer Werke als philosophische Referenzen.

Mit den Worten Launhardts ist an dieser Stelle jedoch zu betonen, dass es Viehweg ersichtlich nicht um eine geistesgeschichtliche Untersuchung der *Topik* ging, wenn er im Zuge seiner Abhandlung Überlegungen aus den Werken des Aristoteles, Ciceros, Vicos und Hartmanns aufgreift. Vielmehr beabsichtigt Viehweg, so Launhardt trefflich, die von diesen Autoren aus jeweils unterschiedlichen Blickrichtungen und mit unterschiedlichen Intentionen angestellten Gedanken als Anregungen aufzunehmen und diese unter dem Gesichtspunkt der ihn interessierenden Fragen nach der charakteristischen Struktur der juristischen Denkweise fruchtbar zu machen.[37]

3. Viehwegs *Topik* als Problemdenken

Das theoretische Grundgerüst der *Topik* entnimmt Viehweg der aristotelischen *Topik*. In der gleichnamigen Schrift entfaltet Aristoteles seine Theorie der dialektischen Argumentation.[38] Ihr Gegenstand ist die Praxis des Schließens in der Disputation. Aristoteles nennt Schlüsse und Argumente dialektisch, wenn sie meinungsmäßiger Art sind. So heißt es bei ihm: „Dialektisch ist (...) die Deduktion, die aus anerkannten Meinungen deduziert. (...)Anerkannte Meinungen (...) sind diejenigen, die entweder von allen oder den meisten oder den Fachleuten und von diesen entweder von allen oder den meisten oder den bekanntesten

35 Ebda.

36 *Viehweg* a.a.O. S. 17/18.

37 *Launhardt*, Topik und Rhetorische Rechtstheorie, Frankfurt am Main 2010, S. 44.

38 *Aristoteles*, Topik, Stuttgart 2004, S. 7.

und anerkanntesten für richtig gehalten werden."[39] Die Einsicht in die Meinungsmäßigkeit der topischen Prämissen macht sich auch VIEHWEG in seiner Schrift als ein grundlegendes Merkmal der *Topik* zu Eigen.[40]

Ausgehend von der endoxischen Prämissenbeschaffenheit sucht ARISTOTELES die dialektische Argumentation als ein universales Argumentationsverfahren zu begreifen. So formuliert er gleich zu Beginn seiner Abhandlung, dass er beabsichtigt, in der *Topik* ein Verfahren zu finden, aufgrund dessen der Disputant in die Lage versetzt werde, über jedes vorgelegte Problem aus anerkannten Meinungen zu deduzieren, ohne sich in Widersprüche zu verstricken.[41]

Auch die Folgeüberlegungen, die sich für ARISTOTELES aus der Annahme ergeben, dass Gegenstand der *Topik* meinungsmäßige Prämissen sind, übernimmt VIEHWEG, indem er die ARISTOTELISchen Klassifikationen von *topoi* in seine Überlegung integriert. So formuliert VIEHWEG mit ARISTOTELES, dass jede Disputation aus Sätzen erwachse, bei denen es um Probleme gehe, und jeder Satz und jedes Problem betreffe entweder ein Akzidenz oder die Gattung oder das Proprium oder die Definition, so dass die Schlüsse eben nach diesen *genera* einzuteilen seien.[42]

VIEHWEG führt weiter im Geiste des STAGIRITEN aus, wie passende Schlüsse zu den Prämissen gefunden werden können: „(a) Das Auffinden und Ergreifen der Prämissen; (b) die Unterscheidung einer vorliegenden Vieldeutigkeit des Sprachausdruckes und Unterscheidung der verschiedenen Kategorienbestimmtheiten; (c) das Auffinden der Gattungs- und Artunterschiede; (d) das Auffinden der Ähnlichkeiten bei verschiedenen Gattungen."[43]

Hiermit sei, so VIEHWEG, nun ein Ordnungsmuster angegeben, mit dem sich die Praxis der *topoi* nach den vier *genera* übersichtlich einteilen und abhandeln lasse und zugleich auch das Wesen der *Topik* des ARISTOTELES erfasst sei. Begrifflich bestimmt VIEHWEG die *Topik* mit ARISTOTELES' Worten wie folgt: „Wir reden von *topoi* mit Beziehung auf die dialektischen und rhetorischen Schlüsse. Die Topoi sind es, die sich gleichmäßig auf rechtliche, physikalische, politische und viele andere der Art nach verschiedene Gegenstände beziehen wie es z. B. von dem Topos aus dem Mehr und Minder gilt: aus ihm kann man, ebensogut wie über Gegenstände des Rechts, über andere, die der Physik oder jeder beliebigen Wissenschaft angehören, einen Syllogismus oder ein Enthymema gewinnen,

39 Top. 100a 20.
40 *Viehweg*, Topik und Jurisprudenz, 5. Aufl., München 1974, S. 22.
41 Top. 100a 18.
42 *Viehweg*, Topik und Jurisprudenz, 5. Aufl., München 1974, S. 22.
43 *Viehweg* a.a.O. S. 23.

obwohl diese Disziplinen der Art nach voneinander verschieden sind. Dagegen sind eigentümliche Prinzipien alle die, die zur Zahl der in eine einzelne Art und Gattung eingeschlagenen Sätze gehören, wie es z. B. in der Physik Sätze gibt, die keinen Schluß und kein Enthymema in ethischen, und umgekehrt in der Ethik Sätze, die keines von beiden in physikalischen Fragen gestatten."[44]

Viehweg resümiert in seinen Worten, dass für Aristoteles *topoi* vielseitig verwendbare, überall annehmbare Gesichtspunkte seien, die im Für und Wider des Meinungsmäßigen gebraucht würden und zum Wahren hinführen könnten.[45] Wenn Viehweg sich nun in seiner Schrift zur ersten Begriffsgewinnung der *Topik* weiter den *Topica* des Cicero zuwendet, können seine Ausführungen hier unberücksichtigt bleiben. Die begriffsbildende Theorieleistung einer Philosophie der *Topik* fällt Aristoteles zu, während Cicero sie anwendungsbezogen weiter ausdenkt.[46]

Für Viehwegs Topikverständnis von zentraler Bedeutung sind jedoch sodann wieder die gedanklichen Ausführungen, zu denen er in § 3 unter der Überschrift „Analyse der Topik" ansetzt und mit denen er seine Aufmerksamkeit nun auf ein Merkmal der *Topik* richtet, das für Viehweg eine zentrale Eigenschaft der topischen Denkart ist: der Problembezogenheit. So heißt es: „Der wichtigste Punkt bei der Betrachtung der Topik ist die Feststellung, daß es sich hier um diejenige denkerische Techne handelt, die sich am *Problem* orientiert."[47]

Die Betonung der Problembezogenheit sieht er bereits in Aristoteles' *Topik* angelegt[48] und lässt ihn mit den Worten sprechen: „(...) das, worum sich die Schlüsse drehen, sind die Probleme (...)."[49] Dementsprechend seien auch die aristotelischen, topischen Kategorien Aufgliederungen nach Problembereichen.[50] In der Philosophie des Aristoteles sieht Viehweg paradigmatisch einen aporetischen Denkstil angelegt. „Der Terminus Aporie soll", so Viehweg, „(...) die aufgedrungene und unausweichliche Frage kennzeichnen, die ‚Weglosigkeit',

---

44 Zitiert nach *Viehweg* a.a.O. S. 23, der dort selbst in Fn. 9 auf *Aristotelis Rhetorica et Poetica, ex rec.* I. Bekkeri, 1843, S. 10, 14 ff. Übers. von E. Rolfes verweist.

45 *Viehweg*, Topik und Jurisprudenz, 5. Aufl., München 1974, S. 24.

46 *Viehweg* a.a.O. S. 29.

47 *Viehweg* a.a.O. S. 31.

48 Siehe zur Übersicht der Kritik seiner Verbindung von Problem und aristotelischer Dialekt *Launhardt*, Topik und Rhetorische Rechtstheorie, Frankfurt am Main 2010, S. 50 ff.

49 *Viehweg*, Topik und Jurisprudenz, 5. Aufl., München 1974, S. 31.

50 Ebda. Dort finden sich auch weitere knappe, systematische Begründungen zur Problembezogenheit *Aristoteles*' Werk.

die nicht zu beseitigende Problemsituation."[51] Die adäquate intellektuelle Behandlung jener aporetischen Situationen ermöglicht für ihn einzig die *Topik* als *Techne* des Problemdenkens.

Die aporetisch zugeschnittene Topikinterpretation VIEHWEGS lässt sich nur dann sinnvoll denken, wenn man sie als den argumentationstheoretischen Beitrag zu einer juristischen Entscheidungslehre liest. Das topische Argumentieren als *technē* der Aporiebehandlung dient nicht der reinen intellektuellen Übereinbringbarkeit von Meinungen, sondern zielt darauf ab, eine Handlung in Gang zu setzen oder zumindest eine Neigung zur Handlung zu evozieren;[52] Diskussion erfolgt zum Zweck der Aktion.

Die Gegenüberstellung des Akteurs mit einem sachhaltigen Problem versetze ihn vor der Handlung in die Rolle des Disputanten. Erst die reale Konfrontation mit einem sachhaltigen Problem löse jenes Erwägungsspiel aus, das durch die *Topik* als *technē* überhaupt erst ermöglicht werde.[53] Um den Stellenwert der *Topik* in der handlungsvorbereitenden Erwägung zu betonen, bedient sich VIEHWEG der Worte ZIELINSKIS aus seiner Arbeit *Cicero im Wandel der Jahrhunderte* aus dem Jahre 1908, in der es heißt: „die Kunst, sich in jeder Lebenslage die Gründe zu vergegenwärtigen, die einen Schritt empfehlen oder widerraten – wohlgemerkt, beide Reihen, die Gründe dafür ebensogut, wie die Gründe dagegen." Jene Erwägungskunst verknüpft ZIELINSKI mit einer daraus resultierenden Handlungsweise: „(…) die Handlungsweise (…) ergibt sich hier als die mühsam herausgequälte Resultante aus einem großen Für und Wider streitender Beweggründe; an Stelle des Reflexes ist die Reflexion getreten."[54] VIEHWEG verdeutlicht durch das ZIELINSKI-Zitat die Funktion seiner *technē* des Problemdenkens, als eine Art verbal ordnende Vergegenwärtigungstechnik von Gründen im Zuge der Handlungsanbahnung in aporetischen Situationen.

Auf diese Weise deutet VIEHWEG in feinen Linien ein Modell juristischen Denkens an, in dem er unausgesprochen die Verflechtung der *Topik* in eine ethische Handlungslehre mitdenkt.

Diese dezisionistisch-implizite Rekonstruktion juristischer Geschehensabläufe unter wie auch immer im Einzelnen ausgedachte handlungstheoretische Kategorien, war mit der zu VIEHWEGS Zeiten vorherrschenden Denkweise des juristischen Wissens und Könnens als axiomatisiertes System nicht vereinbar.

---

51 *Viehweg* a.a.O. S. 32.

52 Vgl. in einem anderen Zusammenhang *Perelmann*, Das Reich der Rhetorik, München 1980, S. 20.

53 *Viehweg*, Topik und Jurisprudenz, 5. Aufl., München 1974, S. 32.

54 *Zielinski*, Cicero im Wandel der Jahrhunderte, 2. Aufl., Leipzig 1908, S. 189.

Denn durch eine handlungstheoretische Interpretation der Jurisprudenz teilt sie sich als menschliches Tun in die interdependenten Phasen einer intellektuellen Entscheidungsvorbereitung – etwa einer Argumentation –und dem Moment der Entscheidung selbst. Gerade der durch die handlungstheoretische Betrachtungsweise denknotwendige Begriff der Entscheidung geht von einer Realität des Entscheidungsprozesses aus, der notabene durch das axiomatische Rechtsmodell als menschliches Willkürmoment verbannt werden sollte; zugunsten einer streng logifizierten juristischen Problem*lösung*. Im geschlossenen System der Rechtssätze entfällt die Notwendigkeit einer humanen Entscheidung; Argumentation und Dezision werden durch bloße Deduktion ersetzt.[55]

Viehwegs topischer Deutungsansatz ist jedoch nicht blind gegenüber der Tatsache, dass Systeme als eine Ordnung von Sätzen auch im Juristischen denkbar sind. Entscheidend ist für ihn jedoch, dass das Spezifische am juristischen Denkstil *in praxi* darin besteht, das System vom Problem und nicht das Problem vom System aus zu denken. Begrifflich fasst Viehweg das Problem wie folgt: „Nennt man, was für unsere Zwecke genügt, Problem eine jede Frage, die anscheinend mehr als eine Antwort zuläßt, und setzt man notwendigerweise ein vorläufiges Verständnis voraus, nach dem irgendetwas überhaupt als ernstzunehmende Frage erscheint, wird eben nun eine Antwort als Lösung gesucht.“[56]

Diese Lösungssuche skizziert er verkürzt weiter: „Das Problem wird durch entsprechende Umformulierung in einen vorgegebenen mehr oder weniger expliziten und mehr oder weniger umfänglichen Ableitungszusammenhang gebracht, aus welchem die Antwort erschlossen wird. Nennt man einen Ableitungszusammenhang ein System, könnte man in noch kürzerer Sprechweise sagen, daß das Problem zum Zwecke der Lösung in ein System eingeordnet wird.“[57]

Würde das Problem nun allein aus der Systemperspektive wahrgenommen, würde es nach der systemimmanenten Differenz *lösbar* und *unlösbar* selektiv modelliert. Die systematische Problembetrachtung bewirkt nach Viehweg eine Problemauslese, während Systemauslese Merkmal der problemzentrierten Problembehandlung sei.[58] Die Problemverlagerung führe dazu, dass ein System gesucht werde, das zur Lösung verhelfe.

Die System-Problem-Verflechtung unterlegt Viehweg mit Überlegungen Nicolai Hartmanns: „Systematische Denkweise geht vom Ganzen aus. Die

---

55 Vgl. *Viehweg*, Antirhetorische und rhetorische Kontrolle rechtlicher Argumentation, in: ders., Rechtsphilosophie und Rhetorische Rechtstheorie, Baden-Baden 1995, S. 221.

56 *Viehweg*, Topik und Jurisprudenz, 5. Aufl., München 1974, S. 32.

57 *Viehweg* a.a.O. S. 33.

58 Ebda.

Konzeption ist hier das Erste und bleibt das Beherrschende. Nach dem Standpunkt wird hier nicht gesucht, er wird zu allererst eingenommen. Und von ihm aus werden die Probleme ausgelesen. Problemgehalte, die sich mit dem Standpunkt nicht vertragen, werden abgewiesen. Sie gelten als falsch gestellte Fragen. Vorentschieden ist hier nicht etwa über die Lösung der Probleme selbst, wohl aber über die Grenzen, in denen sich die Lösung bewegen darf."[59]

Das Problemdenken als aporetisches Denken hingegen nutzte systematische Ableitungsketten, ohne jedoch selbst ganzheitliche Systembestrebungen zu haben. Denn ohne vorgegebene wie auch immer geartete Ordnungsmuster sei auch die *Topik* nicht denkbar, obgleich für ihren Entwurf fragmentarische Ordnungsgebilde genügten.[60]

Die Funktion der *Topoi* besteht nach VIEHWEG darin, der Problemerörterung zu dienen. Durch die gedankliche Orientierungsleistung in der unausweichlichen Problembesprechung erlangt die *topische* Denkart für ihn alleine ihre Existenzberechtigung. Die *Topoi* ihrerseits entziehen sich jedoch einer Extrahierung und Transformation in ein logisches Zeichensystem. Denn eine derartig abstrahierende Transkription störe die vitale Problemgebundenheit der *Topik* und sei eine ihr artfremde und sinnentleerende Problementkoppelung.

Als situative *ars inveniendi* bliebe sie situationstreu und scheu gegenüber einer transsituativen Isolierung. Die Bedingungen ihrer wirkungsvollen Anwendung können nicht von der Realität des Disputanten und seiner Redesituation herausgetrennt werden. Daher umschreibt VIEHWEG die *Topik* auch als eine Art prologische Meditation, in der die *inventio* primär, die *conclusio* sekundär sei.[61]

Die Art der Prämissenfindung beeinflusse die Beschaffenheit der Schlussformen und umgekehrt gebe die Beschaffenheit der Schlussformen Hinweise auf die Prämissenfindung.[62] Wenngleich sich immer wieder kleine Ableitungszusammenhänge zu *Topoi* herausbilden können, blieben sie fragmentarische Zusammenhangseinheiten. Denn die wirklichkeitsimmanente Dominanz der menschlichen Problemkonfrontation erfordere von den *Topoi* stete Beweglichkeit und Erweiterungsfähigkeit.[63]

Trotz dieser Strukturbeschaffenheit lassen sich semantische Fixierungen nicht vermeiden. Stabile und erwiesene Sinneinheiten werden in der Disputation von

---

59 *Viehweg* a.a.O. S. 34.

60 Ebda.

61 *Viehweg* a.a.O. S. 40.

62 Ebda.

63 *Viehweg* a.a.O. S. 41.

den Disputanten ungern angetastet. Um dennoch Beweglichkeit und Erweiterungsfähigkeit zu gewährleisten, führt VIEHWEG in das topische Denken den Begriff der Interpretation ein. „Bei ihr geht es (...) darum, neue Verständnismöglichkeiten zu erschließen, ohne die alten zu verletzen.", erläutert VIEHWEG und führt weiter aus, „Das geschieht so, daß man zwar an den vollzogenen Fixierungen festhält, diese aber unter neue Gesichtspunkte rückt, die oft in ganz anderem Zusammenhang entstanden sind und nun die Möglichkeit bieten, den alten Festlegungen eine neue Wendung zu geben."[64]

Gegen Ende seiner Analyse der *Topik* betont VIEHWEG, dass die Legitimation der Prämissen durch den Gesprächspartner erfolge, wofür er die Ausdrucksweisen der Redewirklichkeit als Zeugnis anführt. So werden in der Redepraxis Prämissen als „relevant", „irrelevant", „zulässig", „unzulässig", „annehmbar", „unannehmbar", „vertretbar", „unvertretbar" qualifiziert. Die Diskussion scheint VIEHWEG die einzige Kontrollinstanz, in der die Prämissenauswahl erfolge. Jene Instanz der Kontrolle überlässt er aber ohne ideale Neigungen den Disputanten. Unter erneutem Rückgriff auf ARISTOTELES erinnert er noch einmal daran, dass der STAGIRIT bei der Überprüfung der Prämissen jene als Prüfer und Disputanten empfiehlt, bei denen es sich um die „Besten und Angesehensten" handelt. Der Mensch selbst als Verantwortungsträger und Prämissenkontrolleur wird herausgestellt und nicht die Eigenrationalität eines Vernünftigkeit verbürgenden Verfahrens. „Man bezieht sich mit der Nennung eines Namens auf einen anerkannten menschlichen Wissens- und Erfahrungskomplex, der nicht nur vages Vermeinen enthält, sondern ein Wissen im anspruchsvollsten Sinne verbürgen soll. Mit anderen Worten: Auch im Rahmen des Meinungsmäßigen werden wirkliche Einsichten angestrebt, nicht bloßes, beliebiges Meinen. (...) Es handelt sich vielmehr um ein sehr bezeichnendes, mittelbares Erkenntnisverfahren, bei dem es allerdings sehr darauf ankommt, mit wem man es betreibt."[65]

Doch „immerhin", so schließt er das Kapitel über die Analyse der *Topik*, „sind sie diskutierbar, und auf dem Gebiete der *Topik* besteht daher jedes Interesse, wenigstens diese Diskutierbarkeit so klar und einfach wie möglich zu gestalten."[66]

4. Rechtsklugheit als Desiderat in Viehwegs Gesamtwerk

Wenngleich VIEHWEGS These von der topischen Rechtsstruktur unausgesprochen die Annahme hinterlegt ist, dass juristisches Denken auf ein Handeln

64 *Viehweg* a.a.O. S. 42.
65 *Viehweg* a.a.O. S. 43.
66 *Viehweg* a.a.O. S. 45.

hinausläuft, traktiert er diesen impliziten Aussagegehalt seiner These weder in *Topik und Jurisprudenz* noch an anderer Stelle seines Werkes. Das Prudentielle der Jurisprudenz entfaltet er nicht philosophisch, sondern belässt es bei Anspielungen und Betonungen von Klugheitssemantiken. Zweifellos denkt er jedoch juristisches Reden als eine *technē*, die nur in den Händen eines human Gebildeten jene Kulturleistung hervorzubringen vermag, die den Namen Jurisprudenz verdient. „Der interpretierende Jurist", heißt es etwa in einem Vortrag VIEHWEGS zur Ausgestaltung des Rechtsstudiums, „setzt Akzente und muß sie setzen. Er betreibt Meinungsbildung en detail. (...) Die Techne (...) ist keineswegs vollkommen unpersönlich, woraus hier nicht etwa geschlossen werden soll, sie sei gänzlich unkontrollierbar, sondern lediglich, dass der Jurist Persönlichkeitsbildung braucht, und daß hierin ein besonderer Reiz des juristischen Berufes liegt. (...) Es ist unstreitig, dass für den wirklich großen Juristen, der das Leitbild unserer Erziehungsbemühungen darstellt, die fehlerfreie Beherrschung des technischen Rüstzeuges ganz unerläßlich ist, aber auch, dass die Wurzeln seiner Kraft nicht etwa im Technischen, sondern in seiner personalen Bildung liegen."[67] Die Wendung *personale Bildung* ist VIEHWEG mehr als ein *bonmot*. Sie erlangt ihre inhaltliche Bestimmung in der Gedankenwelt einer praktischen Philosophie und ist Bedingung der Möglichkeit der humanen Kultivierung menschlichen Handelns in rechtlichen Angelegenheiten. Begründetes Reden wird durch die *Rhetorik* ermöglicht, gibt dem Rechten das Wort und erlangt durch die *Topik* seine Ordnung. Doch bleibt der ordnende Sprechakt eine neutrale Techne, die ihre Handlungsorientierung erst aus der praktischen Philosophie gewinnt; wie sich später zeigen wird durch die menschliche Fähigkeit klugen Entscheidens. Denn das Argument gehört seit jeher in die Beratungssituation der praktischen Klugheit.[68] Dem Namen nach ist dies Aufgabe der *prudentia iuris*, oder wie VIEHWEG notiert, der *Rechtsklugheit*.[69] Die prudentielle Bedeutungsdimension der Rechtsentscheidung findet sich in VIEHWEGS Gesamtwerk jedoch nur als *obiter dictum*. Als solches klingt es jedoch unüberhörbar aus seinem *Œuvre* immer wieder hervor. Es sollte erst sein Schüler OTTMAR BALLWEG sein, der die prudentielle *ratio decidendi* der Jurisprudenz ausformuliert.

---

67 *Viehweg*, Zur geplanten Reform des Rechtsstudiums in Deutschland, in: ders., Rechtsphilosophie und Rhetorische Rechtstheorie, Baden-Baden 1995, S. 63.

68 *Bubner*, Klugheit im Gebrauch von Argumenten, in: Kersting (Hrsg.), Klugheit, Weilerswist 2005, S. 202.

69 *Viehweg*, Notizen zu einer rhetorischen Argumentationstheorie der Rechtsdisziplin, in: ders., Rechtsphilosophie und Rhetorische Rechtstheorie, Baden-Baden 1995, S. 191.

II. Der Begriff Jurisprudenz im Werk Ottmar Ballwegs

Kreist VIEHWEG das Phänomen *Topik* noch schwebend ein und weist die Jurisprudenz der „alten" Geistigkeit vorsichtig zu, fasst sein Schüler OTTMAR BALLWEG die Jurisprudenz fest ins Auge und unterzieht sie in einer Gegenüberstellung mit der Rechtswissenschaft einer begriffssystematischen Analyse unter Rückgriff auf interdisziplinäre, insbesondere wissens- und wissenschaftstheoretische Befunde.[70]

In ihrer Gesamtheit zeichnen die Forschungsarbeiten BALLWEGS einen Entwicklungsprozess nach, der auf die Begründung der sog. Analytischen Rhetorik als Fundament einer empirisch gestützten Rhetorischen Rechtstheorie hinausläuft.[71] Widmete er sich in der fortgeschrittenen Phase dieses Prozesses vor allem der zeichentheoretischen Grundlegung seines analytisch-rhetorischen Forschungsansatzes, so gehörte dem ersten Publikationsabschnitt die grundlegende Differenzierung zwischen der rechtswissenschaftlichen und prudentiellen Denkweise, die er auch in seinen späteren Schriften bis zuletzt immer wieder aufgreifen und betonen wird.[72]

1. Ballwegs Untersuchung *Rechtswissenschaft und Jurisprudenz*

Im Anschluss an BALLWEGS Assistentenzeit bei VIEHWEG erscheint 1970 nach wenigen Vorarbeiten[73] seine Habilitationsschrift *Rechtswissenschaft und Jurisprudenz*, in der er die These begründet, dass sich die Denkweisen dieser beiden Disziplinen unterscheiden.[74]

---

70 *Von Schlieffen*, Zur Analytischen Rhetorik von Ottmar Ballweg, in: Ballweg, Analytische Rhetorik, Frankfurt am Main 2009, S. XVII.

71 *Von Schlieffen* a.a.O. S. XIII.

72 *Ballweg*, Rechtsphilosophische Grundlagenforschung der Rechtswissenschaft und der Jurisprudenz, S. 4 f.; *ders.* Ein wissenschaftstheoretisches Lehrschema für den juristischen Unterricht, 39 f.; *ders.* Phronetik, Semiotik und Rhetorik, S. 94 f.; *ders.* Rhetorik und Res humanae, S. 139 f.; *ders.* Analytische Rhetorik als juristische Grundlagenforschung, S. 155 f.; *ders.*, Medium jeder Rhetorik ist die Meinung, S. 169 f.; *ders.* Prolegomena einer rhetorischen Didaktik des Rechts, S. 203 f. Alle aufgeführten Beiträge finden sich wieder abgedruckt in *Ballweg*, Analytische Rhetorik, Frankfurt am Main 2009.

73 *Ballweg*, Science, Prudence et Philosophie du Droit, in: ARSP 1965, S. 543–560; ders., Quelques progrès de recherches dans le domaine: Science, Prudence et Philosophie du Doit, in: ARSP 1966, S. 221–225.

74 *Von Schlieffen*, Zur Analytischen Rhetorik von Ottmar Ballweg, in: Ottmar Ballweg, Analytische Rhetorik, Frankfurt am Main 2009, S. XIII.

Den Ausgangspunkt der von BALLWEG selbst als rechtsphilosophisch verstandenen Abhandlung bildet die Annahme, dass die *Jurisprudenz* Gegenstand der *Rechtswissenschaft* sei.[75] Diese Behauptung sucht der VIEHWEGschüler aus metatheoretischer Position zu belegen, indem er die Eigenart und Eigenständigkeit der unterschiedlichen Denkarten *Rechtswissenschaft* und *Jurisprudenz* durch den Nachweis ihrer Unentbehrlichkeit und Unersetzbarkeit belegen will.[76] Unter Unentbehrlichkeit versteht er, „dass unter angebbaren Bedingungen die geforderten Ergebnisse nur von der einen oder der anderen Denkweise erbracht werden können."[77] Unersetzbarkeit bedeutet, „dass ohne Veränderung dieser Bedingungen oder Aufgeben der Ergebniserwartungen die prudentielle Denkweise nicht durch die wissenschaftliche, die wissenschaftliche nicht durch die prudentielle ersetzt werden kann."[78] Anlass für den Nachweis der Eigenart und Eigenständigkeit ist auch ihm die Assimilierung der Jurisprudenz durch die Rechtswissenschaft, wie es etwa indiziell in dem synonymen Wortgebrauch von *Rechtswissenschaft* für *Jurisprudenz* zum Ausdruck komme.[79] Dahinter verberge sich ein Verständnis der juristischen Disziplinen, dass er mit seiner Arbeit einer kritischen Prüfung unterziehen wolle, um so letztlich die jeweilige Autonomie der wissenschaftlichen und prudentiellen Denkweisen aufzuzeigen.[80]

Nach BALLWEG funktioniert das wissenschaftliche Vorgehen allein unter der Beachtung von Restriktionen,[81] die für die Jurisprudenz bei Wahrung ihrer vorgesehenen Funktionsbestimmung nicht gelten können.[82]

---

75 *Ballweg*, Rechtswissenschaft und Jurisprudenz, Basel 1970, S. 7.

76 *Ballweg* a.a.O. S. 9.

77 Ebda.

78 *Ballweg* a.a.O. S. 10.

79 *Ballweg* a.a.O. S. 8.

80 In dem mit „Vorbemerkungen" überschriebenen Gliederungsabschnitt seines Traktates legt *Ballweg* neben dem Gegenstand und der Position sowie den zeitgenössischen und philosophischen Ansprüche noch weitere Ansprüche an seine Arbeit offen, die zunächst für die Wiedergabe des wesentlichen und hier interessierenden Gedankenganges keine Erwähnung finden müssen. Siehe *Ballweg*, Rechtswissenschaft und Jurisprudenz, Basel 1970, S. 13 ff.

81 *Ballweg*, Rechtswissenschaft und Jurisprudenz, Basel 1970, S. 47.

82 Die von *Ottmar Ballweg* in seiner Abhandlung analysierten Kriterien der Wissenschaft bedürfen in der vorliegenden Arbeit keiner genaueren Untersuchung, da hier der Fokus auf der *Rechtsklugheit* liegt. Auch das Verständnis *Ballwegs* kybernetischen Modells der Jurisprudenz erfordert keine vorherige Rezitation der behandelten Wissenschaftskriterien. Mit Blick auf die Kriterien sei hier ebenfalls auf die Schrift verwiesen: *Ballweg*, Rechtswissenschaft und Jurisprudenz, Basel 1970, S. 46–58.

Diese durch das wissenschaftliche Denken nicht substituierbare Funktion und Struktur der Jurisprudenz verbildlicht er anhand eines kybernetischen Modells.

Da die Kybernetik in der Gegenwart nicht mehr die wissenschaftliche Popularität wie zu ihrer Blütezeit in den 50er, 60er und 70er Jahren des letzten Jahrhunderts genießt, seien der Darstellung BALLWEGS Modell einige wenige propädeutische Ausführungen vorangestellt, um einen gedanklichen Zugang zu seinen Überlegungen nicht durch die zunächst fremdartig klingende, technizistische Metaphorik der kybernetischen Theoriensprache zu verstellen.

a) Kleine Propädeutik der Kybernetik

Eine kurze und schlichte Benennung dessen, was Kybernetik ist und womit sie sich beschäftigt, bereitete und bereitet der Literatur Schwierigkeiten, weshalb sich die meisten Autoren einem Erklärungsversuch über ihre geistesgeschichtliche Entstehung und Entwicklung derart annähern, indem sie die Besonderheit dieser Denkbewegung aus den Motiven und dem Geist verständlich machen, aus dem sie hervorging. In dieser narrativen Begriffs- und Theorienschöpfung werden unterschiedliche Ereignisse und intellektuelle Entfaltungen zu einer Bewegung stilisiert, die als konstitutionsgebendes Element einer „neuen Einheitswissenschaft" beschrieben und als Ursache dafür angegeben werden, dass technisch-mathematische Grundbegriffe wie *Steuerung*, *Kontrolle*, *Information* und *System* verstärkt nach dem Zweiten Weltkrieg bis in die 1970er Jahre auf die humane Welt angewendet wurden.

aa) Norbert Wiener und der Geist einer Bewegung

Als ein Entwicklungsstrang gilt der Wissenschaftsgeschichte das Streben von Wissenschaftlern unterschiedlicher Fachrichtungen vor allem in den USA um die 1940er und 50er Jahre in einen verstärkten interdisziplinären Austausch zu treten, der zunächst seinen lebhaften Ausdruck in einer Vielzahl von elitären Arbeitszirkeln, Konferenzen und Symposien fand. Dahinter verbarg sich der Wunsch, Untersuchungsgegenstände der eigenen Forschung unter Hinzuziehung von Erkenntnissen aus den Nachbarwissenschaften ganzheitlicher betrachten und verstehen zu können, da viele Wissenschaftler der Zeit die immer weiter fortschreitende Wissensausdifferenzierung und die damit einhergehende zunehmende Spezialisierung in den Einzeldisziplinen als Verengungen der Forschungsperspektiven empfanden.[83] Aus der Vielzahl der Symposien wird in der Literatur vor allem die sog. *Macy*-Konferenz herausgehoben. Dort fanden sich anglo-amerikanische und

83 Vgl. *Flechtner*, Grundbegriffe der Kybernetik, 5. Aufl., München 1984, S. 5.

emigrierte Wissenschaftler zwischen 1946 und 1953 in New York zu einer kleinen, interdisziplinären Arbeitsgruppe mit festen und wechselnden Teilnehmern zusammen. Die *Macy*-Konferenz wird in der Literatur zur Geistesgeschichte der Kybernetik als eine der Ursoziotope kybernetischen Denkens dargestellt, aus dem eine Denkkultur entstieg, die sich seit der zweiten Hälfte der fünfziger Jahre auch in Europa zu einem wissenschaftlich und gesellschaftlich wirksamen Arbeits-, Ordnungs-, Deutungs- und Orientierungsinstrument[84] ausdifferenzierte.

Auf den etwa von Psychologen, Psychiatern, Neurologen, Physiologen, Biochemikern, Anatomen und Embryologen, Zoologen und Biologen, Anthropologen, Psychoanalytikern, Soziologen und Ethnologen besuchten Veranstaltungen machte man schnell die Erfahrung, dass ohne eine einheitliche Terminologie das Bestreben nach einer transdisziplinären Verständigung durch ein babylonisches Fachsprachenwirrwarr zum Scheitern verurteilt wäre.[85] In der Einsicht in die Notwendigkeit einer gemeinsamen Gedankenplattform, auf der nur eine Wissenschafts- und Modellsprache gesprochen wird, sieht die Wissenschaftsgeschichte einen der *raison d'être* der Kybernetik.

Zur *Core-Group* der *Macy*-Konferenz gehörte NORBERT WIENER, der als einer der prägenden Protagonisten in der frühen Entstehungsphase der kybernetischen Bewegung angesehen wird. Der Verlauf seiner beruflichen Biographie und seine wissenschaftlichen Arbeiten werden als untrennbar mit der Genesis der Kybernetik dargestellt.

Mit 25 Jahren wurde der 1894 geborene US-Amerikaner Mitglied der mathematischen Fakultät des *Massachusetts Institute of Technology*. Mit Eintritt der USA in den Zweiten Weltkrieg stellten viele Wissenschaftler des Landes ihre Dienste zu drängenden militärischen Fragen im Kampf gegen das faschistische Deutschland zur Verfügung; so auch WIENER. In einem Team mit anderen Wissenschaftlern befasste er sich mit dem Entwurf und der Anwendung elektronischer Rechenmaschinen für ballistische Berechnungen. Probleme der Steuerung des Artilleriefeuers zwangen ihn, sich mit theoretischen und experimentellen Untersuchungen zu beschäftigen, die unmittelbar mit der Theorie der automatischen Steuerung zusammenhingen.[86] Er sollte erforschen, wie der Flugverlauf eines Geschosses so berechnet werden kann, dass es zu einem späteren Zeitpunkt genau an der Stelle ist, an der auch das gegnerische Zielflugzeug sein wird. Gemeinsam mit dem Ingenieur JULIAN BIGELOW entwickelte er eine Theorie

---

84 *Hörl/Hagner*, Überlegungen zur kybernetischen Transformation des Humanen, in: dies. (Hrsg.), Die Transformation des Humanen, Frankfurt am Main 2008, S. 12.

85 Vgl. *Flechtner*, Grundbegriffe der Kybernetik, 5. Auflage München 1984, S. 5.

86 *Lerner*, Grundzüge der Kybernetik, Berlin 1970, S. 24.

über die Vorhersage und ein Design für eine Rechenmaschine, die im Anwendungsfall eine erfolgreiche Zielflugkörperneutralisierung ermöglichte. Schwierigkeiten bei der theoretischen Erfassung des Flugkörperverlaufes stellte seine Abhängigkeit von menschlichem Verhalten dar, das die beiden Forscher aufgrund seiner Variabilität für eine Vorhersage als nicht hinreichend kalkulierbar beurteilten. Um mehr Kenntnisse über menschliches Verhalten zu erlangen, trat Wiener deshalb mit dem Physiologen Arturo Rosenblueth in Kontakt, den er von einer der zahlreichen interdisziplinären Konferenzen der Zeit kannte und der später zu den ständigen Mitgliedern der *Macy*-Konferenzen zählen sollte. Rosenblueth machte Wiener auf die sog. Feedbackschleifen im menschlichen Nervensystem aufmerksam, zu denen es seiner Zeit bereits ausreichend mathematisches Theorienmaterial gab, um auf dessen Grundlage humanes Handeln berechnen zu können. Aus der Zusammenarbeit der drei Wissenschaftler entstand um 1943 der Artikel *Behaviour, purpose and teleology.*

In der Folgezeit stellte Wiener weitere Überlegungen zur Analogie sogenannter negativer Rückführungen bei automatischen Regelsystemen und bei lebenden Organismen an. Der Gedanke der Allgemeingültigkeit des Steuerungsprinzips bei belebten und unbelebten Systemen war die erste Formulierung der kybernetischen Konzeption Wieners, die er im Sommer 1947 auf das Wort *Kybernetik* taufte.[87] Der Kunstbegriff Kybernetik geht zurück auf das griechische Wort *kybernétes* und bedeutet *Steuermann.* Diese Wortschöpfung wurde als besonders trefflich empfunden, da sie *pars pro toto* für das Erkenntnisinteresse der „neuen Wissenschaft" stand, das der Steuerung und Informationsübertragung in Mechanismen, Organismen sowie in der Gesellschaft galt. Die Kybernetik sollte schnell in die unterschiedlichsten Wissenschaftsgebiete expandieren und zu einer allgemeinen Theorie der Steuerung avancieren, die auf beliebige Systeme angewendet wurde.[88] In der Folgezeit fand in den USA wie in Europa durch kybernetische Analogiebildungen und Metaphorisierungen einer im Kern ursprünglichen mathematisch-physikalischen Theorie eine akademische Neuausrichtung statt, die nach Zeiten steter Differenzierung der wissenschaftlichen Disziplinen vom Versprechen einer neuen Einheit und Strenge getragen war.[89]

---

87 Ebda.

88 *Lerner* a.a.O. S. 14.

89 *Hörl/Hagner*, Überlegungen zur kybernetischen Transformation des Humanen, in: dies. (Hrsg.), Die Transformation des Humanen, Frankfurt am Main 2008, S. 13.

bb) Allgemeine und angewandte Kybernetik

Trotz der Ubiquität kybernetischen Denkens in seiner Hochphase findet sich keine einheitliche Lehre einer allgemeinen Kybernetik. Spricht man aus Gründen einer besseren textlichen Darstellbarkeit der sehr abstrakten, komplexen und nicht kohärenten Wissensstoffausbildung, die die Kybernetiken in den Dekaden ihrer populären Expansion hervorbrachten dennoch von einer *allgemeinen Kybernetik*, so kommt dieses Darstellungsmuster nicht ohne die weitere Kategorie der *angewandten Kybernetik*[90] aus, will man die tatsächlich historisch polykontextuelle Erkenntnisgewinnung unterschiedlichster Fachkybernetiken nicht zu Gunsten des gewählten schriftlichen Mediums allzu sehr zwingen.[91] Als Ordnungskategorien helfen die Begriffe insbesondere bei dem vorliegenden Vorhaben, das ja nicht in einer allgemeinen Einführung in die Kybernetik besteht, sondern nur eine einführend aspektorientierte Konstruktion ist, die einen Verstehenshorizont für Ballwegs kybernetisches Modell der Jurisprudenz entstehen lassen soll. Allgemein sollen daher nur die wenigen Begriffe aufbereitet werden, die zentrales Vorwissen für jedes kybernetische Modell sind und bei Anwendung in den Einzelwissenschaften *mutatis mutandis* zu eigenen Abwandlungen führen.

cc) Der Begriff des Systems und systemisches Denken

Als ein solcher zentraler Begriff eines allgemeinen Teils der Kybernetik ist das System zu nennen, an dem sich Ballweg ebenso zur Herleitung seines konkreten Modells orientiert und das er zunächst unter Bezugnahme auf Stachowiak92 als „ein nach bestimmten Gesichtspunkten geordnetes Ganzes" verstanden wissen will. Nun handelt es sich bei dem Begriff *System* nicht um irgendeinen Terminus aus dem Repertoire der kybernetischen Fachausdrücke, sondern um den Nukleus, der sich zu einer grundlegend veränderten erkenntnistheoretischen Betrachtungsweise ausbilden sollte, dessentwegen die Kybernetik und Systemtheorie in der Wissenschaftsgeschichte oft mit dem Prädikat eines Paradigmenwechsels geehrt wurde. Die Abbildung und Deutung beobachteter Phänomene

---

90 Siehe zur „Allgemeinen" und „Angewandten Kybernetik" *Flechtner*, Grundbegriffe der Kybernetik, 5. Auflage München 1984, S. 11.

91 Siehe zum Problem der Darstellbarkeit der Kybernetik überhaupt *von Cube*, Was ist Kybernetik, 3. Aufl. Bremen 1970, S. 13 f.; *Kaufmann*, Der Baum der Kybernetik, Dornbirn 2007, S. 18 f.; *Simon*, Einführung in Systemtheorie und Konstruktivismus, Heidelberg 2008, S. 7.

92 *Stachowiak*, Gedanken zu einer allgemeinen Theorie der Modelle, in: Studium Generale, Jg. 18, 1965, H. 7, S. 438.

als Systeme gilt als eine Abkehr von althergebrachten erkenntnistheoretischen Prädispositionen und Implikationen der abendländischen Wissenschaften.

In der wissenschaftstheoretischen Sekundärliteratur zur Kybernetik und Systemtheorie wird dieser Perspektivwechsel von den meisten Autoren durch eine vereinfachte und überspitzte Gegenüberstellung klassischer erkenntnistheoretischer Grundannahmen und kybernetisch-systemischer Beobachtung verdeutlicht, die auch für die vorliegenden Zwecke zulässig und ausreichend sein soll.[93]

In der Ausgangsposition stehen sich in der klassischen Erkenntnistheorie das erkennende Subjekt und das erkannte Objekt gegenüber. Erkennendes und Erkanntes bilden ein irgend geartetes Verhältnis. Durch diese ontologische Annahme determinieren sich mögliche Forschungsperspektiven: so kann einmal die Natur des erkennenden Subjekts, die Natur des erkannten Objekts und die Eigenart der Beziehung zwischen den beiden untersucht werden.[94] Im Untersuchungsvorgehen werden die untersuchten Beziehungen in einem geradlinigen Ursache-Wirkungs-Schema gedacht, wonach ein Ereignis a Ereignis b bewirkt und b wieder Ursache für c ist usw.[95] Die einmal auf diesem Wege generierten Erkenntnisse erreichen den Qualitätsgrad der objektiven Gültigkeit, der Objektivität.

Eben diese Art der Subjekt / Objekt Differenzierung sowie die auf sie angewandten linear-kausalen Erklärungsmuster wurden von der kybernetischen Forschungsbewegung als selektiv-reduktionistische Wirklichkeitsmodellierungen empfunden, die sie in ihrem Streben nach transdisziplinären und ganzheitlicher orientierten Forschungsmodellen zu sehr einengte und behinderte. Die Kybernetiker konstruierten einen Beschreibungsrahmen, der nicht auf die Erkenntnis der Materialität des Objektes ausgerichtet war, sondern einen verallgemeinerungsfähigen Begriffs- und Theorienrahmen zur Verfügung stellte, mit dem komplexe und komplizierte, reziprok-interdependente Phänomene hoher Variabilität erfasst und abgebildet werden konnten. Ihr Blick galt nicht der mikroskopischen Konzentration auf die Frage danach, was die Welt im Innersten zusammenhält, sondern sie suchten aus der Beobachterperspektive das Funktionieren der konstruierten Sinnwelten strukturell und dynamisch abzubilden und zu verstehen. Für diesen Anspruch sollte sich die Systemanalogie und -metaphorik als besonders ergiebig erweisen. Mit der systemischen Betrachtung stellte man von *einer linear-teleologischen* auf eine *zirkulär-relationale* Sichtweise um.

---

93 Siehe mit einer vergleichbaren Stoffaufbereitung etwa *Simon*, Einführung in Systemtheorie und Konstruktivismus, Heidelberg 2008, S. 12.

94 *Gabriel*, Grundprobleme der Erkenntnistheorie, Paderborn 3. Auflage 2008, S. 20.

95 *Watzlawick*, Menschliche Kommunikation, Bern 8. Auflage 2000, S. 31; *Simon*, Einführung in Systemtheorie und Konstruktivismus, Heidelberg 2008, S. 12.

Mit der Umstellung auf die systemische Betrachtung wird das System zum epistemologischen Ausgangspunkt einer jeden Wirklichkeitsrekonstruktion.

Allgemein lässt sich mit FLECHTNER das System so erläutern, dass die Bestandteile eines Systems in einer gewissen Beziehung oder Relation zueinander stehen und eine wesentliche Aufgabe einer Systemtheorie darin liegt, die Art und Eigenschaften derartiger Relationen zu untersuchen.[96] LERNER ergänzt diese Darstellung um die Einschränkung, dass die Kybernetik als Wissenschaft von der Steuerung nur gesteuerte Systeme untersucht.[97] Mit Blick auf das systemische Forschungsdenken erläutert er weiter: „Weil alle Objekte, Prozesse und Erscheinungen der Welt miteinander verbunden sind und sich gegenseitig beeinflussen, muß man, wenn man irgendein Objekt herausgreift, den Einfluss der Umgebung auf dieses Objekt und dessen Wirkung auf die Umwelt berücksichtigen. Das Studium des Verhaltens jedes gesteuerten Systems muß deshalb unter Berücksichtigung von dessen Koppelungen mit der Umwelt erfolgen."[98] Ein so beschriebenes System wird, wie BALLWEG es auch in seiner Arbeit tut, als offenes System bezeichnet.[99] Um nun die konkrete Funktionsfähigkeit eines kybernetischen Systems beurteilen bzw. veranschaulichen zu können, ist die Projektion und Interpretation eines zu untersuchenden Phänomens anhand eines konkreten Modells notwendig.[100]

dd) Das sog. Regelkreismodell

Unter dem Eindruck des kybernetischen Denkstils entwickelt BALLWEG ab 1970 in der abstrakt-technomorphen Analogienbildung und Metaphorik der Zeit sein Modell der Jurisprudenz anhand des sog. Regelkreises. Am Regelkreismodell möchte er die Struktur und Funktion jurisprudentiellen Denkens visualisieren.[101]

Etwa 30 Jahre vor BALLWEGS Untersuchung und einige Jahre vor der Ubiquität der Kybernetik in den Wissenschaften entdeckte bereits der deutsche Ingenieure HERMANN SCHMIDT, dass Erkenntnisse der „Allgemeinen Regelkunde" sich auf den Staat beziehen lassen.[102] SCHMIDT beschreibt in Deutschland als Erster Strukturprinzipien einer Regelung.[103] Danach sei es Aufgabe der Regelung „den

---

96 *Flechtner*, Grundbegriffe der Kybernetik, 5. Auflage München 1984, S. 228.

97 *Lerner*, Grundzüge der Kybernetik, Berlin 1970, S. 18.

98 Ebda.

99 *Ballweg*, Rechtswissenschaft und Jurisprudenz, Basel 1970, S. 78.

100 *Flechtner*, Grundbegriffe der Kybernetik, 5. Auflage München 1984, S. 246.

101 *Ballweg*, Rechtswissenschaft und Jurisprudenz, Basel 1970, S. 78.

102 *Garstka*, Regelkreismodelle des Rechts, München 1983, S. 7.

103 *Henn*, Materialien zur Vorgeschichte der Kybernetik, in: Studium Generale 22 (1969), S. 184; *Garstka*, Regelkreismodelle des Rechts, München 1983, S. 7.

Wert einer einzelnen konstanten Größe oder den funktionellen Zusammenhang zwischen verschiedenen Größen herzustellen, und zwar auf Grund der Messung der beteiligten Größen oder von Substitutionsgrößen."[104] Der Zweck einer Regelung könne jedoch ebenso darin liegen, „die Regelgröße unabhängig von äußeren, störenden Einflüssen zu machen, dadurch, dass man dem zu regelnden System (...) durch einen Regler eine bestimmte Eigengesetzlichkeit gibt."[105] Aus diesem grundlegenden Regelungsverständnis lassen sich nun weitere elementare Überlegungen zu einem Regelungsmodell entwickeln. Zunächst brauche es einen Träger der Regelgröße, der Regelstrecke genannt sei. Sollen sich Regelstrecke und Regelgröße in kontrollierbarer Abhängigkeit zu einander verhalten, so bedürfe es eines Reglers. Der Regler beeinflusse die Regelstrecke dahingehend, dass sie sich der Regelgröße entsprechend verhalte.[106] Der Wert der Regelgröße sei *Istwert* genannt und der Wert der stabil gehalten werden soll, *Sollwert.* Eine Abweichung zwischen Ist- und Sollwert sei als Regelungsunterschied zu bezeichnen. Dieses Modell der Allgemeinen Regelungslehre ist unter der Annahme gedacht, dass alle Regelungsvorgänge zyklisch funktionieren. Der Wert der Regelgröße ist Voraussetzung für die Reaktionen des Reglers, woraus resultiert, dass auch jene durch den Regler hervorgerufenen Änderungen der Regelgröße wiederum als Eingangsgröße in den Regler eingehen. Eine Beziehung, die später durch die Kybernetik als Rückkoppelung bzw. *feed-back* bezeichnet wird.[107] Obwohl sich SCHMIDTS Überlegungen zu einer allgemeinen Regelkreislehre und WIENERS *Cybernetics* völlig unabhängig voneinander entwickelten, decken sich die beiden theoretischen Konzepte an wesentlichen Stellen,[108] was SCHMIDTS Ausführungen in der überkommenen Kybernetisierung die nötige diskursive Anschlussfähigkeit verlieh.

Die Überlegungen SCHMIDTS wurden zu Modellen ausgebildet, die unter der Bezeichnung *Regelkreis* in die kybernetische Terminologie Eingang fanden. Dieses Regelkreismodell war um die 60er und 70er Jahre in der schematischen Aufbereitung nach dem Philosophen und Kybernetiker sowie Herausgeber des

---

104 *Schmidt*, Regelungstechnik. Die technischen Aufgaben und ihre wirtschaftliche, sozialpolitische und kulturpolitische Auswirkung, in: VDI-Zeitschrift 85 (1941), S. 81–88; wieder in Beiheft zu GrKG 6 (1965) 3–34, S. 7.

105 Ebda.

106 *Garstka*, Regelkreismodelle des Rechts, München 1983, S. 8.

107 Diese Zusammenfassung der Regelkreislehre lehnt an *Garstka*, Regelkreismodelle des Rechts, München 1983, S. 8/9.

108 *Henn*, Materialien zur Vorgeschichte der Kybernetik, in: Studium Generale 22 (1969), S. 185.

Wörterbuches der Kybernetik GEORG KLAUS, am verbreitetsten. KLAUS novelliert das SCHMIDTsche Regelungsverständnis. Er nahm an, dass nicht jede Regelung für die Aufrechterhaltung eines konstanten Wertes bestimmt sei, denn so könne etwa der Sollwert durch ein ganzes Intervall von Werten wiedergegeben werden sowie zeitlichen Änderungen ausgesetzt sein. Aus diesem Grund müsse der Regelungsgröße als Vergleichsgröße eine Führungsgröße gegenübergestellt werden. Darüber hinaus berücksichtig KLAUS Störungen, die die unerwünschten Änderungen des Istwertes verursachen. Diejenige Größe, mit deren Hilfe schließlich die Regelstrecke beeinflusst werde, sei die Stellgröße. Dieses Schema des Regelkreises nach KLAUS liegt auch BALLWEGS Arbeit zu Grunde.[109]

b) Ballwegs Anwendung der Kybernetik auf die Jurisprudenz

Bevor BALLWEG in seiner Abhandlung das Regelkreismodell auf die Jurisprudenz appliziert, kontextualisiert er es in den kybernetisch-systemtheoretischen Diskurs.

Seine angestrebte Struktur- und Funktionsuntersuchung beginnt er mit der typischen systemtheoretischen *System / Umwelt* Dichotomie. Das System grenze sich von seiner Umwelt ab. Gleichwohl unterhalte es zu ihr kybernetische Beziehungen, weshalb BALLWEG das hier in Rede stehende System als ein soziales verstanden wissen möchte.[110] Dieses kybernetische System unterhalte nur ganz bestimmte Beziehungen zu seiner Umwelt, woraus sich ergebe, dass es auch nur auf bestimmte Umweltreize reagiere, die Störungen heißen sollen. Aus diesen ersten Überlegungen am kybernetischen Modell schließt BALLWEG analog für die Jurisprudenz, dass sie als ein System metaphorisiert werden könne, das auf bestimmte, aus seiner sozialen Umwelt stammenden Störungen – sog. Inputs – mit Regelung – sog. Outputs – reagiere. Mit diesem Analogieschluss vollzieht BALLWEG die verfremdende Transformation der Jurisprudenz in die kybernetische Modell- und Metaphernwelt, die die sprachliche und bildliche Stilisierung seiner gedanklich folgenden Abhandlungsschritte bestimmen wird. Von hieran denkt er die Jurisprudenz modelliert als ein kybernetisch-systemtheoretisch interpretiertes Regelkreisschema. In diesem Modell gedacht eröffnet sich für BALLWEG der Grund und die Funktion dafür, warum sich das System von der Umwelt abgrenze und wonach sich seine Ordnung bestimme, nämlich nach der Regelungsfunktion. Über die Nennung der Systemfunktion gelangt er zu einer

109 *Ballweg*, Rechtswissenschaft und Jurisprudenz, Basel 1970, S. 78.

110 Sofern nicht anders angegeben, beziehen sich die nun folgenden Ausführungen auf *Ballweg*, Rechtswissenschaft und Jurisprudenz, Basel 1970, S. 78 f.

weiteren Präzisierung der Systemart. Aus der Regelungsfunktion resultiere, dass es sich bei dem vorliegenden System um ein dynamisches handele, mit der sozialen Funktion der Regelung von Störungen der Umwelt. Das artbildende Merkmal der Dynamik begründe sich daraus, dass es als ein Wirkungssystem zu verstehen sei, bei dem die Einwirkungen auf das System und seine Auswirkungen auf die Umwelt die Offenheit des Systems voraussetzen. Die Umwelt dieses Systems könne wiederum als ein System der sozialen Ordnung oder auch als die Sozialordnung verstanden werden, das sich zu seiner Regelung der Jurisprudenz bediene.

Aus dieser Modellpräzisierung gewinnt BALLWEG nun eine genauere Zuweisung der Jurisprudenz innerhalb des konstruierten kybernetischen Apparates, wonach die Jurisprudenz ein Regler zur Regelung von Störung sei. Regelung definiert er nach KLAUS als die „Aufrechterhaltung der Stabilität eines dynamischen Systems durch Regelkreisstrukturen."[111] Als Führungsgröße für den Regler *Jurisprudenz* seien die jeweiligen Gerechtigkeitsvorstellungen einzusetzen. Die mit dem Regelkreis bezweckte Aufrechterhaltung der Stabilität sieht BALLWEG in der vorliegenden Anwendung auf die Jurisprudenz in der Rechtsordnung respektive in der Einhaltung des Rechts im weitesten Sinne oder in der dauernden Rückkehr zum Recht als Friedensordnung. Das so gewonnene Grundmodell repräsentiert nach BALLWEG die Grundstruktur und die Grundfunktion des Systems *Jurisprudenz*, was ihn nun weiter zu der Frage führt, wie dieses System seine Grundfunktion erfüllt.

Seinen Erkenntnisumfang zur Beantwortung dieser Frage reduziert er auf die Teile des Systems, die er als Mittel- und Unterfunktionen bezeichnet. Die Beschränkung der Untersuchung auf einen Teilbereich des Gesamtsystems *Jurisprudenz* ist für BALLWEG aus Gründen der Übersichtlichkeit geboten, soll seine Abhandlung weiterhin nachvollziehbar bleiben. Denn die Komplexität und Kompliziertheit[112] einer systemisch verstandenen Jurisprudenz führe zu „Systemunterteilungen in mehrere Teilsysteme und zur Funktionsteilungen in mehrere Teilfunktionen (...), was kybernetisch bedeutet, dass sich die Elemente in weitere kybernetische Elemente (Regelkreise) strukturieren lassen und die Teilfunktionen durch die Relationen zwischen den einzelnen Regelkreisen repräsentiert werden." BALLWEG sucht in seiner Untersuchung der Mittel- und Unterfunktionen nur jene Elemente herauszuarbeiten, die das komplexe und komplizierte System *Jurisprudenz*

111 *Klaus* (Hrsg.), Wörterbuch der Kybernetik, Berlin 1967, S. 523.

112 Etwas später erläutert *Ballweg* die Komplexität und Kompliziertheit sozialer Systemen wie folgt: „(...) Systeme sind jeweils komplex und kompliziert, das heißt in ihren Funktionen vielfältig, in ihren Beziehungen vielfach in sich und untereinander verknüpft und in ihren Elementen sehr verschieden." S. 101.

konstitutiv stabilisieren und es als selbstorganisiertes System höchster sozialer Adaption ermöglichen. Dem systemtheoretischen und kybernetischen Prolegomenon folgt die Anwendung auf die *Jurisprudenz.*[113]

Ballweg geht von der sozialen Wirklichkeit als der Umwelt des kybernetischen Systems der Jurisprudenz aus. In diese Umgebung sei nun die Jurisprudenz durch die Rechtswirklichkeit eingeschaltet, womit die Rechtswirklichkeit ein Teil der sozialen Wirklichkeit sei.[114] Gleichzeitig sei die Rechtswirklichkeit ein Teil der Jurisprudenz. Die soziale Wirklichkeit bestehe aus komplexen und komplizierten Teilsystemen, von denen die Jurisprudenz nur eins, nämlich jenes ihrer Regelung darstelle. Systeme der Regelung sozialer Wirklichkeit seien als Teilsysteme des Gesamtsystems sozialer Wirklichkeit zu begreifen. Beispielhaft seien neben dem Rechtssystem etwa die Wirtschaftsordnung, Sittenordnung, politische und Sozialordnung genannt. Bestimmte Probleme der sozialen Wirklichkeit gingen in die Rechtswirklichkeit ein. Die Summe der Rechtsprobleme bilde die Rechtswirklichkeit als ein Element der Jurisprudenz. Da Ballwegs kybernetische Analyse auf die Art der Funktionserfüllung der Jurisprudenz angelegt ist, stellt sich für ihn an dieser Stelle die Frage, wann ein Problem der sozialen Wirklichkeit zu einem Rechtsproblem wird und dadurch in den Teilbereich der Rechtswirklichkeit eintritt.[115]

Er geht davon aus, dass jedem Teilsystem sozialer Regelung wie der Wirtschaftsordnung, der Sittenordnung, der politischen Ordnung und der kulturellen Ordnung eine besondere Verfahrensweise bei der Regelung sozialer Probleme zukomme. Die rechtliche Ordnung sei diesen Ordnungen nun bildlich gesprochen nachgeordnet, nachgeschaltet, denn immer dann, wenn den Teilsystemen mit ihren eigenen Verfahrensweisen die Problemregelung missglücke, können die Probleme, oder kybernetisch gesprochen, die Störungen, zu einem Rechtskonflikt umgewandelt werden. Es handele sich also um einen Wechsel in der Weise des Verfahrens der Regelung sozialer Konflikte bei gleichbleibendem Inhalt.[116] In der besonderen Funktion rechtlicher Verfahrensweise sieht Ballweg den Grund für

113 In seiner Abhandlung trennt *Ballweg* die grundlegende Herleitung seines kybernetischen Rechtsmodells und die Vertiefung der jeweiligen Teilsysteme und -funktionen. Die zeichnerisch-schematische Darstellung und terminologische Setzung seines Modells erfolgt auf den Seiten 83–89. Die Vertiefung der analysierten Teilsysteme und -funktionen auf den Seiten 100–122. In der hier vorgelegten Rezitation werden diese beiden Teile zusammengelesen.

114 *Ballweg*, Rechtswissenschaft und Jurisprudenz, Basel 1970, S. 83, 100.

115 *Ballweg* a.a.O. S. 101.

116 *Ballweg* a.a.O. S. 104.

den Übergang eines Konfliktes von einem Teilsystem in das Rechtssystem. Es liege in der Weise des Verfahrens selbst, indem dieses bestimmte Ereignisse garantiere, die die anderen Verfahren nicht leisteten. BALLWEG verdeutlicht die charakteristische Funktion des rechtlichen Verfahrens mit der pointierten Formulierung: „Der Konflikt wird nicht durch Lösung beendet, sondern durch Beendung gelöst."[117] Die Funktion der Jurisprudenz liege in der Konfliktneutralisierung.[118]

Zur Erfüllung dieser Funktion bedürfe es eines Entscheidungsbereiches.[119] Dieser Entscheidungsbereich stellt in BALLWEGS kybernetischem Modell gegenüber der Rechtswirklichkeit ein eigenes Teilsystem dar. Auch diesen Entscheidungsbereich, der wiederum ein Teilbereich seines kybernetischen Modells der Jurisprudenz bildet, beschreibt BALLWEG als komplexes und kompliziertes Teilsystem, das seinerseits aus mehreren Teilsystemen bestehe. Werden dem Entscheidungsbereich Probleme vorgelegt, reagiere der jeweils mit einer Entscheidung.

Die Relation zwischen dem Element der Rechtswirklichkeit und dem Entscheidungsbereich rekonstruiert BALLWEG als Entscheidungszwang.[120] Diese Bestimmung ergebe sich aus der Ergebniserwartung an die Jurisprudenz: der letztinstanzlichen Konfliktneutralisierung. Sie sei im Verhältnis zur sozialen Wirklichkeit und zu deren anderen sozialen Regelungssystemen eine „letzte Instanz", denn ihr sei nicht noch ein weiteres System mit einer entsprechenden Neutralisierungsfunktion nachgeschaltet.[121] Damit gehe einher, dass die Jurisprudenz jedes ihr vorgelegtes Problem entscheiden müsse. Es gelte das *non-liquet*-Verbot. Der Entscheidungszwang strukturiere weitgehend den Entscheidungsbereich.

Die im Entscheidungsbereich hergestellten Entscheidungen würden wieder in die Rechtswirklichkeit entlassen und träten nun ihrerseits ihre soziale Wirkung an. Das geregelte Problem, was kybernetisch als *Output* zu bezeichnen sei, gehe zum Teil selbst als regelnder Faktor in seine entsprechende Ordnung ein und determiniere die jeweils in Rede stehende Situation.[122]

Stelle man an die Jurisprudenz die Anforderung der Begründung und Kontrollierbarkeit der Entscheidung, um ihre Willkürmomente auszuschließen, so müsse ein weiteres Element eingeführt werden, das eine entsprechende Begründung liefere. Dieses Element ist nach BALLWEG die Rechtsdogmatik. Das Verhältnis zwischen Entscheidungsbereich und der Rechtsdogmatik sei als Begründungszwang

---

117 *Ballweg* a.a.O. S. 105.
118 *Ballweg* a.a.O. S. 104.
119 *Ballweg* a.a.O. S. 84.
120 *Ballweg* a.a.O. S. 84, 108.
121 *Ballweg* a.a.O. S. 108.
122 *Ballweg* a.a.O. S. 105.

einzuführen. Das Zusammenwirken der Rechtsdogmatik und des Begründungszwangs tragen in Ballwegs Modell wesentlich zur Stabilität seiner kybernetisierten Jurisprudenz bei.

Der Begründungszwang ermögliche die Kontrolle der Entscheidung. Aus den Systemrelationen des Entscheidungs- und Begründungszwanges ergebe sich die Notwendigkeit einer ganz bestimmten Sprache, die Aussagemöglichkeit über alle anfallenden Rechtsprobleme schaffe und die Ballweg in einer hoch interpretierbaren und anpassungsfähigen Sprache sieht, die zur Erfüllung ihrer Justifikationsfunktion Wert-, Wesens- und Sinnbegriffe enthalte. Diese Begriffe eröffneten funktional die Möglichkeit rechtfertigender Argumentation und Argumentbewertung einer auf Finalität ausgerichteten Sprache eines ergebnisorientierten Entscheidungssystems. Bereits durch diese Sprache werde im Teilsystem des Entscheidungsbereiches die Stabilität des Systems der Jurisprudenz soweit gesteigert, dass eine hohe Reaktionsfähigkeit auf sehr verschiedene und sich verändernde soziale Problemlagen und durch den Begründungszwang eine ausreichende Kontrollierbarkeit garantiert werde.[123]

Diese Stabilisierung werde durch das Element der Rechtsdogmatik noch weiter erhöht. Sie diene als ein Speicher von Informationen, der eine Fülle von Lösungsvorschlägen bereithalte.[124] Die Funktion der als Regelkreiselement gedachten Rechtsdogmatik sei die Aufrechterhaltung der Rigidität der Entscheidungsbegründung. Unter Bezug auf Theodor Viehweg betont Ballweg, dass die Rigidität der Dogmatik und ihre Dogmatizität, das heißt ihr Charakter als außer Frage gestelltes Meinungsgefüge, systemimmanent determiniert sei, da ihre primäre Funktion in der Entscheidungsherbeiführung bestehe.[125] Dieses Systemelement erhöhe die Systemstabilität, da durch sie eine optimierte und kontrollierte Adaption an eine Vielfalt von Problemen möglich werde. Die Entfaltung der Rechtsdogmatik steigere die Erfüllungschancen, der in der Jurisprudenz als System sozialer Regelung gesetzten Erwartungen beträchtlich. Unter der Wahrung der systemstabilisierenden Rigidität könne durch eine größere Flexibilität in der Anwendung der Dogmatik die Stabilität noch gesteigert werden. Die erstrebte Flexibilität der Rechtsdogmatik zwinge jedoch zu der Einführung eines weiteren Elementes: der Basisdoktrin. Sie beschreibt Ballweg als ein die Dogmatik bindendes Deutungselement. Die Relation zwischen der Rechtsdogmatik und der Basisdoktrin sei als Deutungszwang bestimmt. Erst die Basisdoktrin als

123 *Ballweg* a.a.O. S. 115.
124 *Ballweg* a.a.O. S. 85, 116.
125 *Ballweg* a.a.O. S. 118.

Element im Sinne eines Teilsystems des Gesamtsystems der Jurisprudenz stelle die in der Kybernetik angestrebte sog. Ultrastabilität her, der die Jurisprudenz zur Erfüllung ihrer Funktionen sozialer Stabilisierung bedürfe. Die Basisdoktrin beschreibt er als eine Rückkoppelung an die soziale Wirklichkeit, die im Element der Basisdoktrin als die Verfasstheit der Wirklichkeit schlechthin erscheint, die den Anspruch auf Totalinterpretation hat, wenngleich sich dieser Anspruch immer auf einen Maximenindex beschränke. In die Basisdoktrin gingen die politischen und sozialen Führungsgrößen ein, deren Anwendung im Recht und durch das Recht in der Gemeinschaft von derselben erwartet werde.[126] Mit erneutem Rückgriff auf VIEHWEG charakterisiert er die Basisdoktrin als ausfüllungsbedürftige Leerformel von hohem Bekenntniswert.

Zwischen den Elementen der Basisdoktrin und der sozialen Wirklichkeit bestehe, vermittelt durch die Rechtswirklichkeit, die Relation des Setzungszwanges.

c) Was von Rechtswissenschaft und Jurisprudenz *bleibt*

Sein Traktat *Rechtswissenschaft und Jurisprudenz* verfasste BALLWEG mit der Absicht, die Eigenart und Eigenständigkeit der im Titel der Schrift angeführten Denkweisen durch den Nachweis ihrer Unentbehrlichkeit und Unersetzbarkeit zu belegen. Dazu zeigt er auf, dass die Rechtswissenschaft und die Jurisprudenz strukturell und funktional auf die Befriedigung unterschiedlicher Ergebniserwartungen ausgerichtet sind. Die für seine Analyse der jurispudentiellen Denkweise notwendigen Denkparameter kreiert er auf einer metatheoretischen Ebene anhand eines systemtheoretisch-kybernetischen Regelkreismodells, was die Transformation der Jurisprudenz zu einer kybernetischen Metapher bedingt. Durch diese Art der technizistischen Verbildlichung wird das vorgefundene Phänomen Jurisprudenz verfremdet und schematisch visualisiert. Die kybernetische Rekonstruktion dimensioniert sie als einen Modellapparat, der einem mathematisch-physikalischen Modell analog abbildbar ist. Diese Modellierung versetzt BALLWEG in die Lage, eine abstrakte Deskription des Funktionierens und der Funktion der Jurisprudenz sowie Klassifikationen von Systemelementen zu erstellen. Die so gewonnenen systemischen Elementarbedingungen juristischen Denkens und ihre Interdependenzen genießen auch ein halbes Jahrhundert nach Erstellung der Schrift anregende Gegenwartsbezogenheit.[127] Sein wissenschaftstheoretischer Befund, dass die Jurisprudenz durch Werthaltigkeit charakterisiert

126 *Ballweg* a.a.O. S. 121.

127 So auch *von Schlieffen*, Zur Analytischen Rhetorik von Ottmar Ballweg, in: Ballweg, Analytische Rhetorik, Frankfurt am Main 2009, XVIII.

ist und ihre Elemente und deren Beziehungen untereinander stets durch diese Werthaltigkeit charakterisiert bleiben, also ihr Gegenstand, ihre Methode, ihre Begrifflichkeit, aus der sich ihre Dogmatik und Basisdoktrin entfalten, solange werthaltig sein werden, wie Jurisprudenz als soziales Handlungs- und Entscheidungssystem verstanden werden muss, haben weiterhin Bestand. Ebenso gilt die elementare Bedingung des systemimmanenten Entscheidungszwanges und die Einordnung und Betonung der Jurisprudenz als justifizierende Handlungs- und Entscheidungsdoktrin, die mittels eines außer Frage gestellten Meinungsgefüges (Dogmatik) in unterschiedlichen Situationen, unter veränderlichen Perspektiven und wechselnden sozialen Bedingungen, in beweglichen Wertbereichen die Entscheidbarkeit von Problemen gewährleistet.[128] Kategorien wie die *Rechtsdogmatik*, der *Entscheidungszwang*, *Begründungs-* und *Deutungszwang* begegnen dem Juristen unverändert als Bedingungen seines Denkens, für die BALLWEG mit seiner Arbeit Begriffserläuterungen anbietet.

Im Geist der Zeit präsentiert er sie stilisiert im kybernetischen Theoriedesign. Durch diese kybernetische Metaphorisierung der Jurisprudenz und die damit einhergehende technizistische Verfremdung des Begriffes wendet BALLWEG ein Erklärungsmodell und eine Sprache auf ein Untersuchungsobjekt an, dessen Anwendung und seine Folgen noch einmal besondere Aufmerksamkeit verdienen.

Für eine umfassende geistesgeschichtliche Würdigung der Belastbarkeit und Ergiebigkeit der Kybernetik als Untersuchungsansatz der menschlichen Angelegenheiten ist hier nicht der Ort.[129] In Eingedenk des dieser Arbeit zu Grunde liegenden Untersuchungsinteresses sollen BALLWEGS Ausführungen nur daran gemessen werden, inwieweit sie Aufschluss über die Rechtsklugheit als Denk- und Handlungsweise geben.

Ihr begegnet man in BALLWEGS Arbeit in der Abstraktheit, die der universalistische Ansatz der Kybernetik fordert. Auf der Metaebene einer Wissenschaft der technizistisch vertretbaren Metaphern löst sich jedes menschliche Phänomen in technomorphe Systemeinheiten auf. Schlichte Handlungslehren, die aus den *conditio humana* erwuchsen, erscheinen nur noch als bäuerliche Binsenweisheiten einer vormodernen Gesellschaft. Das Pathos einer modernen *mos geometricus* Utopie klingt wissenschaftlich elaborierter und exakter als eine in Alltäglichkeiten und Alltagssprache verhaftete Philosophie der menschlichen Angelegenheiten. Dies wäre nicht weiter erwähnenswert, wenn nicht gerade dieser Kontext für

---

128 *Ballweg*, Rechtswissenschaft und Jurisprudenz, Basel 1970, S. 72.

129 Siehe dazu umfassend *Hagner/Hörl* (Hrsg.), Die Transformation des Humanen, Frankfurt am Main 2008.

die Klugheit und auch für die Rechtsklugheit als *conditio sine qua non* einzustufen ist. Die wissenschaftliche Attitüde des kybernetischen Sprach- und Bildressorts mag auf hohem abstraktem Niveau funktionale Rekonstruktionen erlauben, die zu neuen Betrachtungen inspirieren. Doch bleibt es fraglich, welchen Erkenntnismehrwert mit Blick auf die Jurisprudenz – die Rechtsklugheit – ihre kybernetische Modellierung fördert. Denn die technizistische Abstrahierung in Sprache und Modell birgt eher die Gefahr, dass die Nähe zum zu erklärenden Phänomen verloren geht und die konsistente, selbstbezügliche Theoriestabilisierung des gewählten Ansatzes in den Vordergrund rückt. Es geht mehr um die Beschreibung als um das zu Beschreibende. Die Systemmetapher bleibt die Erklärung schuldig, warum durch ihre Betrachtungsumstellung der Blick auf das Untersuchungsobjekt nicht systemisch-artifiziell verzerrt wird. Dies gilt zumindest signifikant im Falle eines Begriffes wie der *Rechtsklugheit*, dessen Ursprung die *praktische Philosophie* ist und deren Beschreibungsart begriffsadäquater scheint, da diesem Ansatz insbesondere supertheoretische Ambitionen fremd sind. Die praktisch-philosophische Provenienz der Rechtsklugheit lässt auch Ballweg in seiner Arbeit immer wieder anklingen. So formuliert er etwa, dass es sich bei der Jurisprudenz „um ein handlungsbezogenes Meinungsdenken mit der primären Funktion der zwischenmenschlichen Verständigung innerhalb einer sozialen Gruppe zum Zwecke einer besonderen, eben der juristischen Regelung sozialer Probleme handelt. Im Zentrum dieses Denkens“, so führt er weiter aus, „steht der Mensch, der Mensch als soziales Wesen, in seiner *condition sociale*, schließlich in der *condition humaine*. Prudentielles Denken enthält daher immer den Entwurf eines Menschenbildes.“[130]

Durch den von Ballweg gewählten kybernetischen Blickwinkel und die verwendete Sprache, bleibt diese semantische Dimension der Jurisprudenz in seiner Arbeit *Rechtswissenschaft und Jurisprudenz* jedoch unterbetont und auch unterbelichtet. Diese Folge entspringt aber nicht etwa einer Unachtsamkeit Ballwegs bei der Abfassung seiner Schrift; im Gegenteil. Er spart die geistesgeschichtliche Kontextualisierung bewusst aus, da sie nicht ausreiche, die Eigenständigkeit der Prudentien zu beweisen. Historisches Begründen erfahre selbst Relativierungen, die es wechselnd zu dem begründend-philosophischen, dem beweisend-wissenschaftlichen oder zum rechtfertigend-prudentiellen Denken flüchten ließe.[131] Mit der nötigen zeitlichen Distanz darf man sagen, dass auch der von Ballweg

130 *Ballweg*, Rechtswissenschaft und Jurisprudenz, Basel 1970, S. 99 f.
131 *Ballweg* a.a.O. S. 99.

gewählte kybernetische Ansatz über die Zeitlichkeit nicht erhaben ist. Die wissenschaftliche Strenge und Einheit, die man einst nahezu euphorisch mit der Kybernetik als Universalwissenschaft der Zukunft verband, ist inzwischen nur noch Stoff für wissenschaftliche Abhandlung über Kategorien universalistischer Vereinigungswunschbilder aus der Vergangenheit.

Solche dem kybernetischen Ansatz vergleichbare Hochziele sind der vorliegenden Arbeit fremd. Sie soll sich lediglich in zetetischer Manier – verstehend – dem annähern, was *Rechtsklugheit* bedeuten kann. Ein solches Vorhaben erträgt den Relativismus wechselnder Sichtweisen und ist ebenso frei von der Absicht durch etwaige historische Anleihen einen Begriff klandestin in der Gegenwart historistisch zu begründen. Vielmehr versucht sie verschiedene gedankliche Anknüpfungsenden zu einem Geflecht zusammenzuspinnen. Enthebt man BALLWEGS Traktat seines kybernetischen Ornaments, bleibt der Grundgedanke bestehen, den er in späteren Schriften ohne jedweden Bezug auf die Kybernetik in essayistischem und aphoristischen Stil unermüdlich betont: „Nach all den philosophischen Versuchen, das Recht in Beziehung zur Erkenntnis, Vernunft, zur Wahrheit, zur Logik, zum Wesen zur Natur, zum Sein, zur Geschichte, zur Wissenschaft, zu ewigen Ideen oder zu absoluten Prinzipien zu bringen, es immer und in jedem Fall zu metaphysieren, bietet sich an, es in aller Bescheidenheit wieder in einem vordisziplinären, allgemein menschlichen Rahmen zu stellen (…). Das Recht selbst – sein rein meinungsmäßiges Reden und Denken, sein Entscheidungscharakter, sein Handlungsbezug – scheint dazu aufzufordern, es wieder als eine Prudentia iuris zu verstehen.“[132] Diesem Arbeitsauftrag, eine Verstehensweise des prudentiellen Rechtsdenkens zu restaurieren, soll im Folgenden weiter nachgegangen werden, indem die von BALLWEG erarbeiteten Merkmale um weitere ergänzt werden, die sich schlussendlich zu einem elaborierten Begriffsverständnis formieren werden.

---

132 *Ballweg*, Rhetorik und Res humanae, in: ders., Analytische Rhetorik, Frankfurt am Main 2009, S. 140.

Teil 2 – Der Begriff der Jurisprudenz und das Fehlen einer römischen Rechtsphilosophie

„Mein Freund, die Zeiten der Vergangenheit
sind uns ein Buch mit sieben Siegeln.
Was ihr den Geist der Zeiten heißt,
das ist im Grund der Herren eigner Geist,
in dem die Zeiten sich bespiegeln.“

JOHANN WOLFGANG VON GOETHE

I. Das Problem einer geistesgeschichtlichen Verortung der Rechtsklugheit

Die lakonische Aufforderung, das Recht wieder als eine *prudentia iuris* zu begreifen, könnte suggerieren, dass die rechtsphilosophiegeschichtliche Forschungsliteratur über eine lexikalische Bestimmung der Jurisprudenz verfügt, die als *argumentum a nomine* eines bestimmten ursprünglichen Verständnisses gilt, oder dass man die frühen vorfindlichen Abhandlungen eines Denkers der ersten Stunde konsultieren kann, in denen er auf eine philosophische Verknüpfung von *ius* und *prudentia* abhebt und den Begriff so auf den festen Boden umfänglicher Traktatsammlungen stellt. Für eine derartige Handhabe fehlt es dem Begriff jedoch deutlich an semantischer Griffigkeit und geistesgeschichtlicher Fassbarkeit. Er muss vielmehr vorläufig wie ein Palimpsest behandelt werden, auf dem sich die wechselnden Geistesströmungen der europäischen Rechtskultur eingeschrieben haben. Die überlagerten Einschreibungen verdichten sich nicht zu einer zeiterhabenen, Originärsinn konservierenden Zeichenfolge, sondern vermischen sich zu einer interpretationsbedürftigen Interpretationsgemengelage. Jede Interpretation einer Wiederbeschreibung ist bloß die ausschnitthafte Neukontextualisierung eines gedeuteten Motivs und wird so selbst zu einer Wiederbeschreibung der Wiederbeschreibung.

Als Ursachen für die fluide Semantik des Begriffes Jurisprudenz sind vor allem zwei kumulierende Gründe zu nennen, die sich der römischen Rechtsgeschichte entnehmen lassen: Zum einen sehen sich die Romanisten bei der philosophisch-geistesgeschichtlichen Rekonstruktion der römischen Jurisprudenz einer besonders ausdeutungsbedürftigen Quellenlage gegenüber und zum anderen besteht über den zulässigen Referenzrahmen der Interpretation dieser Primärquellen Uneinigkeit.

1. Die *iuris prudentia* der römischen Rechtsgeschichte

Es gehört zu einer *communis opinio* unter den akademischen Rechtslehrern, dass es die Römer waren, die das Rechtsdenken und die Rechtskunde zu einer Jurisprudenz fortbildeten.[133] Diese allgemeine Lehrmeinung fasst jedoch einen sehr umfangreichen und vielschichtigen Forschungsstand der römischen Rechtsgeschichte zusammen.

Nimmt man sie zum Anlass, die Fachliteratur der Rechtshistoriker zur Hand zu nehmen, um zu erfahren, was *Jurisprudenz* bedeutet, so verflüchtigt sich die allgemeine Lehrvorstellung von den Römern als *den* Erfindern *der* Jurisprudenz schnell und verliert ihren vereinfachenden Orientierungswert. Was bleibt ist eine Vielzahl historischer Individualleistungen und Ereignisse aus unterschiedlichen Perioden der römischen Rechtsgeschichte. Das, was aus heutiger Sicht oftmals verkürzt als *die römische Jurisprudenz* bezeichnet wird, differenzierte sich in einem langen Zeitraum aus, der sich in die Frühzeit (bis 300 v. Chr.), den klassischen Freistaat (300–27 v. Chr.), den Prinzipat (27/23 v. Chr. -283 n. Chr.), das Dominat bis zum Regierungsantritt Justinians (284–527 n. Chr.) sowie das Zeitalter der justinianischen Kodifikation (527–563 n. Chr.) periodisieren lässt und damit einen Gesamtzeitraum von mehr als 900 Jahren umfasst.[134] Mit Blick auf die einzelnen Perioden verfügt die moderne römische Rechtsgeschichte über Erkenntnisse der jeweiligen „Jurisprudenzen“ als Rechtsstile der Zeit, die jedoch nicht zu *einer* römischen Rechtswirklichkeit und *einer* Art des rechtlichen Denkens verdichtet werden dürfen. Das Rechtsdenken eines jeden Zeitabschnittes war veränderten gesellschaftlichen, politischen und wirtschaftlichen Bedingungen ausgesetzt, so dass zwar jede einzelne Periode unter dem rechtskulturellen Einfluss der vorangegangenen steht, die nichtsdestoweniger für sich stets eine abgrenzbare, eigenständige rechtshistorische Wirklichkeitseinheit bildet. Aus diesen Gründen unterscheidet die romanistische Forschungsliteratur auch etwa zwischen der Pontifikaljurisprudenz, der republikanischen Jurisprudenz, der klassischen und der spätklassischen Jurisprudenz, da jede Art des Rechtsdenkens in einer bestimmten Periode ihre eigenen Bedingungen und Eigenheiten aufweist.

Einen alle Epochen umfassenden Traditionalismus, der sich aus etwaigen epochenübergreifenden rechtskulturellen Merkmalen herauslesen lassen könnte,

---

133 *Mayer-Maly*, Rechtswissenschaft, 5. Aufl. München 1991, S. 104.

134 *Wieacker*, Römische Rechtsgeschichte, Erster Abschnitt, München 1988, S. 20.

wird in der modernen Rechtsgeschichte abgelehnt. „Wahrscheinlich würde, " so NÖRR, „die Durchführung einer solchen Synkrisis an dem Mangel historischer Daten scheitern und in historischen Spekulationen versanden."[135]

Für solche historischen Hypothesen bestünde mit Blick auf die Befriedigung des vorliegenden Untersuchungsinteresses jedoch kein Anlass. Auch wenn die allgemeine Narration von der römischen Erfindung *der* Jurisprudenz bei näherer Prüfung ihren Erklärungswert verliert, würde es für einen ersten Begriffszugang ausreichen, wenn sich in einer der Epochen der römischen Rechtsgeschichte zumindest eine wissenschaftstheoretische oder philosophische Begriffsbestimmung der Jurisprudenz finden lassen würde.

Eine solche Bestimmung konnte die römische Rechtsforschung bisher aus dem Material der verfügbaren Primärquellen jedoch nicht gewinnen. Ein wesentlicher Grund hierfür mag darin liegen, dass die römischen Juristen wissenschaftstheoretischen Reflexionen und Selbstbeschreibungen des eigenen Rechtsdenkens in der uns heute gewohnten Manier überhaupt nicht nachgingen. Ihnen war scheinbar jedwede Art rechtsphilosophischer oder -methodologisch determinierter Theorienschöpfung fremd.[136]

Die Mehrheit der Romanisten beschreiben den römischen Juristen als einen streng an der Rechtspraxis orientierten Rechtsdenker, der am konkreten, immer wieder neu zu entscheidenden Einzelfall seine Rechtskunde entwickelte, ausfeilte und pflegte. In dieser Haltung sehen viele Rechtshistoriker das vielleicht einzige Epochen verbindende und generalisierbare Element römischen Rechtsdenkens, was eine tätige Absage an jegliche Art spekulativer Philosophie zu Gunsten praktisch ausgerichteter Rechtsarbeit bedeuten sollte. Wie es WIEACKER formuliert: „Die Einstellung auf den Rechtsfall oder die einzelnen Rechtsfragen, die starke Bindung (...) an akzeptiertes *ius non controversum*, der praktisch-eklektische Charakter der *rationes decidendi* (...) und eine lange festgehaltene Reserve gegen allgemeine, fachexterne Wertungsgesichtspunkte: dies scheint in fast allen Epochen die Entscheidungen stärker motiviert zu haben als die ideologischen Suprastrukturen und deren Varianten."[137]

135 *Nörr*, Traditionalismus der römischen Juristen, in: Jakobs / Knobbe-Keuk / Picker / Wilhelm (Hrsg.), FS für Werner Flume zum 70. Geburtstag, Köln 1978, Bd. I, S. 186.

136 *Mayer-Maly*, Juristische Reflexion über ius, in: Zeitschrift der Savigny-Stiftung für Rechtsgeschichte Bd. 117 (2000), S. 1 f.; *ders.*, Rechtswissenschaft, 5. Aufl. München 1991, S. 10.

137 *Wieacker*, Zur Ideologie der römischen Juristen, in: Jakobs / Knobbe-Keuk / Picker / Wilhelm (Hrsg.), FS für Werner Flume zum 70. Geburtstag, Köln 1978, Bd. I, S. 250.

Das mangelnde Interesse der Römer an rechtsphilosophischer Textproduktion erschwert die Deutung der wenigen überlieferten Textstellen, in denen sie zu philosophischer Begriffsbildung ansetzen und in diesem Zuge auch die *iuris prudentia* sentenzhaft erwähnen.

2. Die *iuris prudentia* Bestimmungen aus Inst. 1, 1 u. Digst. 1, 1, 10

Bekannt ist der römischen Rechtsgeschichte eine überlieferte Definition der *iuris prudentia* aus den *justinianischen Institutionen* und *Digesten*.

Zu Beginn der *Institutionen* im Ersten Buch unter dem Titel *De iustitia et iure* findet sich der Begriff *iuris prudentia*. Dort heißt es:

> 1. Iuris prudentia est divinarum atque humanarum rerum notitia, iusti atque iniusti scientia.[138]

Dieser knappen und abstrakten Bestimmungen der *iuris prudentia* folgen in den *Institutionen* keine weiter gehenden Ausführungen zu einer philosophisch intendierten Verstehensweise. Es bleibt bei der abstrakten Definition, ohne dass der Begriff *prudentia* in seiner Verbindung mit *ius* einer elaborierteren Darstellung zugeführt wird. Wortgleich findet sich die karge Beschreibung noch einmal in den *Digesten* 1,1,10. Doch auch dort bleiben weitere sinnerschließende Kommentierungen oder Ergänzungen zum Verständnis und der Bedeutung der *iuris prudentia* für das Rechtsdenken aus.

Die Ausdrücke *iustitia* und *ius* hingegen erfahren ungleich mehr Erwähnung, doch auch keine Begriffsentwicklung, die über das Fragmentarisch-Sentenzhafte hinausgeht. In den *Institutionen* ist der *iuris-prudentia*-Definition die *iustitia* Bestimmung voran gestellt:

> Iustitia est constans et perpetua voluntas ius suum cuique tribuens. (Inst. 1, 1)[139]

Sie wird ebenfalls wortgleich in den *Digesten* (1, 1, 10 pr.) wiederholt. Einige Fragmente zuvor findet sich die bekannte *ius*-Definition des Celsus:

---

138 „1. Rechtswissenschaft ist die Kenntnis von göttlichen und menschlichen Dingen, das Wissen vom Rechten und Unrechten." Nach der deutschen Übersetzung aus *Behrends / Knütel / Kupisch / Seiler*, Corpus Iuris Civilis, Die Institutionen, 3. Auflage, Heidelberg 2007.

139 „Gerechtigkeit ist der unwandelbare und dauerhafte Wille, jedem sein Recht zu gewähren." Nach der deutschen Übersetzung aus *Behrends / Knütel / Kupisch / Seiler*, Corpus Iuris Civilis, Die Institutionen, 3. Auflage, Heidelberg 2007.

Iuri operam daturum prius nosse oportet, unde nomen iuris descendat. Est autem a iustitia appellatum: nam, ut eleganter Celsus definit, ius est ars boni et aequi.[140]

Diese Begriffsbestimmungen von *iustitia* und *ius* sowie ihre quantitative Gewichtung in den Primärquellen spiegeln sich in der romanistischen Sekundärliteratur wider. Sie konzentriert sich bei ihren Kommentierungsarbeiten auf die Interpretation der ULPIANischen Gerechtigkeitsdefinition[141] und des CELSischen *ius*-Begriffes[142], wobei *iustitia* und *ius* überwiegend als denknotwendige Einheit begriffen werden. Über ihre Herkunft, ihren Inhalt und insbesondere ihre Bedeutung als Zeugnis einer Selbstbeschreibungsformel römischen Rechtsverständnisses, herrscht unter den Rechtshistorikern Uneinigkeit. Der Streit läuft aber nicht auf eine wissenschaftstheoretische Konzipierung des Rechtsdenkens als einer *iuris prudentia*[143] Explikation hinaus, sondern mündet letztlich in der Frage nach der

140 „Wer sich um das Recht bemühen wird, muss zuvor wissen, woher der Name Recht abstamme. Es wird aber nach der Gerechtigkeit benannt: denn, wie es Celsus elegant definiert, das Recht ist die Kunst des Guten und Gerechten."

141 Siehe hier insbesondere *von Lübtow*, De iustitia et iure, Zeitschrift für Rechtsgeschichte. (R), LXVI, 1948, S. 459; *Levy*, Natural Law in Roman Thought, SDHI XV (1949), S. 19 (= Ges. Schriften I, Köln 1963, S. 16); *Schulz*, Geschichte der römischen Rechtswissenschaft, Weimar 1961, S. 159 f.; *Kaser*, Das römische Privatrecht I, 2. Aufl., München 1971, S. 195; *Waldstein*, Zu Ulpians Definition der Gerechtigkeit, in: Jakobs / Knobbe-Keuk / Picker / Wilhelm (Hrsg.), FS für Werner Flume zum 70. Geburtstag, Köln 1978, Bd. I, S. 213–232; *Waldstein*, Ist das „suum cuique" eine Leerformel?, IUS HUMANITATIS, FS zum 90. Geburtstag von Verdoss, Berlin 1980, S. 285–320; *Mayer-Maly*, Gedanken über das Recht, Wien; Graz; Köln 1985, hier S. 43 ff.; Wolfgang Waldstein, Zur juristischen Relevanz der Gerechtigkeit bei Aristoteles, Cicero und Ulpian, in: Beck-Mannagetta / Böhm / Graf (Hrsg.), Der Gerechtigkeitsanspruch des Rechts: FS für Mayer-Maly zum 65. Geburtstag, Wien; New York 1996, S. 1–73, siehe insbesondere S. 59 ff.; *Winkel*, Die stoische-Lehre und Ulpians Definition der Gerechtigkeit, in: ZRG. (R), CXVIII, 1988, S. 669–679.

142 *Mayer-Maly*, Vom Rechtsbegriff der Römer, in: Öst. Zeitschr. f. öff. Recht 9 (1958/59),S. 151–173; *ders.*, Römisches Recht, Wien / New York, S. 1999, S. 5.

143 Zwar merkt *von Lübtow*, De iustitia et iure, in: ZRG. (R), LXVI, 1948, S. 463 an: „Die Römer erblicken in der Rechtswissenschaft nicht ein Rechnen mit Begriffen, auch nicht eine Zusammenstellung technischer Normen, sondern eine Rechtsweisheit und Klugheit (iuris-prudentia). Eben weil ihr Recht nicht kodifiziert und weite Gebiete frei waren, auf denen sich sozusagen die rechtliche Erfindung betätigen konnte, schätzen sie die Klugheit so hoch ein, die ihnen ein Rechtsgebot, das sie dunkel empfanden, in einleuchtenden Formulierungen bewußt gestaltete." Doch bleibt ihm eine weitere philosophische Erläuterung der Prudentia versperrt, da er selbst, wenn auch

Bedeutung der *aequitas* in der römischen Rechtsfindung oder anachronistisch formuliert: im dem Gegensatz zwischen *ius aequum* und *ius strictum*.[144]

Die Deutung der in Rede stehenden Textstellen und der in ihnen angeführten Begriffe *ius*, *iustitia* und *iuris prudentia* hängt vor allem von der Frage ab, welchen Einfluss man der griechischen Philosophie auf das römische Rechtsdenken gegen Ende der Republik und zur klassischen Zeit zugesteht.[145] Mit Blick auf die Geltung dieser Annahme für die Begriffe von *iustitia* und *ius* aus den *Institutionen* und *Digesten* verharrt die römische Rechtsforschung in mühsamer, philologischer Quellenarbeit.[146]

Ein allgemeiner Einfluss der griechischen Philosophie auf das römisch-juristische Denken und Argumentieren seit der republikanischen Jurisprudenz wird zwar in der Literatur einhellig angenommen, doch im gleichen Atemzug als nur wahrscheinlich eingestuft.[147] WIEACKER bewertet den Nachweis der These eines konkreten geistesgeschichtlichen Einflusses als eine „Gleichung mit mehreren Unbekannten"[148], was ihn sowie viele andere Rechtshistoriker nicht davon abhält, der „unvermeidlichen Vereinfachung"[149] nachzugeben und römisches Rechtsdenken vor allem mit den wissenschaftlichen Lehren des ARISTOTELES in Verbindung zu bringen.[150] Neben den ARISTOTELISCHEN Anleihen aus der *Metaphysik*, *Rhetorik* und *Ethik* zur theoretischen Reformulierung römischen Rechtsdenkens wird der römische Rechtsstoff insbesondere nach jenen wissenschaftstheoretischen Fragen

---

etwas ambivalent, in seinem Beitrag eine weitergehende Bedeutung philosophischer Begriffsbildung für die römische Jurisprudenz ablehnt.

144 Für eine Zusammenfassung dieses Streites in der Sache weiter zutreffend *Kisch*, Erasmus und die Jurisprudenz seiner Zeit, Basel 1960, S. 1–18. Mit Blick auf das römische Recht S. 14 f.

145 Ablehnend etwa *von Lübtow*, De iustitia et iure, ZRG. (R), LXVI, 1948, S. 459. S. 460/461. *Levy*, Natural Law in Roman Thought, SDHI XV (1949), S. 19 (= Ges. Schriften I, Köln 1963, S. 16); *Schulz*, Geschichte der römischen Rechtswissenschaft, Weimar 1961, S. 159.

146 Siehe zuletzt *Winkel*, Die stoische-Lehre und Ulpians Definition der Gerechtigkeit, in: ZRG. (R), CXVIII, 1988, S. 669–679.

147 *Kunkel/Schermaier*, Römische Rechtsgeschichte, 14. Auflage, Köln; Weimar; Wien 2005, S. 130 u. 134.

148 *Wieacker*, Römische Rechtsgeschichte, Erster Abschnitt, München 1988, S. 621. Siehe zuvor zu den Gründen eines erschwerten Nachweises S. 618–620.

149 Ebda.

150 *Wieacker* a.a.O. S. 622; siehe hierzu bereits *Coing*, Zum Einfluß der Philosophie des Aristoteles auf die Entwicklung des römischen Rechts, in: ZRG. (R), LXXXII, 1952, S. 24–59.

hin untersucht, die die Gegenwartsdebatte selbst beschäftigt, nämlich nach vorfindlichen Argumentationsstrukturen und ihre Bedeutung für Erkenntnisse über eine *ratio decidendi.*[151] Auf eine rechtsphilosophische Explikation der *iuris prudentia* wird keine ernste Mühe und Aufmerksamkeit verwendet.

Da der vorliegenden Schrift jedoch nicht an einer strengen historischen Rekonstruktion römischen Rechtsdenkens gelegen ist, sondern an einer rechtsphilosophischen Bedeutungsergründung der Rechtsklugheit in der Gegenwart, reichen die hier zusammengetragenen Erkenntnisse aus der römischen Rechtsgeschichte als Hinweise für die weitere Gestaltung des Gedankenganges aus.

II. Folgerungen aus der römischen Rechtsgeschichte für den weiteren Gang der Untersuchung

Die Inaugenscheinnahme der geistesgeschichtlichen Situation der historischen Jurisprudenz der Römer lässt das Ansinnen einer Untersuchung der Rechtsklugheit außerhalb der römischen Rechtsgeschichte als zulässig erscheinen. Damit wird sich nicht über den Streit um die etwaige Leerformelhaftigkeit der rechtsphilosophischen Fragmente zu Beginn der *Institutionen* und *Digesten* in der Sekundärliteratur hinweggesetzt. Gerade die Kontroverse unter den Romanisten allein verdeutlicht bereits, dass die römische Rechtsgeschichte über keine römisch-philosophische evidente Explikation des Begriffes *iuris prudentia* verfügt und deshalb ebenso keine Prärogative auf eine Begriffsbildung hält. Seine nicht hinreichende begrifflich-semantische Konservierung in den Epochen seiner Entstehung überlässt ihn der Deutungsfreiheit der Nachwelt.

Im Rahmen dieser Deutungsfreiheit ziehen die römischen Rechtshistoriker für die begriffliche Rekonstruktionsbemühung römischen Rechtsdenkens immer wieder die griechische, notabene die ARISTOTELIsche Philosophie zu Rate.

Diese Art des interpretatorischen Vorgehens, das in einer Bezugnahme auf die ARISTOTELIsche Philosophie als geistesgeschichtliche Quelle für eine Verständnisentwicklung besteht, liegt nicht nur den Arbeiten der Sekundärliteratur zur römischen Rechtsgeschichte zu Grunde, sondern dient auch immer wieder jenen Rechtshistorikern als Referenzrahmen, die die historisierte Jurisprudenz zwischen

151 *Kaser*, Zur Methode der römischen Rechtsfindung. Nachrichten der Akademie der Wissenschaften in Göttingen, Philologisch-historische Klasse, 2. Auflage, Göttingen 1969, S. 50–78; f. *Horak*, Rationes decidendi: Entscheidungsbegründungen bei den älteren römischen Juristen bis Labeo, Innsbruck 1969; *Wieacker*, Zur Rolle des Arguments in der römischen Jurisprudenz, wiederabgedruckt in: ders., Ausgewählte Schriften Band 1, Frankfurt am Main 1983, S. 153–174.

dem 16. bis an die Wende zum 19. Jahrhundert untersuchen. Auch sie bringen die Jurisprudenz immer wieder unter Betonung unterschiedlicher Merkmale mit den Arbeiten des Weisen aus Stagira in Verbindung.[152] Doch den wissenschaftlichen Anstrengungen zur römischen Jurisprudenz vergleichbar, wird die Klugheit nicht als Element aus der praktischen Philosophie einsichtig gemacht, sondern sie wird aus ihrem gedanklichen Gesamtgefüge herausgetrennt und anhand weniger Textstellen nur marginal berücksichtigt. In den Arbeiten zur römischen Rechtsgeschichte sowie in jenen zur neueren Rechtsgeschichte finden sich fortwährend Begriffe wie Tugend, Wille, Praxis, Billigkeit, Gerechtigkeit und auch Klugheit. Doch wird insbesondere die Klugheit als Entwurf praktischer Orientierungsfähigkeit in menschlichen Angelegenheiten nicht hinreichend expliziert, so dass sie meist nur als bloße Reminiszenz an ein überholtes, vorwissenschaftliches Vernunftkonzept in Szene gesetzt wird.

Außerhalb der rechtshistorischen Literatur findet die Klugheit, wie bereits dargelegt, vor allem in den Arbeiten zur Rhetorischen Rechtstheorie Erwähnung.[153] Auch hier begegnet man ihr unter dem Zuordnungsverweis auf ARISTOTELES. Während BALLWEG in seiner Schrift *Rechtswissenschaft und Jurisprudenz* die Bedeutung der ARISTOTELISchen Philosophie für die Geistesgeschichte der

---

152 *Kisch*, Erasmus und die Jurisprudenz seiner Zeit, Basel 1960, S. 24–54. Er interessiert sich in seiner Arbeit für die *epieikeia*; *Troje*, Wissenschaftlichkeit und System in der Jurisprudenz des 16. Jahrhunderts, in: Blühdron / Ritter (Hrsg.), Philosophie und Rechtswissenschaft, Frankfurt am Main 1969, S. 63 f. Auch *Troje* verweist nur knapp auf den aristotelischen Klugheitsbegriff und nennt einige bedeutungsträchtige Passagen aus dem VI. Buch der Nikomachischen Ethik; *Schröder*, Aequitas und rechtwissenschaftliches System, in: Zeitschrift für neuere Rechtsgeschichte Bd. 21 (1999), S. 40. Hier verweist er nur kurz auf Aristoteles: „Daraus ergibt sich die noch um und nach 1600 herrschende Auffassung: Ethik und Recht sind keine Wissenschaft, sondern eine auf das Handeln gerichtete „Prudentia". Bereits in seiner Habilitationsschrift entwickelt *Schröder* seinen sog. habituellen Jurisprudenzbegriff an wissenschaftstheoretischen Überlegungen Aristoteles' aus dem VI. Buch der Nikomachischen Ethik, siehe *Schröder*, Wissenschaftstheorie und Lehre der „praktischen Jurisprudenz" auf den deutschen Universitäten an der Wende zum 19. Jahrhundert, Frankfurt am Main 1979, S. 15/16. Doch auch hier erfährt die Klugheit nur eine knappe Erläuterung.

153 Außerhalb dieser Strömung siehe zur Betonung des Prudentiellen insbesondere *Gröschner*, Justizsyllogismus? Jurisprudenz!, in: Lerch (Hrsg.), Recht verhandeln, Argumentieren, Begründen und Entscheiden im Diskurs des Rechts, Berlin 2005, S. 203–217; *ders.*, in: Der Staat, Bd. 46, 2007, S. 643; *ders.*, Das Kreuz der Entscheidung in einer dialogischen Philosophie, in: Joas / Jung (Hrsg), Über das anthropologische Kreuz der Entscheidung, Baden-Baden 2008, S. 96f.

Klugheit nur kurz angibt[154], betont er ihre Bedeutung für sie in späteren Arbeiten ausdrücklich. Er belässt es aber bei Verweisen insbesondere auf das ARISTOTELIsche Wissenschaftsverständnis, ohne die praktische Philosophie in die Rhetorische Rechtstheorie zu inkorporieren. Den Stil der Bedeutungsandeutung der Klugheit führt seine Schülerin SOBOTA fort, wenngleich sie wesentlich deutlicher als BALLWEG die Wichtigkeit der ARISTOTELIschen Philosophie durchdekliniert.[155] Doch BALLWEG sowie SOBOTA/V. SCHLIEFFEN betonen einzelne, die Klugheit konstituierende Elemente wie etwa *Erfahrung*, *Situativität* und *Kontextsensitivität*. Das begriffliche Stückwerk fügt sich aber erst dann zu einem aussagekräftigen Bild, wenn man es zusammengeführt in dem gedanklichen Rahmen betrachtet, in dem es seine philosophische Gestalt im Traktat zuerst erfuhr: in der praktischen Philosophie des ARISTOTELES.

154 *Ballweg*, Rechtswissenschaft und Jurisprudenz, Basel 1970, S. 96 Fn. 35 u. 36.

155 *Sobota*, Sachlichkeit, Rhetorische Kunst der Juristen, Frankfurt am Main 1990, siehe insbesondere S. 75; *von Schlieffen*, Rhetorik, in: Römermann / Paulus (Hrsg.), Schlüsselqualifikationen für Jurastudium, Examen und Beruf, München 2003, S. 197 u. 202; *dies.*, Rhetorik und Stilistik in der Rechtswissenschaft, in: Rhetorik und Stilistik, Ein internationales Handbuch Band 2, Fix / Gardt / Knape (Hrsg.), Berlin / New York 2009, S. 1813.

Teil 3 – Die Rekonstruktion der Rechtsklugheit anhand der praktischen Philosophie des Aristoteles

„Es gibt nichts Gutes,
außer: Man tut es."

ERICH KÄSTNER

I. Der Begriff der Klugheit in der praktischen Philosophie des Aristoteles

„Wenn nach Whitehead die Geschichte der Philosophie eine Sammlung von Fußnoten zu Platon ist, besteht die Geschichte der Klugheitsethik im Wesentlichen aus Kommentierungen der aristotelischen Fußnote zur *phronēsis*."[156] Mit diesen Worten erklärt ANDREAS LUCKNER in seiner Arbeit zur Klugheit, warum eine Untersuchung dieses Begriffs mit der Rezeption der ARISTOTELIschen Lehre zur *phronēsis* beginnen muss. ARISTOTELES gilt als „erster Theoretiker"[157] der Klugheit. Seine Ausarbeitungen im VI. Buch der *Nikomachischen Ethik* dienen der Philosophie immer wieder als wichtigste geistesgeschichtliche Quelle für ein historisch gewordenes, vergessenes Klugheitsverständnis. Um das Klugheitsmodell des Weisen aus Stagira erfassen zu können, muss man es in seiner Verwobenheit mit den ethischen Überlegungen in der *Nikomachischen Ethik* nachvollziehen. Nur so erlangt man eine klare Vorstellung von der verzweigten Feingliedrigkeit seines Klugheitsverständnisses.

Die Kenntnis des ARISTOTELIschen Klugheitsbegriffes ist in dem hier übergeordnet interessierenden rechtsphilosophischen Kontext gerade deshalb von herausragender Bedeutung, weil die Klugheit des Klugen nach ARISTOTELES jene Grundhaltung ist, die es dem Menschen ermöglicht, das menschliche Wohlergehen in einer kontingenten Praxis tätig zu verwirklichen.

Gerade jene Bedingungen der Praxis – des Handlungsvollzuges – reflektiert ARISTOTELES in einem grundlegenden ethischen Modell. Ein Grundmodell, das, wie URSULA WOLF es hervorhebt, „anders als die spätere Philosophie das Praktische nicht auf die Moraltheorie beschränkt, sondern eine umfassende Theorie

---

156 *Luckner*, Klugheit, Berlin 2005, S. 75.
157 *Aubenque*, Der Begriff der Klugheit bei Aristoteles, Hamburg 2007, S. 9.

des guten Lebens, richtigen Handelns und vernünftigen Überlegens entwickelt, die darüber hinaus in eine Theorie des Politischen eingebettet ist. Eine Begrifflichkeit, die dieses gesamte Feld durchdringt, ist mit einer ähnlichen Erschließungskraft selten hervorgebracht worden, und daher können wir uns bis heute mit Gewinn an ihr abarbeiten."[158]

Aus diesem Grund empfiehlt auch Wolfs Kollege Otfried Höffe die *Nikomachische Ethik* als grundlegenden, fächerübergreifenden philosophischen Referenzrahmen: „Ob es Philosophen oder Juristen, ob Moraltheologen, Sozialethiker oder Sozialwissenschaftler sind – wer auch immer sich für eine Theorie moralischer bzw. humaner Praxis interessiert, findet hier eines der wenigen bis heute einschlägigen Grundmodelle."[159]

Für den modernen Rechtstheoretiker wohl bemerkenswert versucht Aristoteles die menschliche Fähigkeit guten Entscheidens nicht durch eine gesonderte rechtstheoretische oder ökonomische Untersuchung fachspezifisch zu erfassen,[160] indem er einen besonderen, etwa juristischen, abstrakt-universellen Regelanwendungsmechanismus nachkonstruiert. Aristoteles personifiziert die angemessene Verwirklichung normativer Vorgaben – gleich ob den Einzelnen oder die Gemeinschaft betreffend – und setzt an die Stelle der Suche nach einem abstrakten Richtigkeitskriterium der Anwendung die Betrachtung des Entscheiders selbst. Der Entscheider wird bei ihm durch den Klugen inkarniert und beschrieben. In rechtlichen Angelegenheiten wird die Klugheit bei Aristoteles begrifflich zur Billigkeit. Konzeptuell greifen Klugheit und Billigkeit gleichsam ineinander.[161]

Damit Billigkeit jedoch nicht in einer modernen Lesart auf ein reines technisch-instrumentelles Auslegungsprinzip des geschriebenen Rechts missverstanden reduziert wird, sondern als lebendiger Begriff aus seiner ethisch-politischen Provenienz begriffen werden kann – als Klugheit in rechtlichen Angelegenheiten und damit als Rechtsklugheit – muss sie, wie Joachim Ritter es in einem ähnlichen Kontext formulierte, dort aufgesucht werden, „wo der Geist zuerst das Gebäude errichtete, um dem von ihm Begriffenen den Ort zu geben, und nicht

158 *Wolf*, Aristoteles' Nikomachische Ethik, Darmstadt 2007, S. 13.

159 *Höffe*, Vorwort, in: ders. (Hrsg.) Aristoteles, Nikomachische Ethik, 3. Aufl., Berlin 2010, S. 1.

160 Vgl. *Ritter*, Naturrecht bei Aristoteles, in: ders. (Hrsg.), Metaphysik und Politik, Frankfurt am Main 1977, S. 134.

161 *Aubenque*, Der Begriff der Klugheit bei Aristoteles, Hamburg 2007, S. 50.

in der Zeit, für welche dieses nur noch das alte Gemäuer ist, das allenfalls der historische Sinn als ehrwürdige Ruine bewahren mag."[162]

Will man den Aussagewert der Rechtsklugheit begreifen, muss man die ethische Bildungslehre ARISTOTELES' gedanklich abschreiten.

II. Die *Nikomachische Ethik* als Hauptbezugstext

Wie HÖFFE konstatiert, finden sich in der ARISTOTELISchen Ethik trotz des großen Epochenabstandes zwischen der Antike und dem Beginn des 21. Jahrhunderts Überlegungen, die nicht so eng mit der griechischen Welt verknüpft sind, als dass sie sich einem kultur- und epochenübergreifenden Austausch *a priori* versperrten.[163] Sein Kollege JONATHAN BARNES weist darauf hin, dass man die *Ethik* natürlich zunächst als ein historisches Zeugnis für den Zustand der praktischen Philosophie im vierten vorchristlichen Jahrhundert verstehen könne. Doch lasse sie sich darüber hinaus ebenso als ein Beitrag zur gegenwärtigen ethischen Debatten lesen.[164] Als ein solcher Beitrag soll sie auch im Folgenden verstanden werden.

Die Ethik des ARISTOTELES ist in drei Schriften überliefert, in der *Eudemischen Ethik*, den *Magna Moralia* und in der *Nikomachischen Ethik*.[165] Trotz des bis in die Gegenwart reichenden philologischen Streites über die ursprünglich historische Ordnung der Schriftstücke gilt der philosophischen Forschung zur ARISTOTELISchen *Ethik* die *Nikomachische Ethik*[166] als Hauptbezugstext;[167] der auch die wesentliche Quelle für die folgenden Ausführungen sein wird.[168]

---

162 *Ritter*, Naturrecht bei Aristoteles, in: ders. (Hrsg.), Metaphysik und Politik, Frankfurt am Main 1977, S. 146.

163 *Höffe*, Aristoteles: Ethik und Politik, in: Buchheim / Flashar / King (Hrsg.), Kann man heute noch etwas anfangen mit Aristoteles? Hamburg 2003, S. 126.

164 *Barnes*, Aristoteles. Eine Einführung, Stuttgart 1992, S. 87.

165 *Brüllmann*, Ethische Schriften, in: Rapp / Corcilius (Hrsg.), Aristoteles Handbuch, Stuttgart 2011, S. 134f.

166 Im Folgenden EN.

167 *Höffe*, Einführung, in: ders. (Hrsg.), Nikomachische Ethik, Berlin 2010, S. 5.

168 Die folgenden Ausführungen sind auf eine deutsche Übersetzung der Nikomachischen Ethik angewiesen. Als Übersetzung liegt dieser Arbeit der deutsche Text von *Ursula Wolf*, Nikomachische Ethik, 3. Aufl. Hamburg 2011 zu Grunde. Die Autorin hat zusätzlich eine umfangreiche Werkinterpretation (Aristoteles' Nikomachische Ethik, Darmstadt 2007) veröffentlicht. Die Übersetzung sowie die Kommentierung bilden die Basistexte für die folgenden Ausführungen.

III. Gegenstand und Ziel der ethischen Untersuchung sowie ihre Art und Grenzen der Erkenntnismöglichkeiten

Aristoteles beginnt das erste der insgesamt zehn Bücher umfassenden EN mit vier seine Abhandlung vorbereitenden Überlegungen, indem er vorläufig den formalen Gegenstand seiner ethischen Untersuchung, ihre Art, den möglichen Grad der Erkenntnisgenauigkeit des anvisierten Forschungsobjektes sowie ihren Zweck bestimmt. Anders als man es vielleicht erwarten dürfte, steigt er in seine Untersuchung nicht unmittelbar mit einer Einleitung ein, in der er zunächst etwa durch die Zusammenfassung eines Diskussionsstandes und der Darlegung einer notwendigen, kritischen Prüfung vorherrschender Überlegungen oder inhaltlicher Neuausrichtungen explizit anknüpft. Er kontextualisiert seine Überlegungen nicht in der Weise, dass er an sie in narrativer Manier heranführt, sondern konfrontiert den Leser direkt in dem ersten Satz seiner Abhandlung mit einer der abstrakten Hauptthesen der anstehenden Analyse. Erst darauf folgend fügt er sie exkurshaft in einen übergeordneten, gedanklichen Zusammenhang ein und formuliert seine Erörterungsinteressen und Erwartungen an eine ethische Untersuchung. Trotz dieses etwas leserunfreundlichen Aufbaus soll in der hier anstehenden Wiedergabe der ethischen Schrift dieser gedanklichen Abfolge – soweit wie möglich und nötig – entsprochen werden, um keinen zusätzlichen interpretatorischen Erläuterungsaufwand durch die gedankliche Umstellung oder Zusammenfassung der Primärquelle entstehen zu lassen.

1. Die Suche nach dem besten Strebensgut

> Jedes Herstellungswissen (*technē*) und jedes wissenschaftliche Vorgehen (*methodos*), ebenso jedes Handeln (*praxis*) und Vorhaben (*prohairesis*) strebt, so die verbreitete Meinung, nach einem Gut (*agathon ti*). Deshalb hat man ‚Gut' zu Recht erklärt als ‚das, wonach alles strebt'.[169]

Dieser erste Satz der ethischen Abhandlung aus der EN enthält eine durch *dokei* – durch allgemeine Meinung – gestützte Behauptung,[170] in der Aristoteles Grundformen menschlichen Tätigseins aufführt und sie in einer abstrakten, Strukturen zusammenfassenden Aussage darstellt.[171] Höffe kommentiert den Begriff *Gut* aus der einleitenden Textstelle der *Nikomachischen Ethik* in seiner

169 EN 1094 a 1–3.

170 *Wolf*, Aristoteles' Nikomachische Ethik, Darmstadt 2007, S. 24.

171 Siehe entsprechend *Höffe*, Praktische Philosophie – Das Modell des Aristoteles, 2. durchges. Auflage München 1996, S. 39.

Arbeit zur praktischen Philosophie am Modell ARISTOTELES wie folgt: „Sie stellt nicht die wenig glaubwürdige These auf, alle Menschen seien faktisch auf das Gute aus, noch behauptet sie, alles Seiende oder Mensch als Mensch strebe nach dem Guten. Der Begriff des Guten ist mehr formal als ein Implikat des Begriffes vom Streben aufzufassen. Das Gute bezeichnet jenes Zielmoment im Streben, um dessentwillen das Streben geschieht und in dem es sich vollendet. Es nennt, vom Begriff der Bewegung her gedacht, jenes Moment, das etwas in Bewegung setzt, ohne selbst bewegt zu sein; es ist kosmologisch das unbewegt Bewegende."[172] Damit wird gleich zu Beginn der ethischen Untersuchung der Blick auf den abstrakten Untersuchungsgegenstand eingestellt; es handelt sich um einen relationalen. „Das Gute," so HÖFFE, „ist eine Funktion des Strebens wie umgekehrt das Streben eine Funktion des Guten ist; beide Begriffe können nur im Verhältnis zueinander bestimmt werden."[173] Das Gut ist Ziel und Grund des Strebens. Doch fällt die Konstruktion der Zielvorstellung in sich zusammen, wenn sie nicht als Intentionales eines praktischen Hervorbringungs*prozesses* gedacht wird. Ziel und Streben bilden nur in Reziprozität eine stabile Denkeinheit.

Der ersten formalen Bestimmung des Untersuchungsgegenstandes lässt ARISTOTELES den Hinweis folgen, dass es *zwei* Arten von Handlungszielen gibt.

> Doch zeigt sich ein Unterschied zwischen den Zielen (*telos*); einige sind Tätigkeiten (*energeia*), andere darüber hinaus Produkte (*ergon*) der Tätigkeiten.[174]

Mit dieser Aussage verdeutlicht er vorläufig abstrakt sein vorliegendes Untersuchungsinteresse. Die Verwendung des Wortes *Ziel* für *Gut* hebt hervor, dass *Gut* als *Ziel* allen Strebens zu verstehen ist, und dass seine Analyse nicht auf die Beschaffenheit einzelner Handlungen ausgerichtet ist, sondern auf die Struktur von größeren Wirkungsbereichen oder Tätigkeitsfeldern.[175]

> Da es nun viele Arten des Handelns, Herstellungswissens (*technē*) und der Wissenschaft (*epistēmē*) gibt, gibt es auch viele Ziele; (...)[176]

Angesichts der Vielheit der Strebensziele führt ARISTOTELES die Arbeitsthese der notwendigen Existenz eines obersten Leitzieles ein. Er knüpft an die Beobachtung an, dass die Fülle der Ziele in allen Lebensbereichen stets hierarchisch geordnet an einem obersten Leitziel ausgerichtet seien.

---

172 *Höffe* a.a.O. S. 40.
173 *Höffe* a.a.O. S. 41.
174 EN 1094a 3–6.
175 *Wolf*, Aristoteles' Nikomachische Ethik, Darmstadt 2007, S. 27.
176 EN 1094a 7–8.

Den Gedanken einer Ordnung der Strebensziele zum Zwecke menschlicher Strebensorientierung abstrahiert er auf das gesamte lebensweltlich anfallende und vorfindbare Streben. Die Vielheit der Leitziele müsse sich wiederum einem übergeordneten Leitziel subordinieren lassen, um so die mannigfaltigen Leitziele zielgerichtet koordinieren zu können. Diese Annahme einer notwendigen Zielausgerichtetheit in einer ausdifferenzierten Zielvielheit ergibt sich aus der Präskription der Sinnhaftigkeit menschlichen Strebens, die ARISTOTELES damit plausibilisiert, dass der Mensch ohne eine solche Ordnung einem infiniten Zielregress ausgesetzt sei. Hat ARISTOTELES die Strebensstruktur durch die Beschreibung äußerlicher Phänomene gewonnen, leitet er das oberste Gut über die Einführung eines voluntativen Elementes ein. Das letzte Ziel erklärt sich aus der Beschaffenheit eines bei jedem Individuum vorfindlichen Wollens und wird in der EN superlativisch zunächst als das *beste Gut* (*ariston*) bezeichnet.

> Wenn es nun für das, was wir tun, ein Ziel gibt, das wir um seiner selbst willen wünschen (*boulesthai*), während wir die übrigen Dinge um seinetwillen wünschen, und wenn wir nicht alles um eines weitergehenden Ziels willen wählen – denn auf diese Weise ginge der Prozess ins Unendliche, sodass das Streben leer und vergeblich würde –, dann wird offensichtlich dieses [Ziel] das Gut, und zwar das beste Gut (*ariston*) sein.[177]

Bevor nun ARISTOTELES weiter der Hypothese eines besten Gutes als leitendem Strebensziel nachgeht und sie zu seinem *eudaimonia*-Begriff ausbaut, macht er einen kurzen gedanklichen Abstecher über drei Stationen, der in der neueren Sekundärliteratur als Methodenexkurs bezeichnet wird[178] und für die Verstehensweise der weiteren Gedankenentwicklung in ARISTOTELES‘ ethischer Abhandlung von Wichtigkeit ist. Es handelt sich um die oben bereits erwähnte exkurshafte Kontextualisierung der Untersuchung und ihres Anspruches.

Die erste Überlegung betrifft den Zweck der ethischen Untersuchung und der daraus gewonnenen Erkenntnis für das menschliche Leben,[179] die zweite erläutert die Art des Wissens, die aus den ethischen Einsichten gewonnen wird[180] und die dritte legt dar, welcher Wissenschaft oder Fähigkeit die ethischen Erläuterungen

177 EN 1094a 18–24.

178 Siehe *Höffe*, Ethik als praktische Philosophie – Methodische Überlegungen (I 1, 1094a22–1095a13), in: ders. (Hrsg.), Nikomachische Ethik, 3. Überar. Aufl. Berlin 2010, S. 2; *Wolf*, Aristoteles‘ Nikomachische Ethik, Darmstadt 2007, S. 57 f.

179 EN 1094a 22–24, 1094b 27–1095a 13.

180 EN 1094a 24–26, 1094b 11–27.

zuzuordnen sind.[181] ARISTOTELES führt sie in dieser Reihenfolge ein[182] und handelt sie dann in umgekehrter Ordnung ab.

2. Die *Ethik* als eine Art politische Untersuchung

ARISTOTELES selbst gibt an, dass es sich bei der Untersuchung aus der *Nikomachischen Ethik* um eine „Art politische Untersuchung“[183] handele. Diese Formulierung wirft die Frage nach dem Verhältnis von *Ethik* und *Politik* sowie die Zweckmäßigkeit einer solchen Untersuchung auf. Denn der *Politik* widmet er eine eigene Schrift, so dass der Hinweis, dass die *Nikomachische Ethik* eine Art politische Untersuchung enthalte, zunächst irritiert. Der Erläuterung dieser Frage soll hier aber nicht in systematischer Absicht und analytischer Tiefe weiter nachgegangen werden. Für den vorliegenden Gedankengang soll die Feststellung ihres gemeinhin anerkannten Aussagewertes ausreichen und mit HÖFFE neutral angenommen werden, dass die beiden Begriffe *Ethik* und *Politik* in einem Nebenordnungsverhältnis stehen. Wie HÖFFE es formuliert: „Die Ethik ist Politik, weil das Gute kommunikativ hervorgebracht wird, und die Politik ist Ethik, weil die Institutionen der Kommunikation dem Hervorbringen dienen. Beide Reflexionen sind dialektisch verbunden: Die Ethik weist auf die politische Herrschaft sittlichen Handelns, die Politik auf den sittlichen Sinn der Polis. Diese Gedanken finden sich daher in beiden Schriften zugleich. Da aber (…) Ethik und Politik verschiedene Aspekte analysieren, fordern sie auch gesonderte Abhandlungen. Von diesen Abhandlungen ist allein die Ethik praktische Philosophie.“[184] Gemeinsam bilden *Ethik* und *Politik*, wie ARISTOTELES am Ende der *Nikomachischen Ethik* im X. Buch zusammenfasst, die philosophische Untersuchung über die menschlichen Angelegenheiten; eine philosophische Anthropologie (*hê peri ta anthrôpeia philosophia*).[185] Aussagewert kommt dieser Überlegung für die vorliegende Zusammenfassung der ethischen Abhandlung zuvorderst dahingehend zu, dass sie einen Teil des Vorverständnisses bildet, das bei der Lektüre stets im Hintergrund mitschwingt und damit die Verstehensweise der *Ethik* prägt. Sie ist nicht als eine isolierte Schrift zu lesen, die eine eigene Moralphilosophie darstellt, sondern nur ein Teilbeitrag, um die menschlichen Angelegenheiten,

---

181 EN 1094a 25 f.

182 EN 1094a 22–26.

183 EN 1094b 11.

184 *Höffe*, Praktische Philosophie – Das Modell des Aristoteles, 3. bearbeitete Auflage Berlin 2008, S. 56.

185 EN 1181b 15.

den Menschen in seiner *conditio humana*, besser begreifen zu können. Wie sich später noch zeigen wird, stellen vor allem die ethischen Schriften ein Grundrisswissen zwecks Handlungsorientierung zur Verfügung. Die Verklammerung von *Ethik* und *Politik* impliziert die Einordnung des menschlichen Wesens als ein *zôon politikón*. So formuliert ARISTOTELES selbst im I 2 *Politik*, dass der Mensch von Natur ein politisches Wesen sei.[186]

Die EN schließt mit einer Überleitung zur *Politik*, um dort die dem Menschen am besten entsprechende Gemeinschaftsordnung zu ermitteln. Um eine Aussage über eine solche Entsprechungsordnung treffen zu können, bedarf es jedoch zunächst der Kenntnisse über das menschliche Wesen und seine Strebensziele selbst. *Politik* und *Ethik* interessieren sich beide aus unterschiedlichen Betrachtungsebenen für das Phänomen menschlichen Wohlergehens. In der ethischen Schrift untersucht ARISTOTELES dieses Wohlergehen im gedanklichen Rahmen einer praktischen Philosophie, die ihre notwenige Verknüpftheit mit der *Politik* stets mitdenkt. Die Gemeinschaft ist nicht denkbar ohne die Wohlergehenssubjekte, doch können die Wohlergehenssubjekte auch nicht ohne Gemeinschaft gedacht werden. Die Zusammenschau von *Ethik* und *Politik* drückt ein Verständnis über das Verhältnis von Individuum und Gemeinschaft aus.

3. Die Erkenntnisgenauigkeit des Ethischen und der Zweck dieser Erkenntnis

Der disziplinären Verortung der *Ethik* und ihre Verhältnisbestimmung zur *Politik* folgt ein kurzer Abschnitt, in dem ARISTOTELES offenlegt, welche Art und welchen Genauigkeitsgrad von Erkenntnis eine Untersuchung der menschlichen Angelegenheiten hervorbringen kann und welchem Zweck sie dient. Die diese Fragestellungen betreffende Argumentation legt er in einem knappen und dennoch dichten Textabschnitt vor, der ebenfalls für die weitere Lesart der EN und insbesondere der hier interessierenden Klugheit von Bedeutung ist. Seine Vorverständnis bildende Relevanz für die weitere Verstehensweise seiner Abhandlung gebietet es daher, auch jene Ausführungen zur Kenntnis zu nehmen. Aufgrund ihrer engen gedanklichen Verschlungenheit sollen die Überlegungen zur besseren Nachvollziehbarkeit zunächst in Form der Primärquelle zitiert und dann kommentiert werden:

> Unsere Ausführungen werden dann ausreichen, wenn ihre Klarheit und Bestimmtheit dem vorliegenden Stoff entspricht; denn man darf nicht bei allen Erörterungen denselben Grad von Genauigkeit (*to akribes*) suchen, sowenig wie bei handwerklichen Produkten.

186 Pol. I 1 1253a 2.

Die werthaften (*kalos*) und gerechten (*dikaios*) Handlungen, die die politische Wissenschaft untersucht, weisen große Unterschiede und Schwankungen auf, sodass man denken könnte, dass sie nur durch Konvention (*nomos*) und nicht von Natur aus (*physis*) richtig und gerecht sind. Solche Schwankungen finden wir auch bei den Gütern, da vielen Menschen aus ihnen Schaden entsteht. Denn schon manche Menschen sind durch ihren Reichtum zugrunde gegangen, andere durch ihre Tapferkeit. Es muss also, wenn wir über solche Dinge und ausgehend von solchen Voraussetzungen reden, genügen, grob und im Umriss (*typō*) die Wahrheit aufzuzeigen; und wenn wir über dasjenige reden, was meistens (*hōs epi to poly*) der Fall ist, und dies zur Voraussetzung haben, muss es genügen, zu Folgerungen zu kommen, die ebenso beschaffen sind.

Auf dieselbe Weise muss daher auch jede Aussage aufgenommen werden. Denn einen gebildeten Mann erkennt man daran, dass er in jeder Gattung der Dinge nur so viel Genauigkeit sucht, wie die Natur der Sache zulässt. Von einem Mathematiker bloße Plausibilitätsargumente zu akzeptieren ist ähnlich verfehlt, wie von einem Redner strenge Beweise zu verlangen. Jeder beurteilt die Dinge gut, die er kennt, und ist darin ein guter Beurteiler (*kritēs*). Gut über einen bestimmten Gegenstand urteilt, wer darin ausgebildet ist, und gut überhaupt (*haplōs*), wer in allem ausgebildet ist.

Aus diesem Grund sind junge Menschen keine geeigneten Hörer der politischen Wissenschaft. Denn sie sind unerfahren in den Handlungen, in denen das Leben besteht; diese aber bilden gerade den Gegenstand und Ausgangspunkt der Untersuchung. Ferner wird für sie, die dazu neigen, ihren Affekten zu folgen, das Zuhören vergeblich und nutzlos sein; denn Ziel der politischen Untersuchung ist ja nicht das Erkennen (*gnōsis*), sondern das Handeln (*praxis*). Dabei ist es gleichgültig, ob sie jung an Jahren oder unreif im Charakter sind; ihre Unzulänglichkeit hängt nicht von der Zeit ab, sondern ergibt sich daraus, dass sie vom Affekt geleitet leben und auf diese Weise ihre jeweiligen Ziele verfolgen. Solchen Menschen bringt das Erkennen keinen Nutzen – ebenso wenig wie den Unbeherrschten. Hingegen wird für diejenigen, die ihre Strebungen (*orexis*) nach der Vernunft (*logos*) gestalten und entsprechend handeln, das Wissen über diese Dinge von vielfältigem Nutzen sein. Das sei einleitend gesagt über den Hörer, wie die Untersuchung aufzunehmen ist und was wir vorhaben.[187]

a) Der Grad der Genauigkeit einer ethischen Untersuchung

Mit dem Einstiegsatz in den Methodenexkurs:

Unsere Ausführungen werden dann ausreichen, wenn ihre Klarheit und Bestimmtheit dem vorliegenden Stoff entspricht; denn man darf nicht bei allen Erörterungen denselben Grad von Genauigkeit suchen (...)

187 EN 1094b 11–1095a 13.

weist ARISTOTELES auf die gegenstandsrelative Genauigkeit der vorliegenden Untersuchung hin und spielt damit auf die epistemologische Tiefenschärfe an, auf die der Mensch bei dem hier anvisierten Objekt scharf zustellen vermag.

ARISTOTELES sieht den möglichen Genauigkeitsgrad in Abhängigkeit zum Untersuchungsgegenstand.

> Denn einen gebildeten Mann erkennt man daran, dass er in jeder Gattung der Dinge nur soviel Genauigkeit sucht, wie die Natur der Sache zulässt (...)

Die hier in Rede stehende Gattung besteht aus den „werthaften und gerechten Handlungen", zu deren wesentlicher Eigenschaft es gehört, „große Unterschiede und Schwankungen" aufzuweisen. Gegenstand der Untersuchung sind also Phänomene des Kontingenten, dessen Möglichkeit zum steten *Auch-anders-sein-können*, die Frage nach der gegenstandsadäquaten Denkweise aufwirft. Dieser ontologische Befund, dass die menschlichen Angelegenheiten in Kontingenz verhaftet sind und die epistemologischen Folgen für ihre adäquate Erfassbarkeit, beschäftigen ARISTOTELES in der *Ethik* auf mehreren Ebenen. Hier steht die Frage nach dem entsprechenden Beschreibungsrahmen dieses Phänomens im Vordergrund. Später wird der Umstand der Kontingenz werthafter Angelegenheit wesentlich die Darstellungsstruktur der Anwendung der wertverwirklichenden Konkretion durch menschliches Handeln prädestinieren, die Grund für die Entwicklung des Klugheitsbegriffes ist. Die Beschreibung der Darstellungsart der ethischen Angelegenheit entnimmt ARISTOTELES dem Wesen der Rede.[188]

Sein Aphorismus

> (...) Von einem Mathematiker bloße Plausibilitätsargumente zu akzeptieren, ist ähnlich verfehlt, wie von einem Redner strenge Beweise zu verlangen (...),

sowie die vorherige Feststellung, dass die ethische Untersuchung jene werthaften und gerechten Handlungen untersuche, die große Unterschiede und Schwankungen aufweisen, weist auf die notwendig rhetorische Beschaffenheit der ethischen Abhandlungen hin und präzisiert damit auch die Art der Untersuchung und den möglichen Erkenntnisgrad.

In der ARISTOTELischen *Rhetorik* erfährt man nämlich, dass sie für solche Fälle gefragt sei

> (...) in denen wir beraten, ohne bestimmte Lösungsansätze bereit zu haben (...). Wir aber beraten über Dinge, die scheinbar Alternativen offenlassen, denn was unmöglich

188 *Höffe*, Praktische Philosophie – Das Modell des Aristoteles, 3. bearbeitete Auflage Berlin 2008, S. 102.

anders sein, werden oder sich verhalten kann, darüber berät niemand, wenn er dies annimmt. Denn darüber gibt es nichts mehr zu sagen.[189]

Damit hat die *Rhetorik* der *Ethik* gleich den Bereich des Kontingenten zum Gegenstand. Anders als die handlungstheoretische *Ethik* ist die *Rhetorik* das Medium ethischer Wissensgewinnung und -vermittlung.

Das *Anders-Sein-Können* des Gegenstandes bestimmt die Art des Erkennens und Beweisens, die in der *Rhetorik* mit Blick auf die Darstellbarkeit des stets wechselhaften seine wissenschaftstheoretische Ausformulierung findet. Das Gepräge der rhetorischen Epistemologie bestimmt sich danach, dass sich über ihren Gegenstand keine zwingenden Beweise aus wahren Prämissen deduzieren lassen. Sie ist auf überzeugendes Argumentieren angewiesen; auf den argumentativen Beweis, für den als Überzeugungsmittel *enthymem* und *paradeigma* zur Verfügung stehen. Die auf argumentative Beweise gestützten Erkenntnisse der *Rhetorik* kommen über wahrscheinliche Näherungswerte nicht hinaus. Der Anspruch zur objektiven wissenschaftlichen Erkenntnis ist ihnen verwehrt. So formuliert ARISTOTELES in der *Rhetorik*:

> Da nun aber offensichtlich die wissenschaftliche Methode die Überzeugungsmittel zum Gegenstand hat, ein Überzeugungsmittel aber eine Art von Beweis ist (dann nämlich sind wir am meisten überzeugt, wenn wir annehmen, etwas sei bewiesen), und da der rhetorische Beweis ein Enthymem und dieses auch – kurz gesagt – das bedeutendste Überzeugungsmittel, das Enthymem aber eine Art Schlußverfahren ist (...), ist es also klar, dass derjenige, der am besten zu beurteilen vermag, woraus und wie eine Schlußfolgerung zustande kommt, wohl auch am ehesten über Schlußfolgerungen Bescheid wissen dürfte, wenn er dazu in Betracht zieht, worüber denn das Enthymem handelt und welchen Unterschied es zu den Schlüssen aufweist. Denn zu sehen, was wahr ist und was der Wahrheit nahekommt, entspringt derselben Fähigkeit, gleichzeitig sind Menschen von Natur aus hinlänglich zur Wahrheit bestimmt und treffen sie meistens auch. Daher bedeutet das Wahrscheinliche zu treffen in der Mehrzahl der Fälle gleichviel wie die Wahrheit zu treffen.[190]

Das „was meistens der Fall ist", ist das, was die ethische Abhandlung mit Blick auf das Tunliche ins Licht rücken kann, wie ARISTOTELES es im Methodenexkurs der EN ausdrücklich betont.[191] Die Wendung „meisten Falls" erfährt jedoch im Methodenexkurs keine genauere Erläuterung. Doch auch hier hilft die *Rhetorik* weiter. ARISTOTELES führt nämlich mit Blick auf die Wendung „meistens Falls" näher aus:

---

189 Rhet. I 1357a 4 f.

190 Rhet. I 1355a 5 f.

191 EN 1094b 20 f.

> Da unter den Prämissen für rhetorische Schlüsse wenige sind, die zwingend diese ergeben (denn das meiste, worüber Urteile getroffen und Überlegungen angestellt werden, kann sich ja auch anders verhalten. Denn man berät und denkt nach über die eigenen Handlungen, Handlungen sind aber alle von solcher Art, und keine davon ergibt sich sozusagen aus einer unbedingten Notwendigkeit), und da das, was in den meisten Fällen zutrifft und möglich ist, nur wiederum aus anderen ebensolchen Prämissen gefolgert werden kann, Notwendigkeiten aber aus zwingenden Prämissen (…), so ist klarerweise das, woraus Enthymeme gebildet sind, zum einen zwingende Notwendigkeit, zum anderen in den meisten Fällen zutreffend, denn Enthymeme werden aus Wahrscheinlichkeiten und Indizien gebildet, so dass jedes davon jedem des Vorhergehenden entspricht. Denn unter Wahrscheinlichkeit versteht man das, was zumeist zutrifft, aber nicht in dem Fall, wie manche sie definieren, sondern das, was sich bei Sachverhalten, die auch anders sein können, sich zu dem bezüglich dessen es wahrscheinlich ist, so verhält wie das Allgemeine zum Besonderen.[192]

Damit fußen die beweisenden Aussagen darüber, was „meisten Falls" der Fall ist, auf Meinungen, die der Lebenserfahrung, genauer Beobachtung und dem Verstehen menschlicher Handlungen und Motivationen entstammen[193] und damit vorwissenschaftlicher Art sind. Sie stellen anerkannte Meinungen in einem spezifizierten Bereich dar, die weithin konsensfähig sind und in diesem Umfang auch vorsichtige und widerrufbare Generalisierbarkeit in Anspruch nehmen dürfen. Es handelt sich um jene anerkannten Meinungen,

> (…) die entweder von allen oder den meisten oder den Fachleuten und von diesen entweder von allen oder den meisten oder den bekanntesten und anerkanntesten für richtig gehalten werden.[194]

Die rhetorische Epistemologie formuliert die Erkenntnismöglichkeiten über den ethischen Untersuchungsgegenstand. „Sie sind", so drückt Marcus Wörner es aus, „dem Wahren ähnlich, da sie in der Regel auf wohlbegründeter Erfahrung beruhen, konsensfähig und überzeugungskräftig sind, auch wenn ihre Wahrheit nicht letztlich nachweisbar ist. Mögen sie auch darauf beruhen, wie etwas erscheint, so repräsentieren oder produzieren sie nicht deswegen schon bloßen Schein, so dass ihr Inhalt per se im Verdacht stünde, Falsches darzustellen."[195]

Verknüpft man die ethischen und rhetorischen Überlegungen zu den Erkenntnismöglichkeiten über Kontingentes, ergibt sich die Notwendigkeit einer rhetorischen Lesart der ethischen Abhandlungen. Diese Lesart impliziert vor allem einen

---

192 Rhet. I 2 1357a 22 ff.

193 *Wörner*, Das Ethische in der Rhetorik des Aristoteles, Freiburg 1990, S. 88.

194 Top. 100b 21 f.

195 *Wörner*, Das Ethische in der Rhetorik des Aristoteles, Freiburg 1990, S. 89.

abgeschwächten Anspruch an die Erkenntnisgenauigkeit der Untersuchung. Dieser Anspruch ist aber nicht mit einer willkürlichen Anspruchslosigkeit zu verwechseln. Ihm liegt nur gegenstandsadäquat jene Erwartungshaltung zu Grunde, die eine überzeugende Argumentation *modo philosophico* befriedigen kann.[196] Aristoteles akzeptiert die Grenzen des Meinungsmäßigen und Argumentierbaren und versucht ihnen nicht über den Weg einer tieferen oder vernünftigeren Einsehungsmöglichkeit in die menschlichen Angelegenheiten zu entkommen.

Die ethische Argumentation vermag in ihren Grenzen nur ein Umrisswissen[197] in Worten als eine Art Orientierungsrahmen diskursiv hervorzubringen. Eine Art schwebendes, ethisches Erfahrungswissen, das seine Wirksamkeit in der praktischen Wirklichkeit immer erst durch den situativen Handlungsvollzug selbst entfaltet. Diese Konkretion ethischen Handelns bleibt jedoch Aufgabe der außertheoretischen *phronēsis*, wie es im VI. Buch der EN noch zu zeigen sein wird.

b) Ziel der ethischen Untersuchung

Die umrisshafte ethische Einsicht rhetorischer Art und ihre Anwendungsabhängigkeit zur Wirklichkeitserlangung vertragen sich mit dem Ziel, dem die ethische Abhandlung dient. Denn *Ethik* ist nach Aristoteles keine „theoretische Wissenschaft"[198], die ein Wissen um seiner selbst willen hervorbringt; keine theoretische Theorie[199]. Betrachtet man die praktische Theorie der *Ethik* vor der Folie einer theoretischen Wissenschaft, die Aristoteles ebenso kennt, verdeutlicht sich die Widmung des ethischen Umrisswissens.

Das Wissen der „theoretischen Wissenschaft" qualifiziert Aristoteles in seinen metaphysischen Schriften so:

> Wissen (...) und Erkennen um ihrer selbst willen kommt am meisten der Wissenschaft des im höchsten Sinne Wißbaren (*málista epistētón*) zu. Denn wer das Wissen um seiner selbst willen wählt, der wird die höchste Wissenschaft am meisten wählen, dies ist aber

---

196 Siehe grundsätzlich zu einer rhetorischen Epistemologie *Veit*, Rhetorik als Argumentationstheorie, in: Schirren / Ueding (Hrsg.), Topik und Rhetorik, Tübingen 2000, S. 445–457.

197 Siehe *Höffe*, Praktische Philosophie – Das Modell des Aristoteles, 3. bearbeitete Auflage Berlin 2008, S. 101 f., der *Aristoteles*' Ethik gar eine Grundriss-Wissenschaft entnimmt.

198 Zum Begriff der theoretischen Wissenschaft siehe *Ritter*, Die Lehre vom Ursprung und Sinn der Theorie bei Aristoteles, wiederabgedruckt in: ders., Metaphysik und Politik, Frankfurt am Main 1977, S. 9–33.

199 *Höffe*, Praktische Philosophie – Das Modell des Aristoteles, 3. bearbeitete Auflage Berlin 2008, S. 102.

die Wissenschaft des im höchsten Sinne Wißbaren, im höchsten Sinne wißbar aber sind die ersten Prinzipien (*prôtai archaí*) und die Ursache (*aítia*); denn durch diese und aus diesen wird das andere erkannt, aber nicht dies aus dem Untergeordneten. Am gebietendsten unter den Wissenschaften, gebietender als die dienende, ist die, welche den Zweck erkennt, weshalb jedes zu tun ist; dieser ist aber das Gute in jedem einzelnen Falle und überhaupt das Beste in der ganzen Natur.[200]

Dieses Wissen und seine Wissenschaft sind nicht auf ein Nutzen, auf irgendein Hervorbringen im praktischen Sinne gerichtet, sondern dienen allein der Befriedigung des intrapersonalen Erkenntnissterbens, das dem Menschen als eine Art intrinsische Wesensregung in Form eines natürlichen Verwunderungsvermögens mitgegeben ist.

Daraus erhellt also, dass wir sie nicht um irgendeines anderweitigen Nutzen willen suchen, sondern, wie wir den Menschen frei nennen, der um seiner selbst, nicht um eines andern willen ist, so ist auch diese Wissenschaft allein unter allen frei; denn sie allein ist um ihrer selbst willen.[201]

Die theoretische Wissenschaft ist also Selbstzweck. Ihre „theoretische Theorie" ist losgelöst von der Notwendigkeit des Lebensvollzuges. In der Zweckentbindung hat die theoretische Wissenschaft ihre Freiheit und ihr Wesen. Sie blüht dort auf, wo sich ein Erkennender aus den praktischen Aufgaben und Zwecken zu freier Betrachtung des Seienden erhebt.[202]

Ein derartiges Erkenntnisziel verfolgt aber nicht die *Ethik* als praktische Philosophie.

(…) Ziel der politischen Untersuchung ist ja nicht das Erkennen (*gnōsis*), sondern das Handeln (*praxis*).

Ziel der ethischen Abhandlung ist nicht das Erkennen ethischer Ursachen und Prinzipien um ihrer selbst willen, sondern eine praktische Theorie, die in mehrfacher Hinsicht auf Praxis verpflichtet ist.[203] Sie hat die ethische Praxis zum Gegenstand als vorgegebenes und vorgefundenes Phänomen. Zugleich bringt sie aber auch erkennend den Gegenstand selbst hervor, indem sie ein ethisch-fakultatives Orientierungswissen zur Verfügung stellt.

---

200 Met. I 2 982a 30 f.

201 Met. I 2 982b 25.

202 *Ritter*, Die Lehre vom Ursprung und Sinn der Theorie bei Aristoteles, in: ders., Metaphysik und Politik, Frankfurt am Main 1977, S. 11.

203 *Höffe*, Praktische Philosophie – Das Modell des Aristoteles, 3. bearbeitete Auflage Berlin 2008, S. 10.

Auf der ersten Ebene ist die Praxis Gegenstand der praktischen Philosophie. Existiert die theoretische Theorie allein um der Erkenntnis willen, da ihr ein menschliches Erkenntnisbedürfnis vorausgeht, so erlangt die ethische Philosophie ihren Seinsgrund aus der Ubiquität praktischer Handlungszwänge als *conditio humana*. Die wiederkehrenden Schwierigkeiten und Fragen, die sich aus der Vollzugsbedürftigkeit des Lebens im Vollzug ergeben, bringen jene Problemmasse hervor, die in der *Ethik* zum Untersuchungsgegenstand interpunktiert wird. In diesem Sinne ist die praktische Philosophie auf die Praxis angewiesen. Der Begriff der Praxis hat in der ARISTOTELischen Philosophie eine besondere Bedeutung. Wie JOACHIM RITTER darlegt, ist *Praxis*, „bei Aristoteles mehr als eine von anderen Verhaltensweisen unterschiedene Tätigkeit; sie meint das Leben des Lebendigen überhaupt, weil es sich im Tun und Wirken vollzieht und ‚Praxis' so die Form seiner Bewegung ist. ‚Praxis' ist daher auch synonym mit den bestimmten Formen lebendigen Verhaltens, so daß die Verschiedenheit der Lebewesen selbst sich in der Verschiedenheit ihrer Praxis darstellt und zu Tage tritt. In der Zugehörigkeit zur menschlichen Praxis ist daher Wissenschaft diejenige Form, durch die sich der menschliche Lebensvollzug vom Lebensvollzug der übrigen Lebewesen unterscheidet, so daß sie in einem konstitutiven Sinn das Leben des Menschen zum menschlichen Leben macht. Der Mensch lebt als Mensch, indem er auf Grund von Einsicht und Wissenschaft handelt, während das Tun der Tiere ohne eigene Einsicht ‚von der Natur' gelenkt wird."[204] Das Menschsein im und durch den überlegten Handlungsvollzug als konstitutive Lebensbedingung untersucht die *Nikomachische Ethik* und bringt eine bestimmte Lebensweise durch die Reflexion zugleich hervor.

Bilden zum einen der Lebensvollzug und die daraus erwachsenen Fragen den Gegenstand der ethischen Untersuchung, ist diese Untersuchung aber auch insofern auf den Vollzug als Mangelerfahrung angewiesen, als dass nur jene, die diese Erfahrung gemacht haben, auch verstehen können, wovon die Rede ist.

Da die Untersuchung rhetorischer Art ist und ihre Aussagenverifikation deshalb vom diskursiven Gradmesser der Überzeugungswirkung des Vorgebrachten vom Auditorium abhängt, sind nur jene als Hörer für die ethischen Ausführungen geeignet, die über eine valide Summe von Handlungsvollzügen verfügen, die sie zu Kennern in den menschlichen Angelegenheiten machen und damit in den Stand versetzen, das Meinungsmäßige aufgrund entsprechender Erfahrung einordnen zu können.

---

204 *Ritter*, Die Lehre vom Ursprung und Sinn der Theorie bei Aristoteles, in: ders., Metaphysik und Politik, Frankfurt am Main 1977, S. 27.

Aus dem Grund sind junge Menschen keine geeigneten Hörer der politischen Wissenschaft. Denn sie sind unerfahren in den Handlungen, in denen das Leben besteht; diese bilden gerade den Gegenstand und Ausgangspunkt der Untersuchung.

Es bedarf also ganz wesentlich der lebensweltlichen Praxiserfahrung, damit man überhaupt in die Lage versetzt wird, allgemein über einen Gegenstand wie den ethischen rhetorisch zu sprechen. In der *Metaphysik* bestimmt ARISTOTELES den Begriff der Erfahrung:

Aus der Erinnerung nämlich entsteht für die Menschen Erfahrung; denn die Vielheit der Erinnerungen an denselben Gegenstand erlangt die Bedeutung einer einzigen Erfahrung, und es scheint die Erfahrung beinahe der Wissenschaft (*epistēmē*) und der Kunst sich anzunähern.[205]

Der erfahrbare und erfahrene Handlungsvollzug im sozialen Kontext ist nun Gegenstand der praktischen Philosophie.

Da das Wissen der Ethik aber kein selbstgenügsames wie jenes der theoretischen Wissenschaft ist, sondern der Praxis selbst dient, „denn Ziel (…) ist (…) nicht das Erkennen, sondern das Handeln (…)", muss dieses Wissen zur endgültigen Erfüllung des praktischen Anspruches selbst Handlungswirkung entfalten. Diese praktische Intention wird nicht als mahnende Gesinnungspredigt mit Anspruch auf unmittelbare Handlungsanweisung konzipiert, sondern der rhetorischen Artbeschaffenheit des ethischen Wissens entsprechend, der Argumentation, Reflexion und diskursiven Kritik überlassen, die bestenfalls in einer selbstbestimmten Übernahme des Erkannten durch die Hörer münden kann, die es durch Tun habitualisieren. Im Bewusstsein der rhetorisch-ethischen Erkenntnisart liegt das Ziel der praktischen Philosophie nicht in der direkten Handlungsanweisung. Eine solche fällt, wie noch zu zeigen sein wird, nur der Klugheit selbst als Teilelement der ethischen Lehre zu. Vielmehr werden Erkenntnisse über das Handeln zur Verfügung gestellt, dessen Nutzbarmachen den Hörern der ethischen Ausführungen selbst überlassen bleibt. Für diejenigen, „die ihre Strebungen (*orexis*) nach der Vernunft (*logos*) gestalten und entsprechend handeln, [wird] das Wissen über diese Dinge von vielfältigem Nutzen sein."[206]

Die Wichtigkeit des *Tuns*, der *Umsetzung*, des *Handlungsvollzuges* in der Erfahrungswirklichkeit als vorausgesetzte Intention jeder ethischen Abhandlung betont ARISTOTELES immer wieder. So schreibt er auch an späterer Stelle:

Daher wird mit Recht gesagt, dass der Gerechte durch das Tun der gerechten Dinge entsteht und der Mäßige durch das Tun der mäßigen Dinge. Ohne das Tun dieser Dinge

205 Met. I 2 981a 1.
206 EN 1059a 10.

hingegen könnte niemand auch nur erwarten, gut zu werden. Die Leute aus der Menge tun allerdings nicht, sondern indem sie sich in Worte flüchten, meinen sie zu philosophieren und auf diese Weise gut zu werden. Sie benehmen sich gewissermaßen wie Kranke, die sorgfältig dem Arzt zuhören, jedoch nichts von dem tun, was er anordnet. Genau so nun, wie diese Menschen durch eine solche Behandlung nicht eine gute körperliche Verfassung erreichen, werden auch jene keine gute Verfassung der Seele haben, wenn sie auf solche Weise philosophieren.[207]

IV. Die Einführung des *eudaimonia*-Begriffes

Nach der Erörterung seines ethischen Erkenntniszieles und -anspruchs wendet sich Aristoteles wieder dem Gedankengang zu, den er vor dem Einschub des sog. Methodenexkurses aufgegriffen hatte, indem er nun fragt, welches dem Namen nach das höchste Gut sei, wonach alles strebt. Dem Einstieg in die Abhandlung gleich entwickelt er auch hier seine Überlegung von einer allgemeinen Meinung ausgehend.

1. Das beste Gut und die *eudaimonia*

Nehmen wir nun das Vorherige wieder auf: Da jedes Erkennen und jedes Vorhaben nach einem Gut strebt, wonach strebt unserer Meinung nach die Politikwissenschaft, und welches ist das höchste aller durch Handeln erreichbaren Güter (*prakton agathon*)? Im Namen stimmen die meisten Menschen ziemlich überein: ‚Glück' (*eudaimonia*), sagen nämlich sowohl die Leute aus der Menge (*polloi*) als auch die kultivierten Menschen (*charientes*); und dabei setzten sie das Glücklichsein damit gleich, dass man gut lebt (*eu zēn*) und gut handelt (*eu prattein*).[208]

Aristoteles setzt das höchste Gut allem menschlichen Streben mit dem Begriff der *eudaimonia* (Glück, Glückseligkeit) gleich. Diese Gleichsetzung wird damit begründet, dass es der Auffassung der meisten Menschen entspreche, dass all ihr Streben im Einzelnen in dem Ziel geeint sei, ein glückliches Leben zu leben.

Diese erste Annahme, dass das beste Gut und das Glück zulässig in eine Gleichung gesetzt werden dürfen, unterzieht Aristoteles an späterer Stelle einer wiederholt kritischen Prüfung, indem er noch einmal die Übereinstimmungskriterien vom Begriff des *besten Gutes* und dem *des Glücks* miteinander abgleicht:

Wir nennen das als solches (*kath' hauto*) Erstrebte mehr abschließend als das um einer anderen Sache willen (*di' heteron*) Erstrebte, und das niemals um einer anderen Sache willen Erstrebte mehr abschließend als das sowohl als solches wie um anderer Sachen

207 EN 1105b 9–18.
208 EN 1095a 15 f.

willen Erstrebte, während wir abschließend überhaupt dasjenige nennen, was immer als solches und nie um einer anderen Sache willen gewählt wird.

Als derartiges Ziel gilt aber insbesondere das Glück (*eudaimonia*); dieses nämlich wählen wir immer um seiner selbst willen und niemals um anderer Dinge willen (...)[209]

Der von ARISTOTELES verwendete Ausdruck *eudaimonia* darf nicht mit einem zeitgemäßen Glücksbegriffsvorverständnis gelesen werden. WOLF erläutert in ihrer Übersetzung der EN die Begriffsbedeutung wie folgt: „Das deutsche Wort ‚Glück' ist (...) blasser als ‚*eudaimonia*' und hat vor allem die Bedeutung, eine positive Gefühlsqualität auszudrücken, während Aristoteles die Freude am *aktiven* Lebensvollzug betont. Der Ausdruck ‚Glück' hat überdies den Nachteil, dass er auch den glücklichen Zufall bedeuten kann, wofür Aristoteles ein eigenes Wort, *eutychia,* hat."[210] Die *eudaimonia* sei mehr als „Wohl", „Wohlbefinden", „Wohlergehen" zu verstehen, wenngleich diese deutsche Notation die Schwäche aufweise, dass sie eher etwas Passives bezeichne, während die *eudaimonia* das Gut des Handelns ist.[211]

Für einen ersten Zugriff zu einem besseren Begriffsverständnis liefert ARISTOTELES selbst eine Erläuterung, wenn er ergänzt, dass sich hinter dem Begriff *Glück* die Vorstellung eines „gut Leben und gut Handeln" verberge. Diese Erläuterung soll wohl verdeutlichen, dass das menschliche Wohlergehen nicht nur ein passives Sich-Befinden ist, sondern auch eine aktive, handelnde Seite hat.[212]

Die Gleichsetzung der Begriffe *bestes Gut* und *Glück* ist nun aber nicht so zu verstehen, dass die beiden Notationen auch inhaltlich kongruent sind. Das höchste Gut dient heuristisch innerhalb der These der Strebensstruktur menschlichen Handelns dem Aufspüren eines jener Strebensziele, deren genauere inhaltliche Bestimmung nun an den Glücksbegriff überantwortet wird. Das die Begriffe *bestes Gut* und *Glück* verbindende Element ist in der von beiden Ausdrücken implizierten Zielhaftigkeit zu sehen. *Bestes Gut* und *Glück* müssen unter der Annahme verstanden werden, die ARISTOTELES zu Beginn der EN einführte, nämlich, dass das menschliche *Streben* ein *Zielhaftes* sei. Dem *besten Gut* und dem *Glück* ist gemein, dass ARISTOTELES beide zu zielhaften Strebenszielen erklärt, die sich jedoch jeweils auf unterschiedlichen Abstraktionsebenen bewegen. Durch die Verbindung von *Glück* und menschlichem Leben wird die abstrakte Strebensstruktur in eine lebensweltliche Sinnsemantik eingelassen und

209 EN 1097a 30 f.

210 *Wolf*, Aristoteles, Nikomachische Ethik, Hamburg, 3. Aufl. 2011, S. 345 Anm. 12.

211 *Wolf*, Die Philosophie und die Frage nach dem guten Leben, Hamburg 1999, S. 16.

212 So *Wolf*, Aristoteles' Nikomachische Ethik, Darmstadt 2007, S. 31.

damit kontextuell konkretisiert. Diese Sinnsemantik ist bei ARISTOTELES aber nicht auf die Hypostasierung der Einzelgüter zu *einem Gut* zu begreifen, das sodann als eine von der menschlichen Erfahrungswirklichkeit abgelöste, singuläre und vollkommene Idee errichtet wird, an der der Mensch sich nur in Ahnung ihres Abbildes orientierten kann. Von einer solchen Denkart setzt sich ARISTOTELES in der sog. PLATONkritik in EN I 4 ab. Sein Begriff der *eudaimonia* ist ein relationales und kontextuales Element der Struktur menschlichen Strebens. Das Wohlergehen ist keine von außen empfangene Begünstigung, sondern ein Wohl, das sich der Mensch strebend selbst *ergehen* muss. Es ist ein selbst zu gestaltendes und selbstgestaltetes Wohl.

Anders als der rein formale Begriff des *höchsten Gutes* bezeichnet der Ausdruck *eudaimonia* somit inhaltlich eine bestimmte *Weise* des Lebens, wenngleich der Inhalt dieses Ausdrucks allgemein von verschiedenen Menschen unterschiedlich bestimmt wird.[213]

> (…) Darüber jedoch, was das Glück ist, besteht Uneinigkeit.(…) Es ist wohl eine ziemlich vergebliche Mühe, alle Meinungen zu prüfen, und es genügt, diejenigen zu untersuchen, die am weitesten verbreitet sind oder einigermaßen begründet scheinen.[214]

Die bloße Begriffsnennung und die konkretisierende These der *eudaimonia* als *höchstes Gut* sagt freilich noch nichts über den Inhalt dieses Begriffes aus. Bis hierhin setzt er nur seine Bestimmbarkeit voraus, die es jedoch noch näher aufzuzeigen gilt. Diese inhaltliche Bestimmung nimmt ARISTOTELES in EN I 6 vor.

2. Die inhaltliche Bestimmung der *eudaimonia*

> Doch zu sagen, dass das beste Gut im Glück besteht, ist wohl offensichtlich ein Gemeinplatz, und man wünscht sich noch genauer erläutert zu haben, was es ist.[215]

Am Anfang seiner Inhaltsbestimmung steht die Definition der *eudaimonia*. Eine solche Definition begrenzt ARISTOTELES stets auf Seinsbereiche, da nur solche einer inhaltlichen Bestimmung zugeführt werden können. Auch die *eudaimonia* versteht er nicht als selbstständig Seiendes, sondern als eine *Weise* menschlichen Lebens, sodass er sie auch nur als Seinsweise desjenigen Wesens bestimmt, dem sie zukommt: dem Menschen.[216] Um die menschliche Seinsweise zu ermitteln, führt ARISTOTELES den Begriff des *ergon* ein.

---

213 Ebda.

214 EN 1095a 20–30.

215 EN 1097b 22.

216 So *Wolf*, Aristoteles' Nikomachische Ethik, Darmstadt 2007, S. 38.

a) *Einführung des* ergon

> Nun wird das vielleicht geschehen können, wenn man die Funktion (*ergon*) des Menschen erfasst.[217]

Der Begriff des *ergon* (eigentümliche Leistung, eigentümliche Tätigkeit, Aufgabe, Funktion) weist eine semantisch-strukturelle Nähe zu den zuvor verwendeten Ausdrücken *Ziel* und *Gut* auf. Den Ausdruck findet man bei ARISTOTELES signifikant dort verwendet, wo eine *technē* oder Handlungs*weise* durch ein bestimmtes *Ziel* oder *Gut* definiert wird.[218]

> Wie man nämlich annimmt, dass für den Flötenspieler, den Bildhauer und jeden Fachmann in einem Herstellungswissen, allgemein für jeden, der eine bestimmte Funktion und Tätigkeit (*praxis*) hat, ‚gut' (*agathos*) und ‚auf gute Weise' (*eu*) in der Funktion liegt, so sollte man annehmen, dass das wohl auch für den Menschen zutrifft, wenn er wirklich eine bestimmte Funktion hat.[219]

In dieser Textstellte führt ARISTOTELES neben dem für die weitere Abhandlung richtungsbestimmenden Gedankenschritt des *ergon* auch noch eine weitere neue Redeweise in sein Traktat ein: Die Verknüpfung des *ergon*-Begriffs mit *gut* und *auf gute Weise*. Hiermit wird der augenscheinlich triviale aber aus Klarstellungsgründen erwähnenswerte Umstand betont, dass in jeder Funktion denknotwendig ein *gut* angelegt ist und dass die qualitative Ausübungsmöglichkeit des *ergon* „auf gute Weise" besteht. Das *ergon* kann also bei der Funktionserfüllung, der Gutverwirklichung, auf *gute* oder auf *schlechte Weise* ausgeübt werden.

b) *Das* ergon *des Menschen*

Der begrifflichen Einführung folgt die Frage nach dem *ergon* des Menschen. Dieses gewinnt ARISTOTELES in einem Definitionsverfahren, indem er unter Angabe des *genus proximum* und der *differentia specifica* das den Menschen artbildende Merkmal herausstellt.[220]

---

217 EN 1097b 25.

218 *Wolf*, Aristoteles' Nikomachische Ethik, Darmstadt 2007, S. 38.

219 EN 1097b 25 f.

220 Siehe zur Erläuterung dieses Verfahrens näher *Wolf*, Aristoteles' Nikomachische Ethik, Darmstadt 2007, S. 40, Fn. 29: „In der Metaphysik definiert er die Form (*eidos*) von Gegenstandsarten (ihre wesentliche Beschaffenheit) so, dass Bezugspunkt der Definition die sogenannte Zweckursache, das *telos* oder *ergon* der Art ist. Diese teleologische oder funktionale Art der Definition des reinen *eidos* ermöglicht es, dass auch die Art als konkrete, das *eidos* in seinem Bezug auf die Materie definiert werden

> Das Leben scheint der Mensch mit den Pflanzen gemeinsam zu haben, gesucht ist aber die ihm eigentümliche Funktion. Das (vegetative) Leben der Ernährung und des Wachstums ist also auszusondern. Als Nächstes käme wohl das Leben der Wahrnehmung, doch auch dieses teilt der Mensch offenkundig mit dem Pferd, dem Rind und überhaupt mit jedem Tier. Übrig bleibt also ein tätiges Leben desjenigen Bestandteils in der menschlichen Seele (*psychē*), der Vernunft besitzt (*logos*) (…).[221]

Der Mensch, dem *genus proximum* nach den Lebewesen zuzuordnen, hat also seine *differentia specifica* im *logos* (richtiger Plan, rationales Element, Vernunft, Denken, Verstand, Überlegung)[222]. Die eigentümliche Leistung des Menschen bestehe in einer Tätigkeit der Seele gemäß dem *logos*. Da ARISTOTELES' Untersuchung jedoch auf die Ermittlung des für den Menschen *höchsten Gutes* abzielt, die Seinsweise des Menschen sich wiederum anhand seines *ergon* ermitteln lässt, das seinerseits in *guter* und in *schlechter Weise* ausgeübt werden kann, belässt er es nicht bei der Beschreibung dieser eigentümlichen Leistung, sondern erweitert sie um die Frage nach dem *guten* menschlichen Leben. Dazu führt er den Begriff der *aretē*[223] (Tugend, Tüchtigkeit, Trefflichkeit, Vortrefflichkeit) ein.

> Wenn nun die Funktion des Menschen eine Tätigkeit (*energeia*) der Seele entsprechend der Vernunft (*kata logon*) oder wenigstens nicht ohne Vernunft ist und wenn wir sagen, dass die Funktion eines So-und-so und die eines guten (*spoudaios*) So-und-so zur selben Art gehören (…) wobei das Herausragen im Sinn der Gutheit (*aretē*) zur Funktion

---

kann, weil das *telos* eine bestimmte Beschaffenheit und Anordnung der materiellen Teile vorgibt."

221 EN 1097b 27–1098a 7.

222 „Das griechische Wort *logos* ist in seinem Sinn weiter als ‚Vernunft'; es kann je nach Kontext ‚Satz, Rede, Sprache, Rechnung, Erklärung, Vernunft usw.' bedeuten." *Wolf*, Aristoteles' Nikomachische Ethik, Darmstadt 2007, S. 41, Fn. 30.

223 *Wolf* merkt in ihrer Übersetzung der *Nikomachischen Ethik* zum Begriff der *aretē* Folgendes an: „Die Einführung des Begriffs der *aretē* in diesem Kontext macht deutlich, dass die Übersetzung mit ‚Tugend' nicht ausreicht, weil sie die Bedeutung auf den moralischen Kontext verkürzt. *Aretē* gibt es aber auch bei handwerklichen, künstlerischen und anderen Tätigkeiten, ebenso bei Werkzeugen oder Organen. Richtig ist ‚Tugend' im ursprünglichen Sinn von ‚Tauglichkeit' den das Wort aber heute nicht mehr hat. ‚Vortrefflichkeit, Bestheit' ist geeignet, um die Neutralität gegenüber dem Kontext deutlich zu machen, aber zu stark, wie die Einführung durch ‚auf gute Weise etwas tun' zeigt." Dennoch entscheidet sich *Wolf* für die Verwendung des Wortes „Tugend", da es insbesondere in Verbindung mit Charakterdispositionen in der aktuellen Ethikdebatte zu einem üblichen Wortgebrauch zählt. Der leichteren Einsehbarkeit der Anschlussfähigkeit der Üblichkeiten im ethischen Diskurs soll daher der Begriff eingesetzt werden. Dieser Empfehlung wird auch hier gefolgt. Siehe *Wolf*, Aristoteles, Nikomachische Ethik, Hamburg, 3. Aufl. 2011, S. 345 Anm. 44.

hinzugefügt wird (...) – wenn das der Fall ist, wenn wir aber als die Funktion des Menschen eine bestimmte Lebensweise annehmen, und zwar eine Tätigkeit der Seele oder der Vernunft entsprechende Handlungen, als die Funktion des guten Menschen aber, diese Handlungen auf gute und angemessene (*kalōs*) Weise zu tun, und wenn jede Handlung gut verrichtet ist, wenn sie im Sinn der eigentümlichen Tugend verrichtet ist – wenn es sich so verhält: dann erweist sich das Gut für den Menschen (*to anthrōpinon agathon*) als Tätigkeit (*energeia*) der Seele im Sinn der Gutheit (*kat' aretēn*) (...).[224]

Die vorläufige Bestimmung der menschlichen *eudaimonia* mittels des *ergon* als Tätigkeit der Seele im Sinn der *Gutheit*, der *aretē*, bringt unmittelbar das Desiderat einer genaueren Untersuchung der *aretē* hervor. Eine Befriedigung dieses Erläuterungsbedarfes erfolgt zunächst in Buch I 13, das dann zum II. Buch der EN überleitet, in dem sich Aristoteles dem Begriff der ethischen *aretē* zuwendet.

V. Die menschliche *aretē*

Das Zwischenergebnis, dass die *eudaimonia*, das höchste menschliche Strebensgut, in der Tätigkeit der menschlichen Seele gemäß der ihr eigentümlichen *aretē* besteht, bedingt für die weitere Abhandlung, dass die typischen menschlichen Tätigkeiten ermittelt werden müssen, um genauere Aussagen über die *aretē* oder, sollte es mehrere *aretē* geben, über die *aretai* treffen zu können.

Da das Glück eine bestimmte Tätigkeit der Seele im Sinne der Gutheit (*aretē*) ist, die ein abschließendes (*teleios*) Ziel darstellt, müssen wir die Gutheit untersuchen; (...).[225]

Gesucht wird die *menschliche Gutheit*, worunter Aristoteles eine Tätigkeit der Seele und nicht etwa des Körpers versteht. Er verbindet die Redeweise von der *Gutheit* mit dem Beschreibungselement der Seelentätigkeit. Die *Gutheit* sei in der *Seelentätigkeit* zu suchen.[226]

Dieser Seelentätigkeit wendet sich Aristoteles zu, indem er die Seele zunächst in einen vernunftlosen (*alogos*) und einen Vernunft besitzenden Teil gliedert. Wie er selbst betont, ist die Redensart von den Teilen der Seele nicht als die naive Prämisse misszuverstehen, dass die Seele tatsächlich in einer solchen Weise aufteilbar ist und die Kategorisierung der Bestandteile naturwissenschaftliche Wirklichkeitsabbildung beansprucht.

---

224 EN 1098a 7–17.

225 EN 1102a 5.

226 Siehe EN 1102a 15 f.

Die Seele ist für Aristoteles kein Ding mit Teilen. Es gilt sie als das Ganze der Lebensfähigkeiten zu imaginieren. Die Teile sind nur innerhalb der Begriffskonstruktion trennbar; es handelt sich um verschiedene Aspekte von Lebensfähigkeiten, die aus Beobachtungen der menschlichen Seinsweisen konstruiert wurden.[227]

> (…) der eine Bestandteil der Seele vernunftlos (*alogos*) ist, während der andere Vernunft besitzt (*logon echōn*). Ob diese so getrennt sind wie die Teile des Körpers und wie alles Teilbare oder ob sie der Definition nach zwei sind, aber von Natur aus untrennbar (…), spielt für unsere gegenwärtige Untersuchung keine Rolle.[228]

Die erste Aufteilung der Seele in einen vernunftlosen und einen Teil mit Vernunft untergliedert Aristoteles nun weiter.

Zuerst benennt er den vernunftlosen Bestandteil der scheinbar allen Lebenden gemeinsam ist: den vegetativen (*phytikon*). Dieser organische Teil spiele für die hiesige ethische Untersuchung keine Rolle, da er keine Bedeutung und auch keinen Aussagewert für die zu untersuchende menschliche *aretē* habe.[229]

Der vernunftlose Bestandteil der Seele weise aber neben dem vegetativen noch einen anderen auf,

> (…) der allerdings auf gewisse Weise an der Vernunft (*logos*) Anteil hat.[230]

Aristoteles konzipiert hier einen Teil, den er als begehrenden und strebenden Bestandteil beschreibt. Dieser Teil soll alle Antriebe (Begierden, Wünsche usw.) und Affekte beinhalten.[231] Er bildet das Motivationale, jenen Antrieb, der alles Handeln in Bewegung setzt.[232] Wenngleich dieser Teil vernunftlos ist, kann er sich dennoch nach der Vernunft richten.

> Anscheinend ist also der vernunftlose Bestandteil ebenfalls von zweifacher Art. Denn der vegetative (*phytikon*) Bestandteil hat niemals etwas mit der Vernunft gemeinsam, während der begehrende (*epithymētikon*) und allgemein der strebende (*orektikon*) Bestandteil auf gewisse Weise an ihr teilhat, insofern er auf sie hört und ihr gehorcht.[233]

Das Vernunftvermögen selbst findet am Ende des 13. Kapitels des I. Buches nur knappe Erwähnung. Wie den vernunftlosen Teil gliedert Aristoteles auch diesen Teil in zwei Bestandteile auf. Der eine Bestandteil ist der Vernunftteil des

227 Siehe so *Wolf*, Aristoteles' Nikomachische Ethik, Darmstadt 2007, S. 45.

228 EN 1102a 28 f.

229 EN 1102a 32-b 12.

230 EN 1102b 13.

231 *Wolf*, Aristoteles' Nikomachische Ethik, Darmstadt 2007 S. 46.

232 *Wolf*, Aristoteles, Nikomachische Ethik, Hamburg, 3. Aufl. 2011, S. 352 Anm. 67.

233 EN 1102b 30 f.

Strebevermögens, also jener, der sowohl der des vernunftlosen als auch des Teiles mit Vernunft ist. Es ist, wenn man so möchte, das Strebevermögen von seiner Vernunftseite betrachtet.[234]

Der andere Teil ist jener Bestandteil, der die Vernunft selbst ausmacht.

> Wenn man auch von diesem Bestandteil [dem vernunftlosen] sagen muss, dass er Vernunft besitzt, dann wird der Vernunft besitzende Bestandteil ebenfalls [wie der vernunftlose] von zweifacher Art sein: Der eine seiner Teile besitzt die Vernunft im eigentlichen Sinne und in sich selbst, der andere in der Weise, dass er auf sie (…) hören kann, (…).[235]

Ziel des 13. Kapitels des I. Buches war die Ermittlung der Arten der menschlichen *aretē*, als inhaltliche Ausgestaltung der These vom Wohl-*ergehen* des Menschen als seinem höchsten Strebensgut. Aristoteles wollte herausarbeiten, welche Arten der Seelenteile typisch für eine vortreffliche menschliche Lebens*weise* sind. Nach einer fortschreitenden Untergliederung der Hauptfrage nach dem *höchsten Gut* stehen nun am Ende dieses Abhandlungsstranges zwei Arten der menschlichen *aretē*: die Tugenden des Denkens (*dianoētikē*) und das Strebevermögen, oder wie Aristoteles sie auch nennt, die Tugenden des Charakters (*ēthikē*).[236]

In den folgenden Büchern der EN werden zuerst die Tugenden des Charakters und dann im VI. Buch die dianoetischen Tugenden behandelt und unter ihnen insbesondere die *phronēsis*, die Klugheit. Da letztere im Fokus des hier übergeordneten Untersuchungsinteresses steht, werden die Überlegungen aus den Büchern II, III, und VI nur insoweit aufgegriffen, als dass sie für das konzeptuelle Verständnis der Klugheit von Bedeutung sind.

1. Die charakterliche Vortrefflichkeit

Das II. Buch der EN beginnt mit den begrifflichen Artdifferenzierungen der Tugenden, die Aristoteles am Ende I 13 EN herausgearbeitet hat und geht zu einer genaueren Beschreibung der ethischen *aretē* über.

> Da die Gutheit (*aretē*) also zwei Arten aufweist, die Gutheit des Denkens (*dianoētikē*) und die charakterliche (*ēthikē*) Gutheit, verdankt die Gutheit des Denkens sowohl ihr Entstehen als auch ihr Anwachsen größtenteils der Belehrung (*didaskalia*) – weshalb sie Erfahrung und Zeit erfordert –, während die charakterliche Gutheit aus Gewöhnung hervorgeht; daher auch ihr Name (*ēthikē*), der nur wenig von dem Wort *ethos* (Gewohnheit) abweicht.[237]

---

234 *Wolf*, Aristoteles' Nikomachische Ethik, Darmstadt 2007 S. 142.

235 EN 1103a 1–3.

236 EN 1103a 3–10.

237 EN 1103a 14–18.

Während die *dianoetischen* Tugenden – die intellektuelle Bestheit – durch Belehrung ausgebildet werden, gilt dies nicht in gleicher Weise für die *charakterliche Gutheit*. Doch dürfe hieraus nicht geschlossen werden, dass die ethischen Tugenden dem Menschen von Natur aus gegeben seien.[238]

> Vielmehr sind wir von Natur aus fähig, sie aufzunehmen, und durch Gewöhnung werden sie vollständig ausgebildet.[239]

Die ethische Tugend sei keine Fähigkeit, deren Besitz bereits ihrer Ausübung voraus gehe, so dass eine Verwirklichung der *aretē* nur noch eines fakultativen Tätigseins bedürfe. Die Fähigkeit zum Tätigsein sei nur die Möglichkeit zur Tugendhaftigkeit, die erst durch die wiederholende Betätigung internalisiert werde und damit den tugendhaften Menschen hervorbringt; jene Person, von der man sagt, er *hat* diese oder jene Tugend.

> Bei dem, was uns von Natur aus gegeben ist, besitzen wir *zuerst* die Fähigkeit (*dynamis*) und äußern erst später die Tätigkeit (*energeia*) (…). Die Tugenden (…) erwerben wir dadurch, dass wir sie zuvor betätigen, wie das auch bei den Arten des Herstellungswissens (*technē*) der Fall ist. Denn was wir erst lernen müssen, um es zu machen (*poiein*), lernen wir, indem wir es machen.[240]

Ralf Elm unterstreicht die Bedeutung der Übergangstruktur, die wesentlich für den aristotelischen Gewöhnungsbegriff sei. Die Tugenden als Vermögen gerechten, besonnenen oder ähnlichen Tätigseins müssten erst über die Vermittlungsprozesse wiederholten Tuns erworben werden. Nicht von selbst, sondern nur durch die Selbsttätigkeit der Handelnden im Übergang des *Ethismos* würden die Haltungen entstehen.[241] Das Ethos entsteht unter sozialer Bedingtheit.

Das, was habitualisiert wurde, wird zu einer *hexis*[242] (feste Grundhaltung, Eigenschaft, Beschaffenheit, Habitus, Disposition). Jede Grundhaltung, so betont Elm, impliziere ein praktisches Erfahrungswissen um das Tunliche und Untunliche. Dieses eigne man sich nach Aristoteles nicht auf theoretischem Wege an, sondern durch Grundhaltungen, die man handelnd erwerbe, womit sie abhängig von der Person blieben, die sie handelnd erwarb. Das was am Ende frei

238 EN 1103a 18.

239 EN 1103a 25.

240 EN 1103a 26.

241 *Elm*, Klugheit und Erfahrung bei Aristoteles, Paderborn 1996, S. 128.

242 Zu den unterschiedlichen Übersetzungen siehe *Wolf*, Aristoteles' Nikomachische Ethik, Darmstadt 2007 S. 261.

beherrscht werden solle, sei allein über den Weg der Einübung in der Gestalt konkreter Ausübung zu erreichen: Einübung durch Ausübung.[243]

> Indem wir im Verkehr mit anderen Menschen so oder so handeln, werden die einen von uns gerecht, die anderen ungerecht, und indem wir in Gefahrensitutationen handeln und uns ans Fürchten oder Muthaben gewöhnen, werden wir tapfer oder feige.[244]

Die Habitualisierungsthese besagt zugleich, dass man richtiges Agieren weder unabhängig vom Tun selbst noch unabhängig von den *Umständen* des Tuns lernt. Gerechtes Handeln etwa bemisst sich damit nicht nach einer abstrakten Gerechtigkeitsnorm, einer Gerechtigkeit an sich. Gerechtes Tun ist ein Tun nur bei Einbeziehung der und Abstimmung auf die situativen Bedingungen.

Da nun der *hexis* die wiederholende Tätigkeit vorausgeht, stellt sich die Frage, welcher *modus operandi* habitualisiert werden soll, damit aus der *hexis* auch eine *aretē* entsteht.

> Die Dispositionen (*hexis*) entstehen aus den entsprechenden Tätigkeiten (*energeia*). Aus diesem Grund müssen wir den Tätigkeiten, die wir ausüben, eine bestimmte Qualität geben, eben weil den Unterschieden zwischen diesen die Dispositionen entsprechen.[245]

Der Beantwortung dieser Frage nähert sich Aristoteles auch hier wieder in einem Ausschlussverfahren, indem er nach Gattung und Art die wesensbildenden Merkmale von Begriffen herausarbeitet, sie gegenüberstellt, voneinander abgrenzt und sich so dem das zu Bestimmenden selektierend annähert.

Am Ende dieses Vorgehens steht eine Definition der Tugend eingebettet in die sog. *mesotēs*-Lehre.

2. Erneuter Methodenexkurs

Bevor sich Aristoteles der bekannten *mesotēs*-Lehre widmet, erinnert er noch einmal an die Art der Untersuchung, die Möglichkeit ihrer gegenstandsadäquaten Erkenntnisgenauigkeit sowie an ihren Zweck. Dieser kurze methodische Einschub soll hier ebenfalls aufgegriffen werden, um eine modernistische und damit anachronistische Lesart der *mesotēs*-Lehre als eine Art *kategorischen Imperativ* zu vermeiden.

> Da nun die gegenwärtige Abhandlung nicht wie unsere anderen auf theoretisches Wissen ausgerichtet ist (denn wir erforschen die Gutheit nicht, damit wir wissen, was sie ist, sondern damit wir gut werden, da unsere Untersuchung sonst ganz nutzlos wäre),

243 *Elm*, Klugheit und Erfahrung bei Aristoteles, Paderborn 1996, S. 128.
244 EN 1103b 14.
245 EN 1103b 23.

müssen wir den Bereich der Handlungen (*praxis*) untersuchen, das heißt fragen, wie man sie tun sollte.[246]

Dieser kurze Rekurs auf die Überlegungen aus dem I 1 EN schützt vor überhöhten Erwartungen, an den nun anstehenden Teil der Abhandlung, der der Untersuchung jener Handlungs*weisen* gilt, deren Angewöhnung zu vortrefflichen menschlichen Gewohnheiten verhelfen kann. Bemerkenswerterweise fragt Aristoteles zuerst danach, „*wie* man sie tun sollte" und nicht „*was* man tun sollte". Er stellt also nicht in Aussicht, oberste ethische Vernunftdenkgesetze mit imperativischem Handlungsanweisungsanspruch zu postulieren, sondern trägt jene Beobachtungen zusammen, aus denen sich ein Umrisswissen rhetorisch-ethischer Art gewinnen lässt. Dieses Umrisswissen verfügt nur über eine schwebende Gültigkeit und entfaltet seine Wirksamkeit in der Lebenswirklichkeit durch den Handlungsvollzug selbst. Die Frage nach den Handlungs*weisen* drückt eine Selbstbescheidung und Beschränkung des Gültigkeitsanspruches der hervorgebrachten ethischen Überlegungen aus, die um die Begrenztheit des Nutzens allgemeiner Ausführungen zu ethischen Angelegenheiten und der konkreten Handlungssituation des Individuums weiß. Rhetorisch-ethische Überlegungen finden ihre epistemologischen Grenzen im allgemein überzeugenden Argument, das über die Wirklichkeit spricht, in der der Handelnde außerargumentativ die Handlung vollziehen muss. Die Frage nach der Richtigkeit dieses Vollzuges stellt Aristoteles noch etwas zurück, wenngleich er sie als Teilbedingung zum Aufspüren der richtigen Handlungsweise bereits in diesem Teil der Abhandlung benennt:

Dass man gemäß der richtigen Überlegung (*orthos logos*) handeln soll, ist allgemeine Ansicht und sei hier vorausgesetzt.[247]

Den *orthos logos*, das richtige Überlegen, wird Aristoteles sodann im VI. Buch näher untersuchen. Doch auch hier unterstreicht er noch einmal im Vorgriff die beschränkten Möglichkeiten einer ethischen Untersuchung:

Doch dies sei im Voraus festgestellt, dass jede Erklärung im Bereich des Praktischen im Umriss und nicht mit Exaktheit zu geben ist. So haben wir ja auch zu Anfang gesagt, dass die verlangten Erklärungen sich nach dem Gegenstand richten müssen. Was mit dem Handeln zu tun hat und förderlich ist (*sympheron*), besitzt keine Stabilität, ebenso wenig wie die Dinge, die mit der Gesundheit zusammenhängen. Wenn aber derart die Erklärung des Allgemeinen (*katholou*) ist, dann ist die Erklärung der Einzelfälle (*kath' hekasta*) noch weniger genau. Sie fällt ja weder unter ein Herstellungswissen (*technē*)

246 EN 1103b 26–30.
247 EN 1103b 32.

noch unter eine Vorschrift, vielmehr müssen die Handelnden selbst jeweils das im Hinblick auf die Situation (*kairos*) Angemessene erwägen (…).[248]

3. Die Herleitung der *mesotēs*-Lehre

Nach dieser inzwischen schon gewohnten Voreinstellung der Lesart Aristoteles' Ausführungen, deren Warnfunktion gegen übersteigerte Anforderungen hier nicht unterschlagen werden sollte, kehrt er auf seinen eigentlichen Untersuchungspfad zurück und wendet sich der Erkundung der Artbeschaffenheit jener Handlungen zu, die zu einer Gewöhnung im Sinne der Tugend führen. Er nähert sich dieser Art von Handlungen zunächst wieder über ein negatives Ausschlussverfahren, in dem er durch äußerliche Beobachtungen benennt, was alles nicht zur Gewöhnung von charakterlicher Vortrefflichkeit führt. Seine Ausführungen gehen in diesem Abhandlungsschritt nicht über die Beschreibung der *Wie*-Beschaffenheit dieser Handlungen hinaus.

> Zuerst muss man beachten, dass solche Dispositionen (*hexis*) ihrer Natur nach durch Mangel und Übermaß zerstört werden(…).[249]

Diese Behauptung versucht Aristoteles anhand eines Vergleiches mit der Herbeiführung und Pflege eines gesunden Körperzustandes illustrativ zu plausibilisieren.

> (…) wie wir es im Fall der Körperkraft und der Gesundheit sehen (denn wir müssen das Offensichtliche als Zeugnis für das nicht Sichtbare verwenden): Sowohl übermäßiges als auch mangelndes Training zerstört die Körperkraft, ebenso wie ein Zuviel oder ein Zuwenig an Essen und Trinken die Gesundheit zerstört, die angemessene Menge sie hingegen hervorbringt, steigert und erhält.[250]

Die Erfahrungsstruktur, dass das *Angemessene* konstitutives Element zur Herbeiführung eines wünschenswerten körperlichen Zustandes ist, überträgt Aristoteles auf die charakterlichen Tugenden. In rhetorischer Manier entwickelt er aus einem Vergleich eine Analogie.

> So verhält es sich nun auch bei der Mäßigkeit, der Tapferkeit und den übrigen Tugenden. Wer alles flieht und fürchtet und nirgends standhält, wird feige, wer aber nichts fürchtet und auf alles losgeht, wird tollkühn. Ebenso wird, wer jede Lust genießt und

---

248 EN 1104a 1–9.

249 EN 1104a 10.

250 EN 1104a 15.

sich keiner Lust enthält, unmäßig, wer aber jede Lust meidet wie ein ungehobelter Bauer, wird unempfindlich.[251]

Die ermittelten, äußerlichen Handlungsbeschaffenheiten aus den Beispielen zur Gesundheit und den charakterlichen Tugenden führt ARISTOTELES in einer Art rhetorischem Induktionsschluss zusammen, der den gedanklichen Anfangspunkt seiner sog. *mesotēs*-Lehre bildet.

Also werden Mäßigkeit und Tapferkeit durch Übermaß (*hyperbolē*) und Mangel (*elleipsis*) zerstört, durch die Mitte (*mesotēs*) hingegen erhalten.[252]

Durch die bis hierhin erarbeitete Beschreibung der Beschaffenheit der charakterlichen Vortrefflichkeit als eine Mitte zwischen Übermaß und Mangel, drängt sich unmittelbar die Frage nach dem Begriff des *Mittleren* auf. Bevor ARISTOTELES jedoch diesen Begriff näher erörtert, bestimmt er das Spannungsfeld genauer, in dem sich die charakterlichen Tugenden bewegen und aus dem sie entstehen. Äußerlich wird für ihn das charakterbildende Kräftespiel durch Lust und Unlust erahnbar. Wie später noch genauer zu zeigen sein wird, sind Lust und Unlust eng mit den Affekten – eine Art motivationale Quelle – verbunden und nur ein Sichtbarwerden der inneren Gefühlsimpulse. Doch zunächst bilden bei einer weiter fortschreitenden Annäherungsbeschreibung Lust und Unlust die Pole, an dessen Widerstand sich der Charakter Widerstandskraft gegen Übermaß und Mangel erarbeiten kann.

(…) Als Anzeichen der Disposition müssen wir die Lust (*hēdonē*) oder Unlust (*lypē*) nehmen, die die Taten begleitet (…). Denn die Charaktertugend ist auf Lust und Unlust bezogen.[253]

ARISTOTELES verdeutlicht weiter den vorläufigen Zusammenhang von Lust / Unlust, Affekten und Tugend.

Wenn die Tugenden mit Handlungen (*praxis*) und Affekten (*pathos*) zu tun haben, jedem Affekt und jeder Handlung aber Lust und Unlust folgt, dann wird dies ein weiterer Grund sein, weshalb die Tugenden sich auf Lust und Unlust beziehen.[254]

Durch die Inverhältnissetzung der Tugend mit den Affekten, der Lust / Unlust und den Handlungen gelingt es ARISTOTELES sich fortschreitend, phänomenologisch der Beschreibung der Handlungsweisen anzunähern, die als vortrefflich

251 EN 1104a 20 f.
252 EN 1104a 26.
253 EN 1104b 5 f.
254 EN 1104b 15.

gelten. Seine gewonnene Beschreibung sieht er in einer gemeinen Definition der Tugend bestätigt.

> Deswegen definiert man die Tugend auch als eine Art von Affektlosigkeit (*apatheia*) oder Ruhe (*ēmeria*) (...). Es wird also vorausgesetzt, dass diese Art der Gutheit [die charakterliche] eine Disposition ist, in Bezug auf Lust und Unlust die besten Handlungen zu tun, während das Laster (*kakia*) eine Disposition ist, das Gegenteil zu tun.[255]

Nachdem Aristoteles nun bestimmt hat, *wie* die charakterliche Tugend skizziert werden kann, geht er zu der Frage über, *was* sie ist; womit er nach ihrer Gattung fragt. Hier grenzt er sie gegen Affekte und Anlagen ab und kommt zu dem Schluss, der die bereits zu Beginn des II. Buches unterstellte Annahme bestätigt, dass es sich bei den charakterlichen Tugenden um eine *hexis* handele. Dem aristotelischen Definitionsverfahren gemäß reicht die Angabe der Gattung jedoch nicht für eine Begriffsbestimmung aus, so dass sich folgerichtig der Gattungsbestimmung anschließend die Frage nach der Art der Disposition stellt.

> Wir dürfen uns aber nicht darauf beschränken zu sagen, dass die [charakterliche] Gutheit eine Disposition ist; vielmehr müssen wir auch sagen, welche Art von Disposition sie ist.[256]

Aristoteles verdeutlicht noch einmal, dass jede *aretē*, jede Gutheit, eine Form der Verfassung eines *ergon*, einer Funktion, ist und zwar jene, die die Ausübung des *ergon* gut macht; ihre mögliche Bestheit ist. Um die Beschreibung soweit wie möglich zu komplettieren, müsse sie um die Betrachtung des Wesens der Gutheitsbeschaffenheit ergänzt werden.

> Wie dies geschieht [‚dass die Gutheit des Menschen als Disposition dazu führt, dass er die ihm eigene Funktion, sein *ergon*, gut erfüllt], haben wir bereits gesagt. Es wird jedoch auch auf die folgende Weise klar werden, wenn wir betrachten, wie ihr [der Gutheit] Wesen beschaffen ist.[257]

Dieses Resümee sei um die Erinnerung an das ursprüngliche Untersuchungsziel ergänzt, wonach Aristoteles das *beste* menschliche *Strebensgut* ermitteln wollte, was in einem dauerhaften, selbstgestalteten Leben im Wohlergehen, der *eudaimonia*, liegt. Mit fortschreitender Argumentation entspinnt sich der Gedankengang von dem ursprünglichen Begriff des Wohlergehens zu einer Handlungslehre von der tätigen Selbstverwirklichung des Menschen in Form einer Entfaltung einer in

255 EN 1104b 25 f.
256 EN 1106a 14.
257 EN 1105b 25.

ihm angelegten Wesensart; eine anthropologische Lehre menschlicher Selbstherrstellung eingebettet in eine stets mitzudenken Theorie des politischen. Das gute Leben des Einzelnen als Strebensziel ist nicht als ein privatistischer Begriff einer inneren Gefühlsglückseligkeit entworfen, sondern als eine Bestform menschlicher Lebensweise eines Einzelnen unter anderen einzelnen Gemeinschaftswesen. Der in Gemeinschaft gedachte Einzelne kann seine charakterliche Selbstgestaltung im Sinne der Bestform nicht durch übersteigerte Selbstbezüglichkeit hervorbringen. Erst die Akzeptanz der aporetischen Wesensart des Menschen in seiner sozialbezogenen Selbstbezüglichkeit macht überhaupt erst die Tugend möglich und nötig. Individuum und Sozialverband sind zwei voneinander abhängige Variablen, die Ethos und Tugend bestimmen. Unter diesen Bedingungen stellt sich nun die Frage, *was* das Beste aus den möglichen Seinsweisen des Menschen ist; *was* es ausmacht.

Um die Wesensbeschaffenheit der *aretē* angeben zu können, präzisiert Aristoteles seine *mesotēs*-Lehre. Dazu erläutert er zunächst sein Begriffsverständnis des Mittleren, des *meson*.

4. *Meson*

> Bei allem Kontinuierlichen und Teilbaren kann man einen größeren, einen kleineren oder einen gleichen Betrag nehmen, und dies entweder in Bezug auf die Sache selbst oder in Bezug auf uns. Das Gleiche ist eine Art Mittleres (*meson*) zwischen Übermaß (*hyperbolē*) und Mangel (*elleipsis*). Ich nenne aber das Mittlere der Sache, was gleich weit von beiden Extremen entfernt ist, und das ist für alles ein und dasselbe. Hingegen meine ich mit dem Mittleren in Bezug auf uns, was weder zu viel noch zu wenig ist; dies ist nicht eines, und es ist auch nicht für alle dasselbe. Wenn zum Beispiel zehn viel und zwei wenig ist, dann nimmt man als das der Sache nach Mittlere sechs, da es nun den gleichen Betrag übertrifft und übertroffen wird, das ist die nach der arithmetischen Proportion. Das Mittlere in Bezug auf uns darf man jedoch nicht so nehmen.[258]

Das Mittlere entwickelt Aristoteles anhand einer Gegenüberstellung des Gedankens vom gleichen Betrag als Folge der Teilung einer Sache und des Gleichen in Bezug auf den Menschen.

Den Begriff des Kontinuierlichen, den Aristoteles hier anführt, erarbeitet er in der *Physik*[259] im Zusammenhang mit dem Unendlichen, dem Raum und der Zeit, die alle als Teilelemente zum Verstehen des Phänomens der Bewegung dienen sollen. Ort und Zeit gelten Aristoteles als Grundvoraussetzungen von

---

258 EN 1106a 26–36.

259 Siehe hierzu *Wieland*, Die aristotelische Physik: Untersuchung über die Grundlegung der Naturwissenschaft und die sprachlichen Bedingungen der Prinzipienforschung, 3. Aufl., Göttingen 1992, §§ 17–18.

Naturerfahrung, während das Unbegrenzte und das Kontinuum notwendig sind, um eben diese Grundvoraussetzungen zu begreifen.[260] Das Kontinuum behandelt er als Grundstruktur der vorgegebenen anschaulichen Welt; als Tatsache und Problem der Anschauung.[261] Unter der Prämisse einer phänomenologischen Beschreibung scheint die Redeweise zulässig, dass die Naturprozesse einen Anfang und ein Ende haben, dazwischen aber teilbar sind. Sie spielen sich in einem Kontinuum ab.[262] Das Kontinuierliche bestimmt ARISTOTELES als etwas, dessen äußerste Grenzen Eines sind. Ein Kontinuum ist unbegrenzt teilbar und besteht doch nicht aus echten Teilen.[263] Für den vorliegenden Gedanken ist der Begriff des Kontinuierlichen nur in insoweit von Interesse, als das mit ihm die Denkmöglichkeit der Teilbarkeiten von Sachen eingeführt wird. ARISTOTELES unterscheidet in seiner Herleitung des Mittleren als Wesen der Tugend zwischen dem Mittleren bezogen auf Sachen und dem Mittleren bezogen auf den Menschen. Die Teilbarkeit einer vorgefundenen Sache ist auf unterschiedliche Weise möglich. So lässt sich etwa eine Strecke in gleiche oder ungleiche Teile teilen. Will man die Strecke so teilen, dass man nach der Teilung zwei gleiche Teilstrecken erhält, muss die Teilung im gleichen Abstand zu ihren äußersten Extremen erfolgen. Die Teilung müsste in der Mitte zwischen den Extremen ansetzen. Eine solche Art der Teilung weise immer die gleiche Erfahrungsstruktur auf. Der gleiche Betrag der Sache, der durch die Teilung hervorgebracht werde, sei eine Art Mittleres.

> Das Gleiche ist eine Art Mittleres (*meson*) zwischen Übermaß (*hyperbolē*) und Mangel (*elleipsis*).[264]

Die Gleichheit zweier Teile einer geteilten Sache sei aber nicht das Mittlere der Tugend. Sie ähnele ihr und könne nur zur einer begrifflichen Annäherung an das Mittlere als Wesensteil der charakterlichen Vortrefflichkeit dienen. ARISTOTELES schwebt bei dem Mittleren der Tugend kein arithmetisches Mittel zwischen zwei extremen Punkten vor; keine rechnerische Mitte, sondern ein Mittleres aus dem potentiell Möglichen in Bezug auf den jeweils Handelnden. Die Erfahrungsstruktur dieses Mittleren entspreche nicht dem gleichen Beitrag, den die Teilung eines Kontinuierlichen aufweise, sondern das Mittlere ist als die relativ optimale

260 Zusammenfassend nach *Höffe*, Aristoteles, München 2006, S. 120.

261 *Wieland*, Die aristotelische Physik: Untersuchung über die Grundlegung der Naturwissenschaft und die sprachlichen Bedingungen der Prinzipienforschung, 3. Aufl., Göttingen 1992, S. 281.

262 *Höffe*, Aristoteles. München 2006, S. 120/121.

263 *Höffe* a.a.O. S. 122.

264 EN 1106a 29.

Auswahl oder Zusammenführung des Verfügbaren unter Berücksichtigung aller Gegebenheiten in Bezug auf den konkreten Menschen zu verstehen. Es sei nicht fix, sondern relativ und unterliege wechselnder Veränderbarkeit der situativen Bedingungen. Die Relativität des Mittleren in Bezug auf den Menschen plausibilisiert ARISTOTELES wie so häufig in seiner Abhandlung auch in diesem Zusammenhang an einem Beispiel der körperlichen Fitness:

> Wenn für jemanden Nahrung von zehn Minen[265] zu viel ist, Nahrung von zwei Minen zu wenig, dann wird der Trainer nicht Nahrung von sechs Minen vorschreiben; denn vielleicht ist auch das für denjenigen, der die Nahrung aufnehmen soll, zu viel oder zu wenig – für Milon[266] wenig, für einen Anfänger in den athletischen Übungen viel. Dasselbe gilt für Wettlauf und Ringkampf. So meidet also jeder Kundige Übermaß und Mangel, das Mittlere dagegen sucht er und wählt eben dieses, und zwar das Mittlere nicht der Sache, sondern in Bezug auf uns.[267]

Nach der Bestimmung des Mittleren als Optimum des potentiell Möglichen in Bezug auf den Menschen ordnet ARISTOTELES den Argumentationsbefund in den Gesamtzusammenhang des bisher Gesagten ein und bestimmt es als das, wonach die Gutheit streben müsse.[268]

Im nächsten gedanklichen Schritt wendet er den Begriff des Mittleren als notwendiges Strebensziel der Gutheit auf die ethischen *aretē* an.

> Ich meine die Gutheit des Charakters, die Tugend (*aretē ēthikē*). Denn diese hat mit Affekten und Handlungen zu tun, und in diesen gibt es Übermaß, Mangel und das Mittlere. Zum Beispiel kann man Furcht, Mut, Begierde, Zorn, Mitleid und allgemein Lust und Unlust ebenso zu viel wie zu wenig empfinden und beides ist nicht die richtige Weise. Dagegen sie zu empfinden, wann (*hote*) man soll, bei welchen Anlässen (*eph'hois*) und welchem Menschen gegenüber (*pros hous*), zu welchem Zweck (*hou heneka*) und wie man soll (*hōs die*), ist das Mittlere und Beste, und dies macht die Tugend aus. Ähnlich gibt es Übermaß, Mangel und das Mittlere in Bezug auf Handlungen. Die Tugend hat mit Affekten und Handlungen zu tun, bei denen das Übermaß wie auch der Mangel eine Verfehlung darstellt, das Mittlere dagegen gelobt wird und das Richtige trifft. Dies beides aber [Gegenstand von Lob und richtig zu sein] sind Kennzeichen der Tugend. Die Tugend ist also eine Art Mitte (*mesotēs*), da sie auf das Mittlere (*meson*) zielt.[269]

---

265 Mine: hier Gewichteinheit, entspricht ca. einem Pfund, siehe *Wolf*, Aristoteles, Nikomachische Ethik, Hamburg, 3. Aufl. 2011, S. 356 Anm. 22.

266 Berühmter Athlet, siehe *Wolf* a.a.O. S. 356 Anm. 23.

267 EN 1106b 1–7.

268 EN 1106b 8–17.

269 EN1106b 18–28.

In der Wiedergabe ARISTOTELES' Argumentationsverlaufes hat der Begriff des *pathos* bisher aus Gründen einer übersichtlichen Aufbereitung keine Erläuterung erfahren. Dies ist nun nachzuholen. Denn durch die Inverhältnissetzung des Mittleren mit den ethischen Tugenden bedarf es einer Vergegenwärtigung des *pathos*-Begriffs, um die sich allmählich herausbildende Handlungslehre ARISTOTELES' nachvollziehen zu können.

5. *Pathos*

In der *Nikomachischen Ethik* bestimmt ARISTOTELES den Begriff des Affektes (*pathos*) einige Textstellen vor der hier zu erläuternden wie folgt:

> Mit (...) Affekten meine ich Begierde, Zorn, Furcht, Mut, Freude, Liebe, Hass, Sehnsucht, Eifersucht, Mitleid, allgemein Gefühle, die von Lust und Unlust begleitet werden.[270]

Während ARISTOTELES es in seiner ethischen Abhandlung bei dieser knappen Begriffsbeschreibung belässt, beschäftigt er sich vor allem in der *Rhetorik* ausführlicher mit dem Begriff des *pathos*.[271] Zwar legt er auch hier keine Begriffsdefinition vor, doch lassen sich in einer Gesamtschau bestimmte Merkmale zusammentragen, die es ermöglichen, ein klareres Bild von seinem Affektverständnis zu zeichnen.[272]

Pathos ist wörtlich übersetzt etwas, dass man erleidet. Das *pathos* bildet einen Teil des Strebevermögens – also jenes Vermögens der Seelentätigkeit, in dem Vernunft und Affekt miteinander verbunden sind – und wird durch die Wahrnehmung eines Sachverhaltes affiziert. Der durch bestimmte Gegebenheiten hervorgerufene Affekt initiiert eine situative Sichtweise, aus der heraus dann die Wirklichkeit zu einem Sachverhalt interpunktiert wird. Der Begriff tritt bei ARISTOTELES immer im Zusammenhang mit solchen Sachverhalten auf, die von Bedeutung für das Leben oder das gute Leben der Person sind, womit die Aussage zulässig scheint, dass in der Affektivität immer ein wertender Bezug auf das eigene Leben liegt; sie ist die einfühlende Weltzugewandtheit des Menschen. Der Affekt ist motivational auf das eigene Sein bezogen und wird durch diesen Selbstbezug für den Menschen zugleich erfahrbar. Er impliziert ein Wollen, wonach man auf die und die Weise leben will.[273]

---

270 EN 1105b 23.

271 Siehe hier Rhet. 1378a 30 f.

272 Diese Merkmale sind aus *Wolf*, Aristoteles' Nikomachische Ethik, Darmstadt 2007, S. 70/71 entnommen.

273 *Wolf*, Über den Sinn der Aristotelischen Mesoteslehre, wiederabgedruckt in: Höffe (Hrsg.), Nikomachische Ethik, 3. Überar. Aufl. Berlin 2010, S. 89.

Das *pathos* ist eine Komponente der Lust und Unlust. Jeder Affekt ruft Lust oder Unlust hervor, wodurch die wertende Implikation des Affektes im Gefühl erfahrbar wird.

Die Verbindung des Affektes mit dem Streben entspricht einer Art Reiz-Reaktionsschema. Er wird durch äußere Gegebenheiten evoziert und reagiert dann mit einem Streben. So führt etwa ein Sachverhalt, der mit Lust erfahren wird, zu dem Streben, diesen Zustand zu erhalten, während ein Sachverhalt, der mit Unlust verbunden wird, zu einem Beseitigungs- bzw. Veränderungsbestreben.[274]

Liest man mit diesem Begriffsverständnis die oben angeführte Textstelle, in der ARISTOTELES den Gedanken vom Mittleren in die handlungstheoretischen Überlegungen zu den ethischen Tugenden implementiert, wird die Betonung einer kognitiven Bedeutung des *pathos* erkennbar.

> Zum Beispiel kann man Furcht, Mut, Begierde, Zorn, Mitleid und allgemein Lust und Unlust ebenso zuviel wie zu wenig empfinden, und beides ist nicht die richtige Weise. Dagegen sie zu empfinden, wann man soll, bei welchem Anlässen und welchen Menschen gegenüber, zu welchem Zweck und wie man soll ist das Mittlere und Beste, und dies macht die Tugend aus.

Die affektgeprägte Situationsdeutung bildet einen wesentlichen Ausgangspunkt zur Ermittlung des Mittleren. Der Affekt hat Teil an dem Mittleren und kann bei entsprechender Habitualisierung bereits selbst das Angemessene sein. Doch stellt er zuvorderst überhaupt erst das kognitive Prüfmaterial einer Urteilsbildung im Sinne der Bestheit dar, aus dem das richtige wann, wo, wem gegenüber und zu welchem Zweck hervorgebracht wird. Indessen bleibt das Vermögen, das den Menschen in die Lage versetzt das Richtige wann, wo, wem gegenüber und zu welchem Zweck zu erkennen, in diesem Teil der Abhandlung weiterhin unbenannt. Die Erläuterung des Mittleren und seine Verknüpfung mit den ethischen Tugenden beantworten bisher gerade nicht die Frage, die Ausgangspunkt dieses Teils der Untersuchung war, nämlich welche Handlungen in einer *hexis* verfestigt werden sollten. Bis zu dieser Stelle der Argumentation wird sie nur weiter vor sich hergeschoben. Diese Ungeklärtheit tritt noch deutlicher hervor, wenn ARISTOTELES die Rede von dem Mittleren als Tugend und als Möglichkeit der angemessenen Affektkanalisierung auf das Zustandekommen von Handlungen ausweitet. Die Leerstelle, die durch den bisherigen Gedankengang unbesetzt bleibt, wird durch die fortscheitende Präzisierung der Argumentation nur klarer ins Licht gerückt. Nichtsdestoweniger bleibt die Abhandlung damit nicht bis zu diesem Punkt aussagelos, sondern zeichnet mit jedem Gedanken ein Strukturmodell

---

274 *Wolf*, Aristoteles' Nikomachische Ethik, Darmstadt 2007 S. 71.

menschlichen Handelns und seiner Bedingungen. Dennoch stellt sich nun die Frage, was das Richtige hervorbringt.

Begrifflich greift ARISTOTELES der Beantwortung dieser Frage mit der zusammenfassenden Definition der menschlichen Tugend vor, die er zu Beginn des II 6 Buches vorlegt.

> Die Tugend ist also eine Disposition, die sich in Vorsätzen äußert (*prohairetikē*), wobei sie in einer Mitte liegt, und zwar in der Mitte in Bezug auf uns, die bestimmt wird durch die Überlegung (*logos*), das heißt so, wie der Kluge (*phronimos*) sie bestimmen würde.[275]

In dieser Bestimmung nimmt ARISTOTELES Begrifflichkeiten auf, die bis hierhin zwar immer wieder Erwähnung fanden, aber noch keiner inhaltlichen Erläuterung zugeführt wurden. Es sind der *Vorsatz* und der *Kluge*, deren genauere Untersuchung nun ansteht.

VI. *Hekousion* und *prohairesis*

Die *aretē ethikē* hat ARISTOTELES bis hierhin als ein Teil des menschlichen Strebevermögens (*orektikon*) beschrieben, in dem Affekte und das Vernunftvermögen in angemessener Weise zusammenwirken. Die bisherigen Ausführungen konzentrierten sich überwiegend auf die Darstellung des motivationalen Teils des *orektikon*. Die dianoetischen Tugenden wurden erläuterungslos vorausgesetzt. Sie fanden zwar bereits an unterschiedlichen Stellen Erwähnung, doch bleibt ARISTOTELES eine Darlegung seiner Vorstellung der Verstandestugenden schuldig. Während er die dianoetischen Tugenden im VI. Buch der *EN* im Kontext mit anderen intellektuellen *aretai* entwickelt, erörtert er ihre Beteiligung am ethischen Handeln in der argumentativen Entwicklung, wie WOLF es in ihrer Kommentierung formuliert, „von unten her".[276] Er postuliert keinen Vernunftapparat a priori, den er als reine kognitive, notwendige Bedingung von „oben" – abstrakt – entwirft, sondern er geht einen phänomenologischen Weg und modelliert – etwas vereinfacht gesprochen – jene Phänomene in dem chronologischen Ablauf, wie sie ihm auf seinem gedanklichen Streckenverlauf begegnen. Er beginnt bei der Anschauung des Konkreten und seiner meinungsmäßigen, geläufigen Einordnung. Diese Vorgehensweise führt dazu, dass ARISTOTELES nicht nach dem Oberbegriff *logos* direkt fragt, sondern zunächst weiter induktiv die Einzelgesichtspunkte zusammenträgt, die ihm bei seiner Besprechung der ethischen Angelegenheiten begegnen, wobei sich seine Suche nun mehr auf die

---

275 EN 1106b 38–1107a 2.

276 *Wolf*, Aristoteles' Nikomachische Ethik, Darmstadt 2007, S. 117.

voluntativ-dezisionistische Seite der Tugend ausrichtet. Bereits in II 3 nannte ARISTOTELES voluntative Voraussetzungen, derer es bedürfe, um davon sprechen zu können, dass eine Person die Tugend wirklich besitzt.

> (...) die Dinge, die aufgrund der Tugend entstehen, [werden] nicht schon dann auf gerechte oder mäßige Weise getan, wenn sie selbst sich auf bestimmte Weise verhalten, sondern erst, wenn auch der Handelnde in einer bestimmten Verfassung handelt, und zwar erstens wissend (*eidōs*), zweitens vorsätzlich (*prohairoumenos*) – und zwar vorsätzlich um der Handlung selbst willen –, drittens aus einer festen und unveränderlichen Disposition heraus.[277]

Die Bedeutung der Begriffe *wissend* und *vorsätzlich* für seine Handlungslehre erläutert ARISTOTELES nun im III. Buch. Der gedanklichen Abfolge seines Traktates stellt er zunächst eine Formulierung der notwendigen Bedingungen voran, die im allgemeinen Voraussetzung für die Möglichkeit verstandesgeleiteter Tugendbildung sind, bevor er sodann die Tugenden im Einzelnen bespricht. Für die hier vorliegende Abhandlung werden nur diese allgemeinen Überlegungen nachvollzogen. Die Darstellung der Einzeltugenden wird, ausgenommen die Tugend der Gerechtigkeit, ausgespart. Als notwendige Bedingungen nennt ARISTOTELES die Begriffe *hekousion (*freiwillig, mit Wollen, gewollt) und dann den Begriff der *prohairesis* (Entscheidung, Entscheidung, Wille, Willensentscheidung, Entschließung, Willenswahl, Vorsatz).

1. *Hekousion*

Die Notwendigkeit der Erörterung des *hekousion* begründet ARISTOTELES mit dem Verlauf, den die Argumentation bis hierhin genommen hat und den sich somit zwangsläufig weiter auftuenden Fragen.

> Da nun die [charakterliche] Tugend (*aretē*) mit Affekten und Handlungen zu tun hat und da dasjenige, was aus dem eigenen Wollen hervorgeht (*hekousios*), Lob und Tadel erfährt, wohingegen das, was ungewollt (*akousios*) ist, Verzeihung, manchmal sogar Mitleid erregt, müssen wohl diejenigen, die die Tugend untersuchen, das Gewollte und das Ungewollte gegeneinander abgrenzen.[278]

Zu Beginn von III 3 legt ARISTOTELES eine positive Definition des *hekousion*, des Gewollten, vor.

> Da gegen das Wollen (*akousion*) das ist, was durch Zwang und aufgrund von Unwissenheit geschieht, dürfte als das Gewollte (*hekousion*) dasjenige gelten, dessen Ursprung

277 EN 1105a 28–1105b 1.
278 EN 1109b 30–35.

(*archē*) im Handelnden selbst liegt, wobei er die einzelnen Bedingungen (*ta kath' hekasta*) kennt, unter denen die Handlung stattfindet.[279]

Da Aristoteles die positive Definition aus einer Abgrenzung der Begriffe *Gewollt* und *Ungewollt* voneinander gewinnt, wird die Aussage der Definition nur in ihrem Aussagewert nachvollziehbar, wenn man die vorangegangenen Überlegung, die er im Rahmen der Abgrenzung trifft, sich zumindest im Wesentlichen vergegenwärtigt.

Der Begriff des Willens darf in dem hier vorliegenden Kontext nicht mit einem neuzeitlichen Verständnis als innerlich wahrnehmbare Entität verstanden werden.[280] Er ist, wie Wolf es in Anlehnung an Kenny formuliert, „als ein Titel für eine bestimmte Konstellation von Meinung, Wunsch und Fähigkeit, von Willentlichkeit, Intentionalität und Vernunft"[281] zu begreifen. Dem philosophierenden Juristen dürfte eine solche Lesart des Willensbegriffes leichter fallen als dem modernen Philosophen, da man bei der Lektüre der aristotelischen Willenskonzeption einem Gebilde begegnet, das in Teilen an die juristische Handlungslehre aus dem Straf- und Zivilrecht erinnert, wobei der subjektive Tatbestand bei Aristoteles nicht die Feingliedrigkeit der juristischen Willensdogmatik kennt. Aristoteles schwebt mehr ein Willen als bewusst wahrgenommener Handlungsimpuls als Innenseite des Handlungsbegriffes vor. Doch der juristischen Handlungslehre gleich, wird der Wille nicht im Sinne der philosophischen und neurologischen Willensfreiheitsdebatte aufgefasst, sondern als ein notwendiges Element zur Konstruktion einer zurechenbaren Handlungseinheit. Der Wille als Bedingung, um in einer ethischen Betrachtung Handlungen erklärbar zu machen.

2. *Akousion*

Die Bestimmung des Ungewollten beginnt Aristoteles, wie so häufig, mit einer allgemeinen Meinung über den Begriff in Bezug auf Handlungen.

> Als ungewollt gilt üblicherweise das, was durch Zwang (*bia*) oder aufgrund von Unwissenheit (*agnoia*) geschieht.[282]

Als Zwang definiert er sogleich alle Handlungen, die ihre Bewegungsursache nicht im Strebevermögen des Handelnden selbst haben, sondern durch äußere Bewegungsursachen herbeigeführt werden.

---

279 EN 1111a 22–24.

280 *Wolf*, Aristoteles' Nikomachische Ethik, Darmstadt 2007, S. 116.

281 Ebda.

282 EN 119b 35.

> Erzwungen ist ein Verhalten, dessen Bewegungsursache (*archē*) außerhalb liegt, das heißt so beschaffen ist, dass der Handelnde oder Erleidende gar nichts beiträgt, etwa wenn jemanden der Wind irgendwohin trägt, oder Menschen, die einen in ihrer Gewalt haben.[283]

Der ARISTOTELIsche Zwang-Begriff ist als ein Gegenbegriff zur Natur (*physis*) eines Lebewesen zu verstehen. Was aus der *physis* hervorgeht, ist eigenes Bewegen, Selbstbewegung, was durch Zwang geschieht, ist ein von einer äußeren Bewegungsursache verursachtes Bewegt-werden.[284]

Vor dem Hintergrund des Zwangsbegriffs wird bereits hier deutlich, dass das Willentliche und die Handlung den selben Umfang haben, während jedoch das Handlungselement die äußerlich wahrnehmbare Seite – einer Art objektiven Tatbestandsmerkmal vergleichbar – ist, das ein Tun erst zu einer Handlung macht.

Der Angabe der oben angeführten eindeutigen Fallgruppe für erzwungene Handlungen stellt ARISTOTELES eine weitere Fallgruppe von ungewollten Handlungen an die Seite, die ihm dazu dient, vor allem grundlegende Strukturmerkmale der Handlung selbst und die Möglichkeiten einer treffenden Handlungsbeschreibung zu bestimmen. Für die Zulässigkeit einer Handlungsbeschreibung als willentlich und unwillentlich führt er örtlich-zeitliche Einschränkungen ein. Er gibt an, welche Scharfeinstellung es braucht, um zulässige Handlungen angemessener Weise als *willentlich* und *unwillentlich* bezeichnen zu können.

Diese Merkmale entwickelt er anhand zweier Kurzsachverhalte, in denen die Einordnung der Handlungen als *willentlich* und *unwillentlich* nicht ganz so einfach ausfällt wie in dem erstgenannten Beispiel zur Erläuterung des Zwanges.

> (…) nehmen wir zum Beispiel an, ein Tyrann würde jemandem befehlen, etwas Niedriges zu tun, während er dessen Eltern und Kinder in seiner Gewalt hat, und diese würden gerettet, wenn er die Handlungen ausführt, andernfalls aber müssen sie sterben.[285]

Das zweite Beispiel:

> Ähnlich ist die Lage, wo im Sturm Güter über Bord geworfen werden. Denn ohne weiteres wirft niemand aus eigenem Wollen Güter weg; wo dies aber die Bedingung dafür ist, sich selbst und die Übrigen zu retten, tut es jeder, der bei Verstand ist.[286]

In beiden Beispielen versetzt ARISTOTELES den Handelnden in Situationen, deren Bedingungen ein freies, selbstgewähltes und selbstbestimmtes, gutes Handeln mangels sinnvoller Handlungsalternativen unmöglich machen. Dem Sinnsatz

283 EN 1110a 1 f.

284 *Wolf*, Aristoteles' Nikomachische Ethik, Darmstadt 2007, S. 118.

285 EN 1110a 5 f.

286 EN 1110a 8 f.

die Not kennt kein Gebot entsprechende Sachverhalte lassen nach ARISTOTELES keinen Raum für selbstbestimmte Willenswahlen. Die situativ vorgegebenen Handlungswahlmöglichkeiten determinieren die Handlungsentscheidung. Alle vorgegebenen Handlungsziele können für sich genommen vom Handelnden nicht gewollt sein. Die Herbeiführung einer wünschenswerten Handlung ist unweigerlich mit dem Eintritt eines Schadens verbunden. Angesichts eines solchen Umstandes könnte es ausgeschlossen sein, von einem willentlichen Handeln zusprechen, da der Handelnde die entsprechende Handlung an sich nicht möchte, aber aufgrund der Umstände zur ihrer Vornahme gezwungen wird. ARISTOTELES ist jedoch nicht an einer ideellen Theorie des Gutes gelegen, wie er ja bereits in der PLATONkritik in I 4 dargelegt hat. Seine praktische Philosophie ist in ihrer mehrfachen Praxisausgerichtetheit an dem orientiert, was den meisten als Lebenswirklichkeit gilt. Dem entsprechend löst ARISTOTELES die Frage nach der Willentlichkeit von Handlungen in den beiden vorgetragenen Sachverhalten damit auf, dass er den Begriff der Handlung als voluntativ-kontextuelles Phänomen näher erläutert, anstatt den Willen als Denkeinheit von der Situation zu isolieren.

> Solche Handlungen sind also gemischt, gleichen aber mehr gewollten. Denn man wählt sie in der Handlungssituation, und das Ziel einer Handlung richtet sich nach der Situation (*kairos*). Also muss man von ‚gewollt' oder ‚ungewollt' im Hinblick auf den Zeitpunkt der Handlung sprechen. Dann handelt man [in den beschriebenen Fällen] wollend (hekōn). Denn in der Tat liegt der Ursprung der Bewegung der Körperteile bei solchen Handlungen im Handelnden selbst. Bei Handlungen aber, deren Ursprung in ihm selbst liegt, liegt es auch bei ihm, sie zu tun oder nicht zu tun. Solche Handlungen sind also gewollt.[287]

Um das Handlungselement des Willentlichen für die beiden Sachverhalte zu begründen, löst er die Handlungen nicht aus dem Sachverhalt heraus und erläutert sie abstrakt, sondern verdeutlicht ihre Verstrickung mit dem konkreten Lebenssachverhalt. Er betont die Bedingung der Situativität von Handlungen und die Notwendigkeit, ihre stete Verstrickung in die Situation mitzudenken, will man sie einer praktisch-philosophischen Analyse unterziehen. Er erklärt, dass nicht eine an sich gute Handlung nur die Redeweise von einer willentlichen zulässt, sondern dass die Handlung unter ihren konkreten Bedingungen zu denken ist. Die Misslichkeit der Handlungsumstände schließt nicht *eo ipso* ihre Willentlichkeit aus; im Gegenteil. Da bei ARISTOTELES der Umfang der Handlung und des Willens zusammenfallen, dürfte wohl jede Handlung, die ohne echte äußere Zwangseinwirkung im Sinne einer *vis absoluta* erfolgt, zunächst als willentlich

287 EN 1110a 12–19.

gelten. Diese Beurteilung ist bei ARISTOTELES eine Tatfrage und richtet sich damit nach der konkreten Situation.

> Denn Handlungen betreffen immer das Einzelne (*ta kath' hekasta*), und dieses ist gewollt. Welche Dinge um welcher anderen Dinge willen zu wählen sind, ist nicht leicht anzugeben, da es viele Unterschiede in den Einzelfällen gibt.[288]

3. *Agnoia*

Als ungewollt gilt für ARISTOTELES eine Handlung nicht nur dann, wenn sie aufgrund von Zwang geschieht, sondern auch dann, wenn sie aufgrund von Unwissenheit erfolgt. Was er damit meint, erläutert er in III 2 EN. Die Bedeutung der in diesem Abschnitt vorgelegten Wissensdifferenzierungen ist nicht ganz eindeutig. Von einer Problemdarstellung im Einzelnen soll hier jedoch abgesehen werden, weil es den ohnehin schon sehr verzweigten Gedanken unnötig weiter verästeln würde. Für den vorliegenden Gedankengang reicht es aus, mit CHRISTOF RAPP zur Kenntnis zu nehmen, dass in allen in III 2 EN besprochenen Wissensmangelkonstellationen zwischen der Absicht des Handelnden und dem Ergebnis einer Handlung eine Diskrepanz auftritt. Das Kriterium der Unwissenheit sei als ein Kriterium der Absichtlichkeit zu deuten.[289] Das Willentliche hat unter dem Hinzudenken des Wissenselements den Sinn des Absichtlichen oder Intentionalen.[290] RAPP fasst es so zusammen, dass das Ungewollte jene Handlung oder eines ihrer Merkmale ist, insofern nicht diese Art von Handlung oder nicht diese Merkmale intendiert wurden; wo eine Handlung in dieser Weise ungewollt ist, gibt es immer eine Handlung einer anderen Art, die gewollt ist.[291] Fasst man den Handlungswillen als eine Art Handlungsbewusstsein auf, so ist die Wissenheit bei ARISTOTELES, strafrechtlich gesprochen, das Wissen und Wollen des Handlungserfolges.

4. *Prohairesis*

Die Tugend setzt nach ARISTOTELES neben dem voluntativen Element die *prohairesis*, den Vorsatz[292] voraus. Diesem Begriff widmet er sich nun in III 4 und 5 EN.

---

288 EN 1110b 5 f.

289 *Rapp*, Freiwilligkeit, Entscheidung und Verantwortlichkeit, in: Höffe (Hrsg.), Nikomachische Ethik, 3. Überar. Aufl., Berlin 2010, S. 116.

290 *Wolf*, Aristoteles' Nikomachische Ethik, Darmstadt 2007, S. 120.

291 *Rapp*, Freiwilligkeit, Entscheidung und Verantwortlichkeit, in: Höffe (Hrsg.), Nikomachische Ethik, 3. Überar. Aufl., Berlin 2010, S. 116.

292 *Wolf* übersetzt *prohairesis* mit dem deutschen Wort *Vorsatz*. Diese Übersetzung begründet sie wie folgt: „Das im Deutschen übliche ‚Entscheidung' für *prohairesis*

Zunächst grenzt er den Vorsatz von verwandten Phänomenen ab.

Diejenigen, die den Vorsatz Begierde (*epithymia*), Erregung (*thymos*), Wunsch (*boulēsis*) oder eine Art Meinung (*doxa*) nennen, scheinen Unrecht zu haben.[293]

Für die Unterschiedlichkeit von Begierde / Zorn und Vorsatz führt ARISTOTELES drei Merkmale an. Zum einen teilten die Menschen Begierde und Zorn mit den vernunftlosen Wesen, den Tieren, doch finde sich der Vorsatz nicht bei ihnen. Des Weiteren zeige sich, wie ARISTOTELES im VII. Buch aufzeigt, dass bei dem Beherrschten und dem Unbeherrschten, die Begierden und der Vorsatz nicht wie bei der charakterlichen Gutheit zusammenfallen müssen, so dass sich auch hieraus ergebe, dass der Vorsatz und die Begierde verschieden sein müssen. Zuletzt führt er an, dass sich die Begierde auf das Angenehme und Unangenehme beziehe, der Vorsatz hingegen auf keines von beiden.[294] Auch eine Erregung sei der Vorsatz nicht, da Handlungen aufgrund von Erregung nicht als vorsätzlich gelten.[295]

---

scheint mir ähnlich wie der von meisten englischen Übersetzern benutzte Ausdruck ‚decision' zu leicht Assoziationen an einen dezisionistischen Freiheitsbegriff zu wecken, den Aristoteles nicht kennt. Urmsons Vorschlag ‚choice' (…) berücksichtigt nicht, dass es Wählen auch ohne Überlegung gibt, etwa wenn man zwischen Himbeer- oder Aprikoseneis wählt, während zur *prohairesis* die Überlegung gehört. Natürlich findet in der Überlegung ein Abwägen zwischen Handlungsalternativen, also ein Wählen statt; man könnte dann [nach Dirlmeier] an das Äquivalent ‚überlegte Wahl' denken (…). Doch gibt Aristoteles am Ende von III 4 neben diesem Aspekt des ‚*pro*', dass man etwas überlegt vor etwas anderem vorzieht, noch einen zweiten an, der das ‚*pro*' zeitlich versteht und die *prohairesis* als das bestimmt, dem eine Überlegung vorausgegangen ist. Wenn man das zugehörige Verb *prohaireistai* wörtlich mit ‚sich etwas vornehmen' übersetzt, hat man einen neutralen, d.h. philosophisch nicht vorbelasteten Ausdruck, der alle diese Bedeutungsaspekte tragen kann. ‚Vorsatz' ist das entsprechende Substantiv." (*Wolf*, Aristoteles, Nikomachische Ethik, Hamburg, 3. Aufl. 2011, S. 362, Anm. 13.) Während die deutsche Übersetzung des griechischen *prohairesis* mit dem Wort Vorsatz nach *Wolf* den Vorzug mit sich bringt, dass es sich um einen philosophisch unvorbelasteten Ausdruck handelt, ist der Begriff des Vorsatzes für den juristischen Leser ein feststehender, terminologischer Ausdruck im Straf- sowie im Zivilrecht, so dass aus juristischer Sicht die Übersetzung nicht die Vorzüge aufweist, die sie für Philosophen hat. Da jedoch der vorliegenden Arbeit die Übersetzung nach *Wolf* zu Grunde liegt, soll hier aus Gründen der Einheitlichkeit *Wolfs* Textvorlage gefolgt werden.

293 EN 1111b 10.

294 EN 1111b 13 f.

295 EN 1111b 17.

Die Unterschiedlichkeit von Begierde / Zorn und Erregung ist nach ARISTOTELES evident, so dass er der Abgrenzung keine umfangreicheren Ausführungen widmet und man auch über den Begriff des Vorsatzes nichts Weiterführendes erfährt. Anders verhält es sich mit den nun folgenden Abgrenzungen; durch die begriffliche Differenzierung von *Vorsatz* und *Wunsch* sowie von *Vorsatz* und *Meinung* erlangt er wesentliche Aussagen über die *prohairesis,* bevor er sie dann im folgenden Kapitel, in III 5 EN, definiert.

Vorsatz und *Wunsch* (*boulēsis*) unterscheiden sich nach ARISTOTELES insbesondere aufgrund zweier Merkmale. Während das Strebensziel des Wunsches etwas Unmögliches sein könne, müsse sich der Vorsatz auf Ziele beziehen, deren Verwirklichung möglich ist.

Über die Möglichkeit der Zielerreichbarkeit hinaus würden sich Wunsch und Vorsatz mit Blick auf die Strebensziele auch darin unterscheiden. Die Vorstellungsfähigkeit des Wünschbaren reicht weiter als die Verwirklichungsmöglichkeit des in den Vorsatz eingestellten Erreichbaren. Neben diesem formuliert ARISTOTELES noch einen weiteren Unterschied:

> Der Wunsch bezieht sich mehr auf das Ziel (*telos*), der Vorsatz mehr auf das, was zum Ziel führt (*ta prost o telos*[296]). Wir wünschen zum Beispiel, gesund zu sein, doch wir *nehmen* uns die Dinge *vor*, durch die wir gesund werden.[297]

Nach ARISTOTELES sind vom Vorsatz also nur die *Mittel* erfasst, wohingegen die *Ziele* selbst keine möglichen Gegenstände sind.

Durch die Abgrenzung des Vorsatzes vom Wunsch gelangt ARISTOTELES zu einer ersten Angabe des Möglichkeitsradius der *prohairesis*, den er wie folgt beschreibt:

> Überhaupt also scheint der Vorsatz das zum Gegenstand zu haben, was in unserer Macht steht.[298]

---

296 *Wolf* vermeidet hier die Übersetzung von *ta prost telos* mit „Mittel". „Diese Übersetzung wird hier bewusst vermieden, weil Aristoteles mit dieser Formel strukturell Verschiedenes meint: Beziehungen von Mitteln zu Zwecken, von Bestandteilen zu strukturierten Ganzen, von konkreten Betätigungen zu einem umrisshaften Ganzen, von konkreten Beziehungen zu einem umrisshaft gegebenen Ziel, das sich in ihnen artikuliert." *Wolf*, Aristoteles, Nikomachische Ethik, Hamburg, 3. Aufl. 2011, S. 362, Anm. 15.

297 EN 1111b 27.

298 EN 1111b 30.

Die Feststellung, dass der Vorsatz das zum Gegenstand hat, was durch den Akteur realisiert werden kann, dient Aristoteles als Anknüpfungspunkt, um zu der Unterscheidung von *Vorsatz* und *Meinung* (*doxa*) überzuleiten.

Auch die *Meinung* sei mit dem Begriff des *Vorsatzes* nicht identisch, denn dem Wunsch zunächst ähnlich habe die Meinung das Veränderliche und Mögliche zum Gegenstand. Meinungen sind nicht nur auf Themenstellungen reduziert, die in einen Handlungsvollzug überführt werden können.

Neben den unterschiedlich weiten Sichtfeldern unterscheiden sich Meinungen und Vorsatz auch in der Art der Bewertungsmaßstäbe, die man an sie anlegt. Während man Meinungen als falsch oder wahr qualifiziere, bezeichne man den Vorsatz als gut oder schlecht.[299] In der Gesamtheit ist die *prohairesis* bei Aristoteles anders als das *doxa* unmittelbar an die anstehende, mögliche Handlungsausführung gebunden. Der *Vorsatz* sei als Teil des *Strebevermögens* einer wirklichkeitsorientierten Konkretisierungsleistung verpflichtet. Deshalb beziehe sich das ethische Urteil über andere Menschen nicht auf ihre Meinungen, sondern auf ihren Vorsatz.[300]

Nach der ersten Annäherung an die *prohairesis* über eine Abgrenzung von verwandten Phänomenen geht Aristoteles nun dazu über, zu fragen, *was* der Vorsatz ist und *welcher Art* er ist. Mit dieser Frageart sucht er in gewohnter Vorgehensweise das artbildende Merkmal der *prohairesis*. Er erinnert daran, dass die *prohairesis* etwas Gewolltes sei, jedoch nicht jedes Gewollte sei eine *prohairesis*. Diese Feststellung bedingt nun ein Spezifikum des Vorsatzes, das Aristoteles in der handlungsbezogenen Überlegung sieht.

> Ist er [der Vorsatz] dann vielleicht das, was vorher überlegt (*probebouleumenon*) ist? Auf jeden Fall geht der Vorsatz mit der Überlegung (*logos*) und Denken (*dianoia*) einher. Auch der Name scheint anzudeuten, dass das, was man sich vornimmt (*prohaireton*), das ist, was man vor (*pro*) anderen Dingen nimmt (*haireton*).[301]

Eine positive Definition legt Aristoteles wie so häufig in der *Nikomachischen Ethik* erst am Ende seiner Argumentation in III 5 vor. Zuvor erörtert er den Begriff der dem Vorsatz vorausgehenden Überlegung. Hier greift er erneut zwei Gesichtspunkte auf, die er bereits knapp im Rahmen der Abgrenzung von Vorsatz und Wunsch anführte: Zum einen die Frage nach dem Gegenstand der *Überlegung* und zum anderen die Frage nach ihrem Ziel.

---

299 EN 1111b 33.
300 EN 1112a 4 f.
301 EN 1112a 15.

Aristoteles wiederholt, dass der Gegenstandsbereich der Überlegung (*boulē*) das für den Handelnden Mögliche sein müsse.

> Wir überlegen vielmehr diejenigen Dinge, die in unserer Macht stehen und durch Handeln bewirkt werden können (*prakta*); sie sind es, die noch übrig bleiben.[302]

Als Beispiel für das, was nicht im Verfügungsbereich menschlichen Handelns liegt, führt er etwa den Bereich des Immer-Seienden – des Ewigen – oder mathematische Gegenstände an. Auch Phänomene, die sich naturgesetzlich immer auf die gleiche Weise verhalten, seien vom Überlegungsbereich ausgenommen. Ebenso scheidet das völlig Unberechenbare wie etwa der Wetterverlauf als adäquater Gegenstand aus.[303] Sodann präzisiert er, welche Dinge es sind, die den Gegenstand der Überlegung bilden und im menschlichen Verfügungsbereich liegen.

> Die Überlegung findet also im Bereich derjenigen Dinge statt, die meistens geschehen (*ta hōs epi to poly*), wo aber ungewiss ist, wie sie ausgehen werden, und dort, wo unbestimmt ist, wie zu handeln ist.[304]

Er greift hier die Problematik der Kontingenz der ethischen Angelegenheiten wieder auf, die er bereits im Methodenexkurs zu den ethischen Untersuchungen als Phänomen eingeführt hat. Jedoch wird sie dort in einem anderen Zusammenhang angeführt. Während sich im Methodenexkurs die Frage stellte, welche Aussagen sich bei einem Sprechen *über* die kontingenten ethischen Angelegenheiten treffen lassen, um sie als zulässige Annahmen *für* eine Handlungs*lehre* zu verwenden, fasst Aristoteles hier nun die *innerhalb* der Lehre zu besprechenden Handlungen und ihre Artbeschaffenheit selbst ins Auge. Es geht nicht mehr um die Lehre über etwas Kontingentes, sondern um den Umgang mit dem Kontingenten innerhalb der ethischen Lehre.

Als paradigmatisch für den Handlungsraum, der der Überlegung zugänglich ist, nennt Aristoteles etwa die Medizin oder den Gelderwerb. Hier verhielten sich die Dinge meistens auf eine bestimmte Weise, doch nicht so, dass man sie naturgesetzlich annehmen könne, so dass das menschliche Verhalten Handlungs- und Überlegungsspielräume habe. Diese Wirkungs- und Gestaltungsmöglichkeit bedarf nun einer geordneten Koordination, für die die Überlegung zuständig ist, indem sie die Handlungsmöglichkeiten zur Zielverwirklichung erdenkt.

---

302 EN 1112a 30.

303 EN 1112a 20 f.

304 EN 1112b 7.

> Gegenstand der Überlegung sind aber nicht die Ziele, sondern das, was zu den Zielen führt (*ta prost o telos*).[305]

Diese These plausibilisiert er wie üblich an Beispielen des Herstellungswissens, der *technai*. So überlege kein Arzt, ob er heilen, kein Redner, ob er überzeugen und kein Politiker, ob er eine gute Ordnung herstellen solle. Die Strebensziele seien nicht Gegenstand der Überlegung. Der Überlegungsprozess untersuche, *wie* und *wodurch* man das vorgegebene Ziel verwirklichen könne. Auch sei der Überlegungsprozess nicht auf eine Erkenntnis des Einzelnen ausgerichtet, womit Aristoteles der Überlegung erkenntnistheoretische Ambitionen abspricht.

> Auch wird der Gegenstand der Überlegung sicher nicht das Einzelne sein, zum Beispiel ob dies Brot ist oder ob es richtig gebacken ist; denn dies sind Fragen der Wahrnehmung.[306]

Aristoteles beschreibt die Überlegung als ein gedanklich geordnetes analytisches Prüfverfahren, in dem solange sondiert werde, bis eine Handlung ausgemacht ist, die unter den gegebenen Umständen und Möglichkeiten zur Zielverwirklichung am geeignetsten scheint. Die Eigenschaft des praktisch intellektuellen Suchprozesses entspricht damit gewisser Maßen der eines heuristischen oder auch inventiven Denkens,[307] dessen vorgegebenes Formalziel die Austarierung von konkreten Handlungsoptionen zur Erreichung eines vorgegebenen Zieles ist. Bei Konkurrenzen geeigneter Handlungen setze der Überlegungsprozess bei diesen Handlungen neu an, um zu prüfen, welche Handlung gegenüber der anderen vorzuziehen ist. Die letzte im Überlegungsprozess ermittelte Option ist sodann im Tun der Verwirklichungsakt selbst.

> (…) wenn man das Ziel festgesetzt hat, untersucht man, wie und wodurch es sich verwirklichen lässt. Und wenn es anscheinend durch mehreres verwirklicht werden kann, erwägt man, wodurch am leichtesten und besten. Wenn es sich dagegen nur durch eines erreichen lässt, fragt man, wie [es] durch dieses [erreicht wird] und wodurch wiederum dieses entsteht. Diese Untersuchung setzt man fort, bis man zur ersten Ursache (*prōton aition*) kommt, die im Prozess des Auffindens als letzte (*eschaton*) erreicht wird. (…) Das, was in der Analyse das Letzte ist, wird dann im Prozess der Verwirklichung das Erste sein.[308]

---

305 EN 1112b 11.

306 EN 1112b 33 f.

307 *Corcilius*, Praktische Syllogismen bei Aristoteles, Archiv für Geschichte der Philosophie, 90 Bd., 2008, S. 254.

308 EN 1112b 15 f.

In der *Nikomachischen Ethik* selbst belässt es ARISTOTELES bei dieser abstrakten Beschreibung des Prozesses. In der *Metaphysik* findet sich ein Beispiel für seine Anwendung.[309]

> Es entsteht (…) das Gesunde durch folgenden Gang des Denkens. Da das und das Gesundheit ist, so muss, wenn dieses gesund werden soll, dieses Bestimmte stattfinden, z. B. Gleichmaß. Soll aber dies stattfinden, so muß Wärme vorhanden sein. Und so schreitet man im Denken (*noeîn*) immer fort, bis man zuletzt zu dem hingeführt hat, was man selbst hervorbringen (*poieîn*) kann. Dann wird nun die von hier ausgehende und zum Gesundmachen fortschreitende Bewegung Werktätigkeit genannt.[310]

Hier kann der Arzt nicht die Gesundheit selbst hervorbringen, sondern kann nur durch entsprechende Tätigkeiten das Ziel der Gesundheit herbeizuführen versuchen. Er kann kausal auf den Werdensprozess einwirken. Die typischen Herbeiführungsmöglichkeiten sind Gegenstand der Überlegung. Diese Überlegung fragt nach dem Ziel, hier Gesundheit. Sodann ermittelt sie, was diese Gesundheit ist, womit danach gefragt wird, wie dieses Phänomen dem Fragenden in seiner Wesensbeschaffenheit begegnet. Eine wesentliche Eigenschaft ist etwa Gleichmaß. Wodurch kann dieses Gleichmaß herbeigeführt werden? Durch Wärmeerzeugung. Wie kann diese Wärme erzeugt werden? Durch Reibung. Die Reibung ist dann die auszuführende Tätigkeit. Sie ist dann jenes Letzte in der Analyse, das ARISTOTELES als das Erste in der Verwirklichung bezeichnet, nämlich jene zu vollziehende Handlung, die in der Macht des Handelnden liegt. Hier wird deutlich, dass die Handlung als Mittel den Zweck befördert und damit das Mittel den Zweck durch das Mittel befördert.[311]

Die Erläuterung des Überlegungsprozesses erfolgt an Beispielen aus dem Bereich der *technē*. Und so fasst ARISTOTELES auch am Ende seiner Ausführungen zum Ablauf der Überlegung und ihren Zielen wie folgt zusammen:

> Gesucht wird manchmal nach den Werkzeugen, manchmal nach ihrer Anwendung. Ähnlich ist auch in anderen Fällen die Frage, manchmal womit eine Sache hervorgebracht wird, manchmal wie oder durch wen sie entsteht.[312]

WOLF bemerkt zu diesem Vergleich in ihrer Kommentierung zur EN, dass diese Aussage sich auf den *technē*-Bereich beschränke und damit auf Handlungen, die um eines äußeren Produktes oder Ereignisses willen getan werden, während das

---

309 Verweis nach *Wolf*, Aristoteles' Nikomachische Ethik, Darmstadt 2007, S. 127.

310 Met. 1032b 6 f.

311 Entlehnt aus *Bubner*, Handlung, Sprache und Vernunft, Frankfurt am Main 1982, S. 133.

312 EN 1112b 29 f.

Handeln in der Ausübung der ethischen *aretē* seinen Zweck in sich selbst haben solle.[313] Der Vergleich und die vorangegangenen Beispiele würfen die Frage auf, ob der anhand der *technē* entwickelte Überlegungsbegriff in seiner Struktur jenem entspreche, der auf ethische Handlungen ausgerichtet sei und ob die Überlegungsziele kongruent seien.

Für einen strukturellen Unterschied zwischen einer ethischen und einer *technē*-Überlegung spreche, so WOLF, ein Gedanke, den ARISTOTELES in der *Metaphysik* IX 3[314] andeutet. Dort gebe er an, dass die Vermögen der Wissenschaft und des Herstellungswissens zweiseitige Vermögen seien. Dies meine, dass beide Vermögen ethisch betrachtet zum Guten oder Schlechten eingesetzt werden könnten. So sei etwa die Medizin als die Fähigkeit zum Heilen bestimmt, doch impliziere das medizinische Wissen ebenso die Fähigkeit Krankheit zu bewirken. Das medizinische Wissen selbst sei kein ethisches, sondern leite zur Erreichung eines konkreten Anwendungszieles an. Es beantworte aber nicht die Frage, wann und wie man die *technē* gebrauchen solle. Die Fragen beantworte die *prohairesis*, die gemäß der ethischen *hexis* des Handelnden vorgehe. Der auf das ethisch Tunliche ausgerichtete Überlegungsprozess bringe aber selbst das Tunliche hervor und sei nicht, wie das Herstellungswissen, zu einer ethisch neutralen Zielerreichung im Stande. WOLF verdeutlicht ARISTOTELES' Gedanken an einem Beispiel: „Wer beispielsweise die ethische *aretē* der Gerechtigkeit besitzt, für den stellt sich in einer Situation, in der es um Gerechtigkeit geht, nicht die Frage, ob er in dieser Situation gerecht oder ungerecht sein will. Dass er ein gerechter Mensch ist, bedeutet gerade, dass er in relevanten Situationen aufgrund seines Charakters nach Gerechtigkeit strebt und gerechte Handlungsvorsätze fasst."[315]

Hieraus wird deutlich, warum die Ziele der *technē* und der ethischen Überlegung unterschiedlich sind. Denn die ethische Zielverwirklichung ist die Handlung selbst, während das Ziel der *technē* für sich als Ziel ethisch neutral ist.

Dieses Ziel erreiche man aber nicht mit technischen Mitteln, sondern *ta prost a telē*, mit etwas zum Ziel Beitragendem. Die ethische Überlegung, so WOLF, weise nicht die strenge Mittel-Zweck Struktur der *technē*-Überlegung auf. Denn die *eudaimonia* als Ziel bleibe vage und umrisshaft. Wer in einer Situation gerecht handeln wolle, frage nicht, was das kausale Mittel oder, wie ARISTOTELES es sagen würde, die Wirkursache zur Realisierung der Gerechtigkeit ist, sondern was in dieser Situation das Gut der Gerechtigkeit erfordere, wie es in dieser Situation

313 *Wolf*, Aristoteles' Nikomachische Ethik, Darmstadt 2007, S. 128.

314 Met 1046b 19.

315 *Wolf*, Aristoteles' Nikomachische Ethik, Darmstadt 2007, S. 129.

zu spezifizieren oder zu konkretisieren sei. Wer glücklich sein wolle, frage nicht, welche Handlung die *eudaimonia* bewirke, sondern welche konkrete Handlung einen Beitrag zur *eudaimonia* darstelle. In diesem Sinne beziehe sich die Überlegung in gewisser Weise auf das Ziel, insofern sie das, was die *eudaimonia* inhaltlich ausmache, erst schrittweise durch die Reihe der Handlungen ausfülle, in denen sich das Leben vollziehe.[316]

Die ethische Handlung erfolgt in ihrer sozialen Verwobenheit mit den menschlichen Angelegenheiten[317] und wird für die Akteure auch nur in der situativen Bezogenheit sozialer Kommunikation erlebbar. Diese komplexe Gestalt der ethischen Handlung ist der Grund dafür, dass eine Rekonstruktion des ethischen Überlegungsprozesses in einer Mittel-Zweck-Sprechweise missverständlich suggerieren könnte, dass der Denkvorgang des ethisch gelungenen Interagierens als linear verlaufende Mittel-Zweck-Kausalität abbildbar wäre. Wie sich später im Rahmen der Abhandlung über die Klugheit zeigen wird, ist aber gerade die *Praxis* als eigener Wirklichkeitsbereich unherstellbar und daher auch mit einem Kausalitätsvokabular nicht adäquat erfassbar.[318]

Dieser hier, dem weiteren Gedankengang bereits etwas vorgreifenden Ausführung ungeachtet, gelangt Aristoteles am Ende des III 6 EN zu einer Definition der *prohairesis*:

> Da nun Gegenstand des Vorsatzes etwas Erstrebtes und Überlegtes unter denjenigen Dingen ist, die in unserer Macht stehen, wird auch der Vorsatz ein mit Überlegung verbundenes Streben (*orexis bouleutikē*) nach den Dingen sein, die in unserer Macht (*ta eph' hēmin*) stehen. Nachdem wir nämlich als Ergebnis der Überlegung eine Entscheidung erreicht haben, streben wir der Überlegung entsprechend.[319]

Die Überlegung (*bouleusis*) und der Vorsatz (*prohairesis*) befassen sich mit demselben Gegenstand. Sie unterscheiden sich darin, dass die Überlegung ein offener Abwägungsprozess des Möglichen ist, während der Vorsatz das Ergebnis des Prozesses erfasst.

Bevor Aristoteles sich sodann im weiteren Gang der Untersuchung den Charaktertugenden im Einzelnen widmet, fasst er noch einmal die Ergebnisse zusammen, die die bisherigen Gedanken aus dem II. und III. Buch der EN hervorgebracht haben.

---

316 *Wolf* a.a.O. S. 130.

317 In Anlehnung an *Arendt*, Vita activa, 12. Auflage, München 2013, S. 16 f.

318 Siehe zur Mittel-Zweck und Handeln-Herstellen-Interpretation auch *Rese*, Praxis und Logos bei Aristoteles, Tübingen 2003, S. 104 f.

319 EN 1113a 10 f.

> Wir haben jetzt die Tugenden im Allgemeinen erörtert: Wir haben ihre Gattung im Umriss bestimmt, nämlich dass sie eine Mitte (*mesotēs*) und eine Disposition (*hexis*) sind. Wir haben dargelegt, wodurch sie entstehen und dass sie sich von sich selbst her gerade in den Dingen betätigen, durch die sie entstehen. Weiterhin, dass sie bei uns liegen und aus dem eigenen Wollen hervorgehen (*hekousios*) und dass sie so sind, wie die richtige Überlegung (*orthos logos*) vorschreibt.[320]

Wie bereits angekündigt, wird die Besprechung der einzelnen Tugenden hier nun außer Acht gelassen und sich sofort den Ausführungen im VI. Buch, dem Buch der Vernunfttugenden zugewandt.

VII. *Phronimos* und *phronēsis*

Die Abhandlung über die Vernunfttugenden im VI. Buch der EN wird aus dem bisherigen Gang der Untersuchung aus zwei Gründen notwendig, die ARISTOTELES in den ersten beiden Kapiteln des VI. Buches aufgreift. So heißt es zu Beginn von VI 1 EN:

> Da wir früher gesagt haben, dass man das Mittlere (*meson*) wählen muss, nicht das Übermaß (*hyperbolē*) oder den Mangel (*elleipsis*), und dass das Mittlere durch die richtige Überlegung (*logos orthos*) bestimmt ist, wollen wir dies Letztere analysieren.[321]

Damit greift ARISTOTELES die im II. Buch entwickelte Lehre der ethischen *aretē* wieder auf. Zu ihrer Vervollständigung steht noch die nähere Besprechung des *orthos logos* aus, den ARISTOTELES im anstehenden Gedankengang zu umreißen versucht.

Jene bisher nicht näher bestimmte Redeweise von der richtigen Überlegung fügt ARISTOTELES im VI. Buch unmittelbar mit der Unterteilung der zwei menschlichen Seelenvermögen – in das Strebevermögen und das Vernunftvermögen – aus I 6 und 13 EN zusammen und unterzieht nun das Vernunftvermögen gemeinsam mit der richtigen Überlegung einer näheren Untersuchung.

> Als wir die Tugenden (*aretē*) der Seele einteilten, sagten wir, dass die einen zum Charakter (*ēthos*) gehören, die anderen zum Denken (*dianoia*). Die Tugenden des Charakters haben wir erörtert; über die anderen wollen wir im Folgenden sprechen, wobei wir mit einigen Bemerkungen über die Seele beginnen.[322]

Die Bestimmung des Prädikats der Richtigkeit führt nach der Gliederung der Abhandlung damit über eine Erforschung des Vernunftvermögens. Auf den ersten

---

320 EN 1114b 25–29.

321 EN 1138b 18 f.

322 EN 1138b 35 f.

Blick könnte ein so angelegter Gedankengang die Vermutung nahelegen, dass ihm die These vorausgeht, dass sich im vernunftbegabten Seelenvermögen ein elementares Kriterium oder Maß der Richtigkeit vorfinden lässt.

Doch wenn auch der im VI. Buch niedergelegte Gedankengang zuweilen verworren anmutet und den Leser mit sprunghaften Sentenzen allein lässt, deutet Aristoteles gleich zu Beginn des VI 1 EN an, dass es ihm nicht an der Konstruktion eines universell-ideellen, dem Denkvermögen innewohnenden Kriteriums der Richtigkeit gelegen ist. Denn wie Aristoteles es vorwegnimmt, hat mit Blick auf die Strebensorientierung die schlichte Kenntnis eines Kriteriums der Richtigkeit keinen Aussagewert für eine konkret zu treffende Handlungsentscheidung.

> Wenn jemand nur dieses Kriterium hätte, wäre er so klug wie zuvor.[323]

Sein Verständnis der Klugheit ist kein begrifflich abstrahierbarer, kein technisierter Vernunftdenkapparat, dessen richtiges, anwendungsbezogenes Funktionieren einer modellhaften Anschauung zugänglich gemacht werden kann.

Wie sich zeigen wird, personifiziert Aristoteles das Kriterium der Richtigkeit durch den *phronimos*, den Klugen.[324] Er nähert sich, wenn man so möchte, phänomenologisch an die Fähigkeiten eines menschlichen Typus zur Gewinnung einer semantischen Einheit[325] und porträtiert gerade so zugleich begrifflich die Figur des Klugen und seine Charaktermerkmale.

Aristoteles legt seinen Gedankengang so an, dass er ihm keine positive, idealisierte Definition der Klugheit des Klugen voranstellt, sondern bestimmt sie zunächst fortschreitend, heuristisch, indem er sie negativ eingrenzt unter Ausschluss jener menschlichen Vermögen, die nicht den semantischen Kern der Klugheit ausmachen. Diese Vorgehensweise führt ihn zu einer – wenn auch nur *en passant*, knapp-essayistischen – Analyse anderer Wissensformen, die allein erfolgt, um die *phronēsis* ins rechte Licht zu setzen.[326] Es soll vor der Folie der skizzierten Wissensformen die Fähigkeit des Klugen und ihre begriffliche Erfassbarkeit in einer Lehre der praktischen Philosophie deutlich werden.

1. Die Gutheit des vernunftbegabten Seelenteils

Nach einer kurzen Einführung in den anstehenden Analyseteil nimmt Aristoteles die weitere Unterteilung der menschlichen Seele vor und differenziert

---

323 EN 1138b 29.

324 Vgl. *Aubenque*, Der Begriff der Klugheit bei Aristoteles, Hamburg 2007, S. 48.

325 Vgl. *Aubenque* a.a.O. S. 43/44.

326 *Elm*, Klugheit und Erfahrung bei Aristoteles, Paderborn 1996, S. 197.

nun den vernunftbegabten Teil nach dem Kriterium einer ontologischen Unterscheidbarkeit von Gegenstandsbereichen.

> Jetzt aber müssen wir bei dem Teil, der Vernunft besitzt, ebenfalls eine Unterteilung vornehmen. Und zwar sei zugrunde gelegt, dass es zwei Vernunft besitzende Bestandteile gibt, einen, mit dem wir dasjenige Seiende betrachten, dessen Ursprünge nicht [so oder] anders sein können, und einen, mit dem wir das betrachten, was [so oder] anders sein kann. Denn wo die Gattung nach verschieden sind, ist auch derjenige Bestandteil der Seele, der zu ihnen naturgemäß in einer Beziehung steht, der Gattung nach verschieden, (...).[327]

Bevor er die Differenz der Vernunftvermögen weiter ausdenkt, betont er noch einmal exkurshaft in einem gedanklich verschwommenen Abschnitt das notwendige Zusammenspiel von Streben, Überlegung, Vorsatz und Handlungsvollzug aus dem III. Buch. Wenngleich der Einschub dieses Abschnittes den philosophisch-philologischen Interpreten unter systematischen Gesichtspunkten Rätsel aufgibt, verfehlt er seine rhetorische Wirkung nicht. Denn ARISTOTELES führt dem Leser noch einmal vor Augen, worin das erste Erkenntnisinteresse der ethischen Abhandlung besteht, nämlich in der Analyse des ethisch-praktischen Denkens und seiner sinnvollen, handlungsanleitenden Beschreibbarkeit. So erinnert ARISTOTELES noch einmal:

> Ursprung einer Handlung (...) ist ein Vorsatz (*prohairesis*), und der Ursprung des Vorsatzes ist das Streben und die Überlegung, die auf einen Zweck gerichtet ist.[328]

Einige Zeilen später hebt er die prozedurale Verbindung von Überlegung, Streben und Vorsatz noch einmal chiastisch hervor:

> (...)Daher ist der Vorsatz entweder strebendes Denken oder denkendes Streben, und ein so gearteter Vorsatz ist der Mensch.[329]

ARISTOTELES erinnert mit diesem Einschub, dass das Streben und das Überlegen gleichsam auf das praktische Denken Einfluss nehmen, wenn auch in verschiedener Weise sowie auf eine jeweils von ihnen selbst andersartige Wirklichkeit. Eine gute Handlung ist die Verwirklichung dessen, was überlegend bejaht und strebend gesucht wurde.[330]

In der Betonung des praxiologischen Erforschungsinteresses schickt er zugleich eine Erläuterung für den nun folgenden Zuschnitt der Gedankenführung

---

327 EN 1139a 5 f.

328 EN 1139a 32.

329 EN 1139b 4.

330 Vgl. *Wolf*, Aristoteles' Nikomachische Ethik, Darmstadt 2007, S. 149.

voraus, der nicht darauf ausgerichtet ist, Wahrheit und Denken als ansichiges Phänomen zu erfassen, sondern im vorliegenden Kontext als Beschreibungselemente zur Erfassung menschlicher Handlungen im Rahmen einer praktischen Philosophie zu vergegenwärtigen.

Am Ende dieses Exkurses kehrt ARISTOTELES wieder zur Aufteilung des menschlichen Vernunftvermögens zurück und sucht nun dessen Tugenden zu bestimmen.

> Die Funktion beider denkender Bestandteile ist (...) die [Erkenntnis der] Wahrheit. Für beide Teile wird daher ihre Gutheit jeweils in derjenigen Disposition bestehen, vermöge deren sie am meisten die Wahrheit treffen.[331]

2. Die einzelnen Vernunfttugenden

Aristoteles nennt fünf Grundhaltungen, die bejahend oder verneinend die Wahrheit erfassen können: *technē* bzw. *poiēsis*, Herstellungswissen; *epistēmē*, Wissenschaft; *phronēsis*, Klugheit; *sophia*, Weisheit; *nous*, intuitives Denken.[332]

In der ARISTOTELischen Wahrheitsdiktion ist die Klugheit selbst als eine Art praktische Wahrheit[333] zu begreifen. Es handelt sich nach seinem Verständnis nicht um ein Phänomen, dessen der Suchende über einen reinen, denkenden Erkenntnisprozess als vorgegebenes Ideal ansichtig wird.[334] Die praktische Wahrheit erlangt – wie sich weiter unten zeigen wird – im sozialen Handlungsvollzug für den Moment fluide Gestalt. Der Kluge kommt zu Folgerungen, in denen das *Praktische* nicht nur trefflich *prädiziert*, sondern sozial gelungen *praktiziert* wird.[335]

a) Sophia

In Abgrenzung zur Klugheit stellt die *sophia* nach ARISTOTELES die dianoetische *aretē* der *epistēmē* und des *nous* dar.[336] Als Wesensmerkmale der Wissenschaft nennt ARISTOTELES dreierlei. Als Erstes gelte nur jene Erkenntnis von Dingen als Wissen, die notwendig folgt. Gemeint ist damit eine Wissensgewissheit, die unveränderlichen Gesetzmäßigkeiten entnommen ist. Weiter handelt es sich um eine Denkart, die aufgrund ihrer wiederkehrenden Gesetzmäßigkeit lern- und

331 EN 1139b 11.
332 EN 1139b 15.
333 Siehe zur praktischen Wahrheit *Müller*, Praktisches Folgern und Selbstgestaltung, Freiburg 1982, S. 231 ff.
334 *Müller* a.a.O. S. 284.
335 *Müller* a.a.O. S. 234.
336 EN 1139b 15 f.

lehrbar ist. Die Denkoperationen der Wissenschaft sind die der Induktion und der Deduktion, weshalb sie für ARISTOTELES eine beweisende Haltung ist (*hexis apodeiktike*). Eine so verstandene Wissenschaft kann jedoch nicht alle ihre Aussagen durch Deduktion und Induktion gewinnen, sondern ist auf letzte Axiome angewiesen. Für die Erkenntnis dieser höchsten und letzten Begriffe ist der *nous*, der Geist, zuständig.

b) Die Kontingenz

Die Darstellung der *sophia* und ihrer Merkmale dient nur dazu, jenes elementare Unterscheidungsmerkmal in Szene zu setzen, das die Denkarten *Wissenschaft* und *Klugheit* in ihrer Strukturbeschaffenheit determiniert und elementar voneinander trennt: die Kontingenz. Denn durch das Fungieren unter unterschiedlichen Denkbedingungen unterscheiden sich Klugheit und Wissenschaft. Die Differenz ihrer Gegenstandsbereiche ist der Grund ihrer Existenz und ihrer jeweils andersartigen, strukturellen Ausbildung. ARISTOTELES versteht hier die theoretische Wissenschaft[337] als eine transparente Welt, in der erwiesenermaßen nichts anders sein kann als es ist.[338] Es handelt sich um eine Denkwelt der determinierten Bestimmtheit. Eine Welt des Unbeweglichen, die das Werden und Vergehen nicht kennt und frei von Zufällen ist.

Die Klugheit hingegen ist untrennbar mit der ARISTOTELISchen Interpretation der Daseinsbedingungen des Menschen in der Welt verbunden. Diese Bedingungen lassen sich gedanklich am eingängigsten an der Konstruktion des Göttlichen entwickeln.

Das Göttliche ist nach ARISTOTELES in seiner Existenz nicht auf den Wirklichkeitsbereich der Praxis angewiesen. Es ist das in jeder Hinsicht Vollkommene, das ohne Praxis auskommt. Es existiert außerhalb von Raum und Zeit und ist frei von physischen und psychischen Angewiesenheiten. Handlungsfrei in formvollendeter Selbstzwecklichkeit ist es der Inbegriff von Perfektion und bildet als unbewegt Bewegendes das Ideal von Mangelfreiheit für alle natürlichen Strebenswesen.[339]

Von der göttlichen Existenz ist die der natürlichen Wesen und damit auch die des Menschen zu unterscheiden. Die in die Daseinsbedingungen von Raum und

337 Siehe zum Begriff Wissenschaft, *Detel*, Wissenschaft, in: Rapp / Corcilius (Hrsg.), Aristoteles Handbuch, Stuttgart 2011, S. 393.

338 *Aubenque*, Der Begriff der Klugheit bei Aristoteles, Hamburg 2007, S. 73.

339 Siehe ausführlich *Elm*, Klugheit und Erfahrung bei Aristoteles, Paderborn 1996, S. 18 f.

Zeit eingelassenen physischen Wesen sind zur Erhaltung ihrer eigenen Existenz auf selbsterhaltendes Tun unweigerlich angewiesen. Damit lässt sich mit Elm die Ausgangsannahme formulieren, dass die Unvollkommenheit der *Physis* die Grundlage der *Praxis* alles Naturseienden ist, das jene Unvollkommenheit fortwährend zu überwinden sucht. Die Existenz von Praxis ist der gleichzeitigen Inexistenz von Vollkommenheit geschuldet.[340] Als Naturwesen sieht sich auch der Mensch als Werdendes und Gewordenes der Situation der Imperfektheit ausgesetzt.[341]

Die Daseinsbedingung der Praxis bedeutet für den Menschen jedoch auch ein prekäres In-Möglichkeit-Stehen.[342] Sein Handeln-Müssen impliziert nämlich auch ein Handeln-Können und damit Gestaltungsmöglichkeiten durch Handeln. Unbestimmt steht die Praxis dem bestimmenden Tätigsein des Menschen in immerwährender Gegenwärtigkeit gegenüber.

Die Kontingenzthese besagt nun, dass die im Korridor des Handeln-Müssens und -Könnens anvisierten Ziele im Verwirklichungsprozess der Gefährdung des Nichterreichens ausgesetzt sind. Denn Handeln vollzieht sich, wie Elm zusammenfasst, immer unter einer Vielheit von Umständen und Randbedingungen, über deren Totalität der Akteur, Aristoteles zufolge, niemals verfügen könne. Die Totalität humaner Handlungsbedingungen ist aufgrund endlicher Erfahrungskenntnis für den Menschen unerreichbar.[343] Einer absoluten Verfügbarkeit der Randbedingungen bedürfte es aber, wenn die Zielverwirklichung schlechterdings planbar und sicher sein sollte.[344]

Zwar besteht in der menschlichen Fähigkeit der handlungsbezogenen Überlegung die Möglichkeit intellektueller Antizipation der Aktion[345], doch ist nach Aristoteles die absolute Zurückdrängung der Handlungskontingenz in der menschlichen Praxis nicht möglich. Sie ist menschliche Seinsbedingung.

Als Hauptgrund für die Unaufhebbarkeit der Kontingenz als Handlungsbedingung nennt Elm in seiner Aristoteles interpretation die Endlichkeit des Menschen.[346]

Da sei zum einen anzuführen, dass sich die Unendlichkeit der situativen Randbedingungen *per definitionem* für ein endliches Wesen niemals absehen lässt.

---

340 *Elm* a.a.O. S. 21/23.

341 *Elm* a.a.O. S. 21.

342 *Elm* a.a.O. S. 30.

343 Vgl. *Bubner*, Handlung, Sprache und Vernunft, Frankfurt am Main 1982, S. 138.

344 *Elm*, Klugheit und Erfahrung bei Aristoteles, Paderborn 1996, S. 63.

345 *Elm* a.a.O. S. 65.

346 Ebda.

Insbesondere aufgrund des physisverwurzelten Handeln-Müssens könne unter den lebenswirklichen Bedingungen der Beratungs-, Urteils- und Entscheidungsprozess nicht beliebig lange dauern.[347] Wie ARISTOTELES sagt:

> Wenn man aber immer überlegen wollte, würde man kein Ende finden.[348]

Ein den Überlegungsprozess begrenzender Faktor ist damit der unter Zeitbedingungen stehende Handlungszwang in der Praxis. Wie ELM pointiert formuliert, bedeutet eine Beendigung der Beratung zu irgendeinem beliebigen Zeitpunkt immer einen gewissen Abbruch der Vernünftigkeit.[349]

Neben dem Zeitfaktor spielt zudem die limitierte Verwirklichungsmöglichkeit der in variationsbereite überlegten Handlungsoptionen eine Rolle. Denn der Mensch kann alle erdachten Varianten in einer Situation nicht *uno actu* realisieren. Die Notwendigkeit des Handeln-Müssens und die Endlichkeit zwingt den Menschen aus der Pluralität von situativen Einzeloptionen eine zu wählen.[350]

In diesem Gegenstandsbereich der kontingenten Wirklichkeit kann sich nach ARISTOTELES das menschliche Strebevermögen auf zwei Arten verwirklichen, nämlich durch das Herstellen (*poiēsis*) und das Handeln (*praxis*).

c) Poiēsis

Die *poiēsis* handelt ARISTOTELES im 4. Kapitel des VI. Buches der EN nur kurz ab. Nach dem ARISTOTELISchem Verständnis ist weder das Handeln Herstellen noch das Herstellen Handeln.[351] Die Verschiedenartigkeit dieser menschlichen Betätigungsweisen wirke auf die Strukturbeschaffenheit ihrer Denkarten und Wissensformen zurück. WOLF formuliert in ihrer Kommentierung die Unterscheidung trefflich mit den Worten, „dass die auf die *praxis* bezogene vernünftige *hexis* eine Aktualisierung der menschlichen *physis* ist und als solches ihr Ziel in sich selbst hat, während die *technē* äußere Ziele realisiert."[352]

> Was anders sein kann, ist teils Gegenstand des Herstellens, teils des Handelns. Herstellen (*poiēsis*) und Handeln (*praxis*) sind zweierlei (...). Daher ist auch die mit Überlegung verbundene Disposition des Handelns (*meta logou hexis praktikē*) verschieden von der mit Überlegung verbundenen Disposition des Herstellens (*meta logou hexis*

347 Ebda.
348 EN 1113a 2.
349 *Elm*, Klugheit und Erfahrung bei Aristoteles, Paderborn 1996, S. 66.
350 Ebda.
351 EN 1140a 5.
352 *Wolf*, Aristoteles' Nikomachische Ethik, Darmstadt 2007, S. 146.

poiētikē). Sie schließen sich daher auch nicht wechselseitig ein; weder nämlich ist das Handeln Herstellen, noch ist das Herstellen Handeln.[353]

Das Kennzeichen der *poiēsis* ist die Herstellung eines Werkes aufgrund einer planenden Tätigkeit. Hat die Tätigkeit ihre Vollendung im Werk gefunden, wird das fertige Produkt aus ihr entlassen und in Freiheit gesetzt, womit das herstellende Handeln seinen Zweck eben nicht im herstellenden Handeln selbst, sondern stets außerhalb des Tuns hat und im gewordenen Werk über die Tätigkeit hinaus fortexistiert.[354] Die Tugend dieses Handelns ist die *technē*. Sie zeichnet sich dadurch aus, dass das Werk nicht aus einem Geratewohl, sondern aus einem Wissen um das Herstellen als einer geordneten Überlegung entsteht.[355] So steht die *technē* für das Erfahrungswissen um die Erscheinung des fertigen Werkes vor seiner Verfertigung, dem Grund der einzelnen Herstellungsschritte sowie ihrer Umsetzung.[356]

ARISTOTELES definiert am Ende des 4. Kapitels das Herstellungswissen wie folgt:

> Das Herstellungswissen ist also, (…) eine bestimmte mit wahrer Überlegung verbundene Disposition des Herstellens, das fehlende Herstellungswissen (*atechnia*) im Gegensatz dazu eine mit falscher Überlegung verbundene Disposition des Herstellens, wobei beide sich auf das beziehen, was [so oder] anders sein kann.[357]

d) Praxis

Von der *poiēsis* ist nach ARISTOTELES die Praxis zu unterscheiden. Während er die *poiēsis* als Begriff in der EN noch gedanklich umreißt, überlässt er die Bedeutungserklärung der *praxis* einer kontextuellen Zusammenschau seiner Abhandlung über das gute Handeln. Dies liegt an der besonderen Rolle der *praxis* für die Ethik. Ihr fällt mit Blick auf das höchste menschliche Gut eine zentrale Rolle zu, da sie jene Handlungsart ist, die die *eudaimonia* hervorbringt. Wie RITTER expliziert, steht in der Ethik des ARISTOTELES das höchste Gut in Beziehung zur Natur und zum Wesen des Menschen, das in dessen Augen nur in der *praxis* selbst seine

353 EN 1140a 1 f.

354 So *Wieland*, Poietische Philosophie: Schritte zu einer Philosophie der Poiesis, in: Buchheim / Flashar / King (Hrsg.), Kann man heute noch etwas anfangen mit Aristoteles, Hamburg 2003, S. 228.

355 EN 1140a 10.

356 *Elm*, Klugheit und Erfahrung bei Aristoteles, Paderborn 1996, S. 200.

357 EN 1140a 20.

Verwirklichung findet und Existenz erlangt.[358] Nach ARISTOTELES gehört es zum Wesen alles Lebendigen, dass sich seine Natur allein im Lebensvollzug verwirklicht. Die Vorstellung einer wesensmäßigen Entfaltung immanenter Anlagen eines jeden Lebendigen ist Ausdruck jener naturphilosophischen Grundannahme ARISTOTELES', die in der Literatur unter der Bezeichnung der *Teleologie* geführt wird. Der Ausdruck *Teleologie* stammt jedoch nicht von ARISTOTELES, sondern von dem deutschen Philosophen CHRISTIAN WOLFF. Die *Teleologie* meint die ARISTOTELIsche Vorstellung, dass jedes Ding, das von Natur aus besteht, sich verändert oder entsteht, um eines bestimmten Zweckes, eines *telos*, willen.[359] Damit wird allem natürlich Seienden ein potentiell verwirklichbarer Zweck zugedacht. Die Redeweise vom Zweck ist mit Blick auf den Menschen das *ergon*, das ARISTOTELES zur Herausarbeitung der menschlichen *aretē* diente. Die menschliche Natur ist als Möglichkeit in ihrer teleologischen Angelegtheit in ihrer tätigen Aktualisierung und nur so als aktuale menschliche Natur zu begreifen. Das aktuale Leben des Lebendigen, wie es RITTER formuliert, ist *praxis*, Tätigkeit und Betätigung von Möglichkeiten und Anlagen, so dass der Begriff der *praxis* allgemein mit dem Begriff der Lebens*weise* zusammenfällt. Ein so verstandener Praxisbegriff, so erfährt man bei RITTER weiter, bedeute die tätige Lebensführung des Menschen, sofern sie sich von der aller übrigen Lebewesen unterscheide, so dass die Frage nach dem höchsten menschlichen Gut den konkreten Sinn habe, den Stand menschlicher Praxis zu bestimmen, in welchem der Mensch als Mensch zur lebendig tätigen Verwirklichung seines menschlichen Seins und seiner Möglichkeiten im eigenen Können und Wirken zu kommen vermag.[360] So formuliert ARISTOTELES in der Politik:

> Das Leben ist nun ein Handeln und kein Hervorbringen (…).[361]

Dieses Gedankengeflecht führt vor Augen, dass der ARISTOTELIsche Praxisbegriff verwoben ist in eine ethische Philosophie der humanen Selbstgestaltung,[362] und über die handlungstheoretische Beschreibung der Bedingungen menschlichen Handlungsvollzuges seine Formulierung selbst erfährt.

---

358 *Ritter*, Zur aristotelischen Theorie des Glücks, in: ders., Metaphysik und Politik, Frankfurt am Main 1969, S. 59.

359 *Leunissen*, Teleologie, in: Rapp / Corcilius (Hrsg.), Aristoteles Handbuch, Stuttgart 2011, S. 348.

360 Siehe zum Ganzen so *Ritter*, Zur aristotelischen Theorie des Glücks, in: ders., Metaphysik und Politik, Frankfurt am Main 1969, S. 59.

361 Pol. 1254a 8.

362 Vgl. zum Begriff der Selbstgestaltung *Müller*, Praktisches Folgern und Selbstgestaltung 1982, S. 206.

3. *Phronēsis*

Vor diesem Hintergrund verwundert es nicht, dass ARISTOTELES im Anschluss an die Besprechung der *technē* im 4. Kapitel des VI. Buches der *EN* nicht die *praxis*, sondern die *phronēsis* als die Fähigkeit gelungener Selbstgestaltung i.S.d. *eudaimonia* bespricht, die im guten Handeln selbst, der *eupraxia*, liegt.

Die Erörterung der Klugheit beginnt ARISTOTELES mit der Frage, wie die Merkmale der Klugheit sich ermitteln lassen:

> Was die Klugheit (*phronēsis*) ist, können wir erfassen, indem wir schauen, welche Menschen wir klug (*phronimos*) nennen.[363]

Als Alleinstellungsmerkmal des Klugen führt ARISTOTELES hier vorläufig die Fähigkeit an, in ethischen Angelegenheiten gut überlegen zu können:

> Es gilt das Kennzeichen eines klugen Menschen, dass er gut überlegen (*bouleuesthai*) vermag über das für ihn Gute und Zuträgliche, und zwar nicht in einer besonderen Hinsicht, (...) sondern darüber, was überhaupt dem guten Leben (*prost o eu zēn holōs*) zuträglich ist. (...)
>
> So wird allgemein der Kluge derjenige sein, der gut im Überlegen ist (*bouleutikos*)."[364]

An mehreren Stellen im VI. Buch betont ARISTOTELES, dass der Kluge derjenige sei, der gut überlegen könne.

> Dagegen hat die Klugheit die menschlichen Dinge zum Gegenstand, dasjenige, worüber man überlegen (*bouleuesthai*) kann. Denn dies bezeichnen wir vor allem als die Leistung (*ergon*) des Klugen, gut zu überlegen.[365]

Die Überlegung bestimmt ARISTOTELES dem Begriff nach, wie bereits gezeigt, im 5. Kapitel des III. Buches.[366] Dort hatte er sie als einen intellektuellen Suchprozess beschrieben, der dem Auffinden von geeigneten Mitteln zur Realisierung eines Zieles im Wirklichkeitsbereich des Kontingenten dient.[367] Der Deliberationsprozess endet, wenn der Akteur eine in seinen unmittelbaren Realisierungsmöglichkeiten liegende Handlungsoption ermittelt hat. Das Analyseergebnis kann sodann zum Inhalt eines Vorsatzes (*prohairesis*) werden.[368]

---

363 EN 1140a 24.

364 EN 1140a 25 f.

365 EN 1141b 9.

366 EN 1112a 30 f.

367 Vgl. *Corcilius*, Praktische Syllogismen bei Aristoteles, in: Archiv für Geschichte der Philosophie, 90 Bd., 2008, S. 250.

368 Vgl. *Corcilius* a.a.O. S. 252.

Wenn ARISTOTELES nun formuliert, dass die Leistung des Klugen in der guten Überlegung liegt, könnte dies nahe legen, dass *Überlegung* und *Klugheit* semantisch kongruent sind. Die Fähigkeit des Klugen geht jedoch nach ARISTOTELES aus zwei Gründen weiter, als seine Begriffskonstruktion der Überlegung reicht.

Zum einen bilden die jeder Überlegung vorausgehenden Handlungsziele keinen Gegenstand der Überlegung. Sie ist als Denkvorgang allein auf die Ermittlung der zu den Zielen führenden Betätigungsmöglichkeiten beschränkt.

> (…) Gegenstand der Überlegung sind aber nicht die Ziele, sondern das, was zu den Zielen führt (*ta prost o telos*).[369]

Zum anderen muss der Akteur zur Verwirklichung der ermittelten Handlungsmöglichkeit den intellektuellen Raum der Planung verlassen und seine Überlegung in eine außerhalb von ihm liegende Wirklichkeit entlassen. Wie ANSELM MÜLLER es formuliert geschieht nach ARISTOTELES alles praktische Denken um einer von ihm selbst verschiedenen Wirklichkeit willen.[370] Das Umsetzen in die Tat ist aber nach ARISTOTELISCHER Diktion nicht mehr Sache der Überlegung, sondern bedarf entscheidend der Wahrnehmung der Einzeldinge.[371]

> Die Überlegung bezieht sich auf die Dinge, die er selbst bewirken kann, die Handlungen aber geschehen um anderer Dinge willen. Gegenstand der Überlegung ist ja nicht das Ziel, sondern die Dinge, die zum Ziel führen. Auch wird Gegenstand der Überlegung sicher nicht das Einzelne sein, (…), denn dies sind Fragen der Wahrnehmung.[372]

Die Überlegung hat damit weder das Ziel der Handlung zum Gegenstand, noch erfasst sie die unmittelbar handlungsrelevante Wahrnehmung der jeweiligen Einzelsituation.

Genau über diese Begrenztheit der Deliberation geht die Klugheit bei ARISTOTELES hinaus.

> Auch hat die Klugheit nicht nur mit dem Allgemeinen zu tun, vielmehr muss sie auch das Einzelne erkennen. Denn sie ist handlungsbezogen (*praktikē*), und das Handeln betrifft das Einzelne.[373]

---

369 EN 1112b 13.

370 *Müller*, Praktisches Folgern und Selbstgestaltung nach Aristoteles, Freiburg 1982, S. 236.

371 Vgl. *Corcilius*, Praktische Syllogismen bei Aristoteles, in: Archiv für Geschichte der Philosophie, 90 Bd., 2008, S. 251.

372 EN 1112b 33.

373 EN 1141b 14.

Einige Zeilen später heißt es:

> Nun bezieht sich die Klugheit aufs Handeln, sodass man beides [Wissen des Allgemeinen und Erfahrung vom Einzelnen] haben muss, oder mehr noch das zweite.[374]

a) Das Allgemeine und das Einzelne

Die Klugheit klammert den Prozess der Überlegung gewissermaßen ein. Denn dank ihrer kennt der Kluge, nach ARISTOTELES, das allgemeine Strebensgut, das den Ausgang eines jeden Überlegungsprozesses bildet und seine Konkretion am Ende der Deliberation; wenn es das Resultat der Überlegung im Handlungsvollzug zu verwirklichen gilt. Was ARISTOTELES genau mit der Aussage meint, dass die Klugheit mit dem allgemeinen Handlungsziel und dem Einzelnen zu tun hat, legt er im VI. Buch der EN nicht eindeutig dar, sondern bleibt bei einem andeutenden und metaphorischen Stil. Diese Textlage hat in der Kommentierungsliteratur dazu geführt, die Bedeutung des Verhältnisses vom Allgemeinen und Einzelnen für den Handlungsvollzug anhand der Konstruktion des sog. praktischen Syllogismus zu erklären – ein Ausdruck, den ARISTOTELES selbst nicht kennt.[375]

b) Der praktische Syllogismus, Wahrnehmung und Erfahrung

Der praktische Syllogismus ist der Figur des Syllogismus entlehnt. Das syllogistische Schlussschema soll *mutatis mutandis* auch den Handlungsvollzug als eine Art handlungstheoretischen Syllogismus abbildbar machen. Den Begriff des Syllogismus' prägt ARISTOTELES an mehreren Stellen seines Gesamtwerkes außerhalb der Ethik wie etwa in der *Topik* oder den *Analytica* als einen gültigen deduktiven Schluss.[376] Zu Beginn der *Topik* definiert er den Syllogismos wie folgt:

> Ein *syllogimos* ist ein *logos*, in dem nach bestimmten Setzungen [den Prämissen] etwas von diesen Setzungen Verschiedenes [die Konklusion] sich mit Notwendigkeit durch die Setzungen ergibt.[377]

---

374 EN 1141b 21.

375 *Müller*, Praktisches Folgern und Selbstgestaltung nach Aristoteles, München 1982, S. 62; *Corcilius*, Praktische Syllogismen bei Aristoteles, in: Archiv für Geschichte der Philosophie, 90 Bd., 2008, S. 249.

376 *Malink*, Syllogismos, in: Rapp / Corcilius (Hrsg.), Aristoteles, Stuttgart 2011, S. 343.

377 So die Übersetzung nach *Malink* a.a.O. S. 343.

Die Hauptaussage dieser Schlussfigur besteht darin, dass sich die Konklusion mit Notwendigkeit aus den Prämissen ergibt und somit nach der aristotelischen Diktion mit deduktiver Notwendigkeit folgt.[378]

Unter Berufung auf ARISTOTELES wird das deduktive Argument in der schematischen Form des Syllogismus' als ein qualifizierter Schluss dargestellt, der aus zwei Prämissen und drei Begriffen besteht. In der Standardformulierung lautet es dann: „Wenn A von allen B und B von allen C, so wird notwendig A von allen C ausgesagt."[379]

Dieser schematischen Standardformulierung soll nun der sog. praktische Syllogismus nach Anpassung an die handlungstheoretischen Bedingungen entsprechen. Den Obersatz bilde eine Präskription. Der Untersatz sei ein partikularer, deskriptiver Satz, der die konkrete Handlungssituation erfasse. An die Stelle der Konklusion tritt die Handlungsausführung selbst.[380]

Der Versuch, den handlungsorientierenden Aussagewert des Verhältnisses zwischen dem Allgemeinen und dem Besonderen durch die Interpretation jener Relation im Schema des praktischen Syllogismus zu gewinnen, kann allenfalls nur als exemplifizierende Analogie verstanden werden. Als Rekonstruktion der ARISTOTELISchen Klugheit kommt ein solches Modell nicht in Frage, da es zum einen in seiner schematischen Struktur zwangsläufig reduktionistisch ist und damit zur Erfassung ARISTOTELES' Handlungsmodell unterkomplex und zum anderen eine deduktive Struktur menschlicher Handlungsentscheidungen suggeriert, die zumindest ARISTOTELES nicht angenommen hat.

Würde man der Figur des praktischen Syllogismus mehr als einen beispielhaften Erklärungswert zukommen lassen, wäre dem die These impliziert, dass ARISTOTELES in der EN anhand der Klugheit ein zwingendes Verfahren für die Bestimmung konkret richtigen Handelns entwirft.[381] Damit wäre die Behauptung aufgestellt, dass das Handeln mit logisch-gleicher Notwendigkeit folge. Eine solche Handlungsrekonstruktion geht aber an der ARISTOTELISchen Lehre ethischen Handelns vorbei, in der der Kluge nicht für einen subsumtionslogischen Anwendungsautomatismus steht, sondern für ein kundiges, personalisiertes Verwendungswissen.[382]

---

378 Ebda.

379 *Höffe*, Aristoteles, München 2006, S. 51.

380 Vgl. *Luckner*, Klugheit, Berlin 2005, S. 91.

381 Vgl. *Elm*, Klugheit und Erfahrung bei Aristoteles, Paderborn 1996, S. 285.

382 In Anlehnung an *Kersting*, Der einsichtige Staatsmann und der kluge Bürger, in: ders. (Hrsg.), Klugheit, Weilerswist 2005, S. 20.

Nach ARISTOTELES ist unverzichtbarer Mittler zwischen den Resultaten der Deliberation und ihrer Umsetzung in die Handlungswirklichkeit die erfahrungsgeschulte Wahrnehmung des Handelnden selbst.[383] ARISTOTELES' *phronēsis* ist damit mitnichten syllogistisch sondern kognitivistisch. Dies wird an folgender Textstelle deutlich:

> Denn das intuitive Denken hat die höchsten Begriffe zum Gegenstand, die sich nicht begründen lassen, die Klugheit aber das Letzte, von dem es keine Wissenschaft, sondern nur Wahrnehmung (*aisthēsis*) gibt – Wahrnehmung nicht derjenigen Dinge, die jeweils einem bestimmten Wahrnehmungssinn eigen sind, sondern so, wie wir wahrnehmen, dass das Letzte in der mathematischen Analyse das Dreieck ist.[384]

Die *phronetische* Überlegung ist über die Wahrnehmung wie über eine Art Schnittstelle mit der außerhalb der Überlegung liegenden Handlungswirklichkeit verbunden. Die letzte handlungsrelevante Information liefert die *aisthēsis*.[385] Sie ermöglicht den kognitiven Zugang zur menschlichen Außenwelt. Eine wahrnehmungsbasierte Entscheidungsrekonstruktion orientiert sich aber gerade nicht am Deduktiven, sondern am Situativen. Die Wahrnehmung erschließt nach ARISTOTELES die Wirklichkeit in ihrer sinnlichen und situationsbedingten Vielfalt. Sie ist auf das Partikuläre ausgerichtet und beschränkt.[386] ARISTOTELES versucht so die Entscheidung zum Handlungsvollzug gewissermaßen von „unten" zu erfassen und denkt sie gerade nicht – als analogen Syllogismus des Praktischen – von einer obersten Handlungsprämisse ausgehend.

Wie ARISTOTELES es selbst formuliert, will er keinen gesonderten ethischen Wahrnehmungssinn postulieren. Die Rolle der Wahrnehmung in seinem Handlungsmodell erklärt sich in ihrem Zusammenwirken mit der Erfahrung. So heißt es kurz vor der zitierten Textstelle zur Wahrnehmung:

> (…) Wie man seine eigenen Angelegenheiten ordnen soll, ist nicht klar und bedarf der Untersuchung. Ein Indiz für das Gesagte ist auch, dass nach verbreiteter Meinung junge Menschen zwar Geometer und Mathematiker werden und weise in solchen Dingen, nicht aber klug. Der Grund dafür ist, dass die Klugheit sich auch auf das Einzelne bezieht,

383 Siehe zur Vermittlungsleistung der Klugheit auch *Rese*, Praxis und Logos bei Aristoteles, Tübingen 2003, S. 124 f.

384 EN 1142a25f.

385 *Corcilius*, Praktische Syllogismen bei Aristoteles, in: Archiv für Geschichte der Philosophie, 90 Bd., 2008, S. 252.

386 *Herzberg*, Wahrnehmung, in: Rapp / Corcilius (Hrsg.), Aristoteles, Stuttgart 2011, S. 383.

> womit man durch Erfahrung (*empeiria*) vertraut wird. Der junge Mensch aber ist nicht erfahren, denn die Länge der Zeit macht die Erfahrung.[387]

Wenngleich ARISTOTELES in seinem Werk keinen analytisch-systematisch entwickelten Erfahrungsbegriff vorlegt, liegt seinem philosophischen Denken die Vorstellung eines vorwissenschaftlichen Erfahrungswissens zu Grunde, das aller Trennung in Theorie und Praxis vorausgeht.[388] In der *Metaphysik* bestimmt ARISTOTELES die Erfahrung als Wissensform wie folgt:

> (...)Aus der Erinnerung nämlich entsteht für die Menschen Erfahrung; denn die Vielheit der Erinnerung an denselben Gegenstand erlangt die Bedeutung einer einzigen Erfahrung, und es scheint die Erfahrung beinahe der Wissenschaft und der Kunst sich anzunähern.
>
> Wissenschaft aber und Kunst gehen für die Menschen aus der Erfahrung hervor; (...). Die Kunst entsteht dann, wenn sich aus vielen durch die Erfahrung gegebenen Gedanken eine allgemeine Annahme über das Ähnliche bildet.[389]

Während diese Textstelle den Begriff der Erfahrung für die dianoetischen Tugenden der *epistēmē* und der *technē* bestimmt, weist ARISTOTELES einige Zeilen später daraufhin, dass derselbe Erfahrungsbegriff auch für das Handeln selbst gilt.

> Zum Zweck des Handelns steht die Erfahrung der Kunst an Wert nicht nach, vielmehr sehen wir, dass die Erfahrenen mehr das Richtige treffen als diejenigen, die ohne Erfahrung nur den allgemeinen Begriff (*logos*) besitzen. Die Ursache davon liegt darin, dass die Erfahrung Erkenntnis des Einzelnen ist, die Kunst des Allgemeinen, alles Handeln und Geschehen aber am Einzelnen vorgeht.[390]

Aus den angeführten Textstellen wird deutlich, dass bei ARISTOTELES Wahrnehmung und Erfahrung zwei Begriffe mit unterschiedlichen Wirkbereichen sind. Sie fallen nicht etwa zusammen als Synonyme für eine Möglichkeit menschlicher Perzeption der Außenwelt. Erfahrung steht bei ARISTOTELES nicht für eine begriffslose, unmittelbare Wahrnehmung von Gegenständen und Zuständen. Vielmehr wird das sinnlich unbestimmt Wahrgenommene zum begrifflich Bestimmbaren mit der Erfahrung. Der Erfahrungsprozess ist bei ARISTOTELES ein *logos*bildendes Vermittlungsgeschehen.[391] „Erfahrung", so fasst RESE zusammen, „meint bei Aristoteles (...) nicht eine unmittelbare Aufnahme von Sinnesdaten, sondern sie ist das Resultat einer reflektierten Zusammenschau von Sinneswahrnehmungen

---

387 EN 1142a 10.

388 *Elm*, Klugheit und Erfahrung bei Aristoteles, Paderborn 1996, S. 78.

389 Met. 980b 28 f.

390 Met. 981a 13 f.

391 So *Elm*, Klugheit und Erfahrung bei Aristoteles, Paderborn 1996, S. 105.

qua Erinnerung."[392] ELM macht weiter deutlich, dass einem solchen Erfahrungsverständnis eine Unterscheidung zwischen dem Erfahrungserwerb und dem Erfahrungsresultat zu Grunde liegt. Denn jedem Erfahrungssatz geht seine erfahrene Erfahrung am Erfahrungsgegenstand voraus; sei dieser Gegenstand nun materieller oder aber kommunikativer Beschaffenheit. Reduziert man die *empeiria* auf ihr rein begriffliches Destillat, würde man den Erfahrungserwerb mit dem Erfahrungsresultat verkürzend zusammenlegen. Zwar ist das begrifflich mit und in der Erfahrung Erfasste als propositionaler Inhalt ohne weiteres verbalisierbar und in Form von wissbaren Aussagen im Erfahrungsaustausch vermittelbar.[393] Doch der jedem Erfahrungsresultat notwendig vorausgehende Prozess des Erfahrungserwerbs lässt sich begrifflich nicht weitergeben. Denn der Modus des Handlungserfahrung generierenden Handlungsvollzuges lässt sich nicht durch Versprachlichung ersetzen.[394] Wie ELM es resümierend trifft: „Erfahrung verlangt den Weg der Erfahrung. Es gibt eine Art von Uneinholbarkeit und Unhintergehbarkeit der Erfahrung, da man nicht von der Seite des Wissens an das herankommt, was in der Erfahrung, untrennbar von der Person wissend erfahren ist."[395]

Die Erläuterung der Begriffe Wahrnehmung und Erfahrung erklärt jedoch noch nicht abschließend, was ARISTOTELES mit der Wahrnehmung des „Letzten" meint, das den Überlegungsprozess beendet und von dem der Kluge durch Erfahrung das Wissen hat. Das oben angeführte Bild, nach dem die Einsicht in das Letzte als etwas zu verstehen ist, das jener Art der Einsicht vergleichbar ist, wonach das Letzte in der mathematischen Analyse das Dreieck ist, legt bei Deutung des geometrischen Bildes im ethischen Kontext nahe, dass es um die Wahrnehmung wiederkehrender menschlicher Interaktionsmuster geht, die sich beim Akteur zu einem Handlungsdogma ausbilden und eine Regelhaftigkeit für das Gelingen oder Nichtgelingen des Handlungsvollzuges bilden, die ob ihrer dogmatischen Struktur nicht mehr sinnvoller Gegenstand von Überlegung sein kann. Diese Annahme wird gestützt durch das 12. Kapitel des VI. Buches der EN in dem ARISTOTELES die Klugheit und das *nous*, die intuitive Vernunft, in eine Beziehung setzt.

> Alles, was Gegenstand des Handelns ist, gehört aber zum Einzelnen und Letzten. Dieses muss der Kluge kennen. (…) Auch die intuitive Vernunft (*nous*) bezieht sich auf das Letzte in beiden Richtungen; denn sowohl die obersten Begriffe wie die letzten [untersten] Dinge sind Gegenstand des intuitiven Denkens und nicht der Begründung.

392 *Rese*, Praxis und Logos bei Aristoteles, Tübingen 2003, S. 134.

393 *Elm*, Klugheit und Erfahrung bei Aristoteles, Paderborn 1996, S. 105.

394 Ebda.

395 *Elm* a.a.O. S. 106.

> Dasjenige intuitive Denken, das mit Beweisen operiert, betrifft die ersten und unveränderlichen Begriffe, dasjenige aber, das im Bereich des Handelns operiert, bezieht sich auf das Letzte und Mögliche, das heißt auf die zweite Prämisse. Denn dies ist der Ausgangspunkt für den Zweck, da man von den Einzelfällen zum Allgemeinen (*katholou*) gelangt. Diese muss man also durch Wahrnehmung (*aisthēsis*) erfassen, und diese Wahrnehmung ist intuitives Denken.[396]

Das *nous* bestimmt Aristoteles als die menschliche Fähigkeit zur Einsicht in die höchsten und letzten Begriffe in der Wissenschaft. Wenn er nun die Redeweise vom *noetischen* in der Klugheit verwendet, verdeutlicht er, welcher Art die aus der Erfahrung erwachsenen höchsten Begriffe der *praxis* sind. Da sie aus dem Handlungsraum des Kontingenten gewonnen werden, haben sie den Status eines schwebenden Erfahrungswissens, das nicht unabhängig von seinem situativen Erwerb gedacht werden kann. Der Kluge gelangt durch einzelne Wahrnehmungen zur Beherrschung eines allgemeinen Begriffs. Dieser allgemeine Begriff kann jedoch nicht zu einem allgemeinen Prinzip übersituativ isoliert werden. Denn Erfahrung und Wahrnehmung gehen ihm voraus. Durch den Erfahrungserwerb beherrscht der Kluge die Fähigkeit, eine unbestimmte Mehrzahl von verschiedenen Einzelfällen mit den in dem Begriff beschriebenen Erfahrungen zu identifizieren, ohne dass notwendig ist, diese Einzelfälle durch eine einzige allgemeine Formel zu umfassen.[397] Das Verallgemeinerungsfähige entsteigt bei Aristoteles aus dem Konkreten, ohne sich für eine künftige Handlungsorientierung vom situativen Erfahrungserwerb lösen zu können. Es bleibt abhängig vom Erfahrungserwerber.

Das *phronetische* Erfahrungswissen ist damit nach Aristoteles dem *noetischen* Wissen ähnlich, weil, so Wolf in ihrer Kommentierung, „für das Allgemeinste in der Wissenschaft wie für das Konkreteste im Handeln gleichermaßen gilt, dass es sich nicht diskursiv darlegen lässt, sondern nur durch Erfahrung gewonnen werden kann."[398]

Die iterative Wertekonkretisierung durch den Handlungsvollzug in ethisch relevanten Situationen schafft, nach Aristoteles, modern gesprochen, die Verwirklichungskompetenz menschlichen Wohlergehens. Die Überführung des Vorsatzes in den Wirklichkeitsbereich wird daher, erkennbar im aristotelischen Handlungsmodell, nicht deduktiv determiniert, sondern kognitiv, situativ

---

396 EN 1143a 34.

397 So *Taylor*, Aristoteles über den praktischen Intellekt, in: Buchheim / Flashar / King (Hrsg.), Kann man heute noch etwas anfangen mit Aristoteles, Hamburg 2003, S. 156.

398 *Wolf*, Aristoteles' Nikomachische Ethik, Darmstadt 2007, S. 152.

vom Akteur disponiert. Der Erfahrungshorizont des Klugen erlaubt ihm, mit Rese, eine Interpretation der Handlungssituation,[399] die zugleich den Erfahrungshorizont aktualisiert.

Bis hierhin hat Aristoteles dargelegt, dass der Kluge über die erfahrungsgereifte Kompetenz verfügt, ethisch erstrebenwerte Handlungsziele in sozial gelungene Interaktion umzusetzen und damit zu verwirklichen. Die Klugheit ist ein ethisches Realisierungswissen; das Wissen, wie es bei Aristoteles heißt, um das „Letzte" im Überlegungsprozess. Zur Vervollständigung Aristoteles' Lehre der Klugheit fehlt nun noch die Erläuterung, wie der Kluge zum *allgemeinen Orientierungssatz* gelangt, der am Beginn des Überlegungsprozesses steht. Hier verweist Aristoteles wieder auf die personale Charakterbildung des Akteurs.

> Die Klugheit befasst sich mit den Dingen, die gerecht, werthaft (*kalos*) und gut für den Menschen sind, das heißt mit eben denen, deren Ausführung Sache des guten Menschen ist.[400]

Für die heutige Lesegewohnheit mag die Redeweise vom guten Menschen zunächst nach einer nahezu märchenhaften Moralvorstellung von Gut und Böse klingen.

Die Rede vom guten Menschen zielt jedoch nicht auf eine naive Stilisierung einer fantastischen Figur. Das für den heutigen Verstehenshorizont Bemerkenswerte besteht darin, dass Aristoteles im folgenden Gedankengang nicht eine allgemeine Formel zur Abstrahierung ethisch zulässiger Orientierungssätze entwirft, sondern das *Allgemeine* personifiziert, indem er auf die personale Charakterbildung des Akteurs zurückverweist. Ohne die entsprechende Strebensbildung zum gerechten und werthaften Handeln des Menschen wäre nach Aristoteles das *phronetische* Realisierungswissen ethisch neutral.[401]

Die Realisierung der *eudaimonia* setzt für Aristoteles zweierlei voraus: Die charakterliche Ausrichtung des Menschen auf die Verwirklichung eines bestmöglichen Lebens und die soziale Handlungskompetenz aufgrund von Erfahrung zur Realisierung der charakterlichen Disponiertheit.

So heißt es bei Aristoteles:

> Denn die Tugend des Charakters macht den Zielpunkt (*skopos*) richtig, die Klugheit aber, was zum Ziel führt (*ta pros touton*).[402]

399 *Rese*, Praxis und Logos bei Aristoteles, Tübingen 2003, S. 123.
400 EN 1143b 20.
401 EN 1143b 24.
402 EN 1144a 7.

Im Aristotelischen Begriff der Klugheit bedingen sich charakterliche Gutheit und das Realisierungswissen um den werthaften Handlungsvollzug zwingend gegenseitig. So heißt es:

> Denn diejenigen Schlüsse (*syllogismos*), die die Gegenstände des Handels zum Thema haben, haben einen Ausgangspunkt (*archē*), der besagt: <<Da das Ziel, das heißt das Beste, so beschaffen ist>>, was immer es sein mag (es sei jetzt um der Argumentation willen irgendetwas Beliebiges). Dieser Ausgangspunkt aber zeigt sich nur dem guten Menschen. Denn die Schlechtigkeit verdreht das Urteil und bewirkt, dass man sich über die Ausgangspunkte der Handlungen täuscht. Daher ist es offenkundig unmöglich, klug zu sein, wenn man nicht gut ist.[403]

Durch den Verweis auf die charakterliche Gutheit bezieht sich Aristoteles auf seine Ausführung zur Ausbildung der ethischen *hexis* aus dem II. Buch der EN. Dieser Verweis ist jedoch nicht als zirkulärer Argumentationsschritt zu verstehen, der Aristoteles' Klugheitsbegriff inhaltsleer zusammenfallen ließe, sondern als Identifizierung des menschlichen Wohlergehens als selbstherzustellende *Weise* menschlichen Lebens durch den Menschen selbst. Den geordneten Überlegungen des Klugen ist die *eudaimonia* als Ziel unbedingt inklusiv und wird nur durch die gelungene Realisierung im Handeln existente, reale und aktuale menschliche Seinsweise.

VIII. Gedankliche Zusammenschau in Vorbereitung der *epieikeia*

An dieser Stelle ist mit den vorangestellten Ausführungen nun inhaltlich jener Gedankengang nachvollzogen, der sich hinter dem Begriff der Aristotelischen *phronēsis* verbirgt. In voller Entfaltung des Gedankens wird offenbar, dass die Klugheit nicht isoliert von den philosophischen Vorannahmen und Implikationen Aristoteles' praktischer Philosophie gedacht werden kann. Aristoteles traktiert die Klugheit nicht als reine Vernunfttheorie, sondern entnimmt sie als ein bestimmtes Verhalten aus der vorgefundenen Lebens*praxis*. Er liest sie aus der Erfahrungswelt der täglichen Handlungsvollzüge heraus und komponiert sie zu einer reflektierten Handlungslehre. Idealfrei bildet der Kluge nur die aus der Lebenswirklichkeit philosophisch stilisierte Personifikation eines Charaktervorbildes, dessen Fähigkeiten Aristoteles in seiner Lehre vom guten menschlichen Leben begrifflich exponiert.

---

403 EN 1144a 30.

Das Erkenntnisziel, die Art und die Grenzen, die Aristoteles in seiner ethischen Untersuchung sieht, prädestinieren zugleich die philosophische Tiefe und Reichweite seines Klugheitsbegriffes. Die praktische Philosophie sucht eine dem Menschen artgerechte Handlungslehre anzubieten, die sich am Menschenmöglichen orientiert und durch die Artikulation der besten Wesensausprägungen des Menschen den Menschen belehrend kultivieren möchte. Reflektierend will sie die Bedingungen menschlich gelingender Existenz hervorbringen und so durch das Ansichtig-Machen der *conditio humana* handlungsanleitend sein, ohne sich anzuschicken, dem individuellen Lebensvollzug selbst vorzugreifen. Ist das Ziel der praktischen Philosophie die Vermittlung aufgeklärter Lebensorientierung, so ist sie ihrer Art nach nur ein begründetes ethisches Erfahrungswissen mittlerer Abstraktheit. Es handelt sich um keine universalisierbare Wissenschaft, sondern um eine Lehre von der ratsamen Leben*sweise* des Menschen, die Aristoteles im Traktat entwickelt. Dem Gang seiner Gedanken entsprechend erwachsen die Begriffselemente und verweben sich zu einer philosophischen Ethik. Aus jenem Begriffsgeflecht lassen sich sinnvoll keine Eigenbegrifflichkeiten isoliert heraustrennen. Notabene, die Klugheit kann nicht unabhängig von Aristoteles' Implikation einer sinnvollen Ordnung menschlichen Strebens und der teleologischen Stilisierung des Menschen als vernunftbegabtes Affektwesen gedacht werden. Die Konstruktion eines höchsten Strebensgutes, das dem Namen nach im menschlichen Glück zu sehen ist und inhaltlich in einer Handlungssteuerung gemäß des tugendhaften Charakters liegt, bleibt eine humanistische Utopie; der, dies sei sogleich ergänzt, jedoch Realitätstauglichkeit zufällt. Denn die Prämisse vom menschlichen Streben nach dem Wohl seines Seins als selbst zugestaltendes und hervorzubringendes Gut trifft, wenn man die These in ihrer Meinungsmäßigkeit begreift, ein verbreitetes menschliches Selbstverständnis, das Aristoteles im Stile einer praktischen Philosophie analytisch abstrahiert verbalisiert.

Seine Abstraktion vergisst über die Begriffe jedoch nicht den Zweck, dem die Versprachlichung der Beobachtung dient; nämlich einer realitätsnahen Wirklichkeitsbeschreibung zur menschlichen Lebensorientierung. Diesem Orientierungszweck verpflichtet, denkt er die Bedingung der Möglichkeit einer humanen Selbstgestaltung von einem Menschbild ausgehend, das den Menschen nicht *a priori* unproportional als reines Vernunftwesen verzerrt präsentiert, sondern das ihn als affektbewegtes Strebenswesen mit der Fähigkeit zur Integration der Gemütsregung und dem geordneten, situativen Überlegen in einem sozial gelungenen Handlungsvollzug zeigt.

Pathos und *praxis* rufen überhaupt erst die philosophische Notwendigkeit einer Ethik auf den Plan. Erst die Fähigkeit des Menschen zur emotionalen

Erfahrbarkeit von Geschehnissen und seine gleichzeitige Unfähigkeit zur gänzlich emotionsfreien Weltwahrnehmung verlangen nach einer Steuerung der unwillkürlichen Gemütsregungen. ARISTOTELES eskamotiert das pathetische Streben nicht aus seinen ethischen Betrachtungen als unerbetenes Willkürmoment, sondern akzeptiert den Affekt als ursprünglichen Ausgangspunkt menschlichen Strebens und sucht ihn verstandesgeleitet in eine Handlung einzupassen. Es ist zu betonen, dass durch den Aufbau ARISTOTELES' ethischer Abhandlung deutlich wird, dass durch die menschliche Fähigkeit zum Gefühl überhaupt erst ein Sachverhalt ethische Relevanz erlangen kann. Das Erleiden der Gefühlsregung wirft die Frage nach ihrer handlungsmäßigen Kanalisierung erst auf. Ohne das psychische Phänomen des subjektiven Gefühlserlebens wäre die menschliche Welterfahrung ethisch neutral. Das pathetische Streben des menschlichen Gemeinschaftswesens verlangt nach einer gemeinschaftsverträglichen Eingewöhnung des Affektiven.

Diese Gewöhnung lässt ARISTOTELES als tätiges Tun in die Praxis ein und erteilt damit jedweder Form eines überbetonten Intellektualismus eine Absage. Die Tugend des Charakters bildet sich aus dem wiederholt gelungenen Tun heraus. Erfahrene Interaktion wird zur Erfahrung über ihre Wirkung, ihre Möglichkeiten und Grenzen. Die Strukturbeschaffenheit, die nach ARISTOTELES allen tugendhaften Charakterbildungen gemein ist, liegt in ihrer Ausgewogenheit zwischen affektbedingtem Streben und situationsangemessenem, überlegtem Sozialverhalten. Das Streben zur Verwirklichung von Wohlergehen ist dem Menschen, nach ARISTOTELES, schon vor der tugendhaften Ausbildung wesensimmanent. Seine Geneigtheit wird durch Gewöhnung des Strebens nach dem Mittleren zur charakterlichen Vortrefflichkeit. Der Handlungsvollzug nach der Maßgabe des Mittleren ist jene intellektuelle Leistung, die der Kluge beherrscht. Ihm ist das Mittlere keine abstrakte Metaregel, sondern erfahrungsgereifte Verhaltensweise. Der Kluge vermag geordnet den Handlungsvollzug anzubahnen und verfügt sodann über die Realisierungserfahrung des Machbaren und Tunlichen. Damit ist die Klugheit eine gefestigte praktische Haltung, die aus einem bestimmten Verwirklichungswissen heraus agiert und die *eudaimonia* realisiert. ARISTOTELES kondensiert dieses Wissen jedoch weder zu allgemeinen Handlungssätzen noch konstruiert er das Mittlere als Denkgesetz. Seine Beschreibung der Klugheit bleibt fragmentarisch. Sie weist nur die wesentlichen, empirisch einsehbaren Handlungselemente aus, die notwendige Bedingungen einer *klugen Praxis* sind. Die Klugheit ist gewissermaßen in ARISTOTELES' praktischer Philosophie nur die Umschreibung einer Leerstelle, die der Kluge in der Praxis erkennend selbst ausfüllen kann und muss. In der Praxis ist der Handelnde sich selbst überlassen.

Die belehrende Aufklärung über jene Praxis ist Ziel der ethischen Untersuchung. Wie Aristoteles im sog. *Methodenexkurs* ausdrücklich formuliert, lässt sich eben für die kontingente Praxis der werthaften Handlungen nur ein Umrisswissen hervorbringen. Es wäre eine gegenstandsinadäquate Akribie am Werke, wenn man versuchte mehr Klarheit und Bestimmtheit einer ethischen Abhandlung abzuverlangen als der Stoff der Untersuchung sinnvoll zulässt. Die *Ethik* dient dem Handeln und nicht der Erkenntnis. Eine Formulierung des richtigen Logos wäre ein theoretisches Projekt mit dem Ziel der Erkenntnis. Jenes Wissen wäre dem Handelnden jedoch in einer kontingenten Welt keine praktische Entscheidungshilfe. Das Wissen um ein abstraktes Kriterium der Richtigkeit hinterließe den Entscheider so zu klug als wie zuvor. In der Konfrontation des Handelnden mit der Entscheidungssituation stellt sich in Ansehung jeder in der Vergangenheit abstrahierten Richtigkeitsregel in der Gegenwart die Frage nach den Bedingungen ihrer Anwendung. Es bräuchte eine Richtigkeitsregel der Richtigkeitsregel um ihre richtige Anwendung auszumachen. Der Versuch einer gedanklichen Beherrschung dieses Regelregresses führt nur immer weiter weg von der Praxis ins Theoretische und damit in jene gedankliche Sinnwelt, in der die *Ethik* sinnlos wird. Unter den Bedingungen einer praktischen Philosophie überantwortet Aristoteles die Herstellung des menschlichen Wohlergehens dem praktischen Lebensvollzug des Handelnden als wahrnehmendem Erfahrungswesen mit der Fähigkeit zum ordnenden Überlegen und gemeinschaftsverträglichen Streben durch charakterliche Vortrefflichkeit. Der Kluge appliziert das Gute nicht aus einer Norm heraus, sondern generiert es. Die Nachprüfbarkeit über das werthafte Gelingen seines Tuns verbleibt in der Handlungsgemeinschaft. Die Akteure der Praxisgemeinschaft richten selbst über die Integrität der Aktion des Akteurs. Jeder akzeptierte Handlungsvollzug ist die Aktualisierung des Erfahrungshorizontes menschlicher Gemeinschaftsordnung.

IX. Allgemeine Gerechtigkeit und Billigkeit

Diese Gemeinschaftsordnung wird allgemeinverbindlich im staatlichen Normgefüge konstituiert. Die inhaltliche Verknüpfung gesetzlicher Ordnungen und ihres Verwirklichungsvollzuges durch menschliches Handeln im Rahmen einer praktischen Philosophie bespricht Aristoteles im 14. Kapitel des V. Buch der EN. Hier wird die *phronēsis* begrifflich zur *epieikeia*, zur Billigkeit. Das V. Buch selbst ist der begrifflichen Bestimmung der *dikaiosynē*, der Gerechtigkeit, gewidmet. Wenngleich Aristoteles die Billigkeit als einen Teil der allgemeinen Gerechtigkeit bestimmt, ist die *epieikeia* als tugendhafte Charakterhaltung eingelassen in seine ethische Handlungslehre, womit ihr Gelingen als menschliche Praxis unter den Bedingungen seiner praktischen Philosophie zu denken ist.

In der Einleitung zum Gerechtigkeitstraktat interpretiert ARISTOTELES die *dikaiosynē* als eine charakterliche Tugend.

> Nun sehen wir, dass alle mit Gerechtigkeit diejenige Disposition meinen, die Menschen so beschaffen macht, dass sie das Gerechte tun, das heißt auf gerechte Weise handeln und Gerechtes wünschen.[404]

ARISTOTELES materialisiert Gerechtigkeit also nicht singulär zu einem außerhalb des Menschen liegenden metaphysischen Ideal, sondern begreift sie zunächst allgemein als beschreibbare Weise menschlichen Handelns. Als gerechte Handlungsweise gibt er ein Tun in Eintracht mit den gesetzlichen Bestimmungen an:

> (...) Daher ist klar, dass gerecht derjenige sein wird, der die Gesetze beachtet *(nomimos)* und eine Einstellung der Gleichheit (*isos*) hat. Das Gerechte (*dikaion*) ist also das Gesetzliche und das Gleiche (...).[405]

Der Begriff des Gesetzes dient nach heutigem staatsrechtlichem Verständnis einer Koordination von konfligierenden Freiheitssphären der Grundrechtssubjekte. Das *forum internum* ist nicht der primäre Weisungsbereich moderner gesetzlicher Verbots- und Gebotsnormen.

ARISTOTELES legt indes seinen Ausführungen einen weitergehenden Gesetzesbegriff zu Grunde. Zu seinen Zeiten reduzierte sich der Gesetzesbegriff nicht allein auf staatlich gesetzte Rechtssätze, sondern erfasste die eigentümliche Lebensweise in einer Stadtgemeinschaft, die in Sitten, Gewohnheiten und Konventionen des Sich-Betragens zum Ausdruck kam.[406] Die *nomoi* bildeten die Gesamtheit einer Ordnung von geschriebenen und ungeschriebenen Verhaltensregeln in einer Gemeinschaft.[407] Jene gesetzliche Ordnung dient über das moderne Verständnis hinausgehend nicht allein zur äußeren Freiheitskoordination, sondern reicht bis in die Erziehung seiner Bürger hinein.[408] In Ansehung eines soweit verstandenen Gesetzesbegriffes wird verständlich, wie ARISTOTELES unter

---

404 EN 1129a 6.

405 EN 1129a 33 f.

406 *Bien*, Gerechtigkeit bei Aristoteles, in: Höffe (Hrsg.), Nikomachische Ethik, 3. Überar. Aufl., Berlin 2010, S. 136.

407 *Trude*, Der Begriff der Gerechtigkeit in der aristotelischen Rechts- und Staatsphilosophie, Berlin 1955, S. 54.

408 *Wolf*, Aristoteles' Nikomachische Ethik, Darmstadt 2007, S. 97.

der Verwendung eines Sprichwortes aus den Spruchsammlungen des THEOGNIS[409] zu der Aussage gelangt:

> (...)»In der Gerechtigkeit ist jede Tugend enthalten«. Und sie gilt am meisten als vollkommene charakterliche Gutheit, weil sie die Ausübung der vollkommenen charakterlichen Gutheit ist.[410]

Die richtigen Gesetze und die ethischen *aretai* bilden aber nur dann eine kongruente Aktualisierung gemeinschaftlicher Ordnungsregeln, wenn die Gesetze den ethischen *aretai* entsprechen. Dass es sich bei dem Gleichklang von staatlicher Normsetzung und menschlicher Charakterbildung um eine idealisierte Harmonie handelt, die in der politischen Wirklichkeit nicht anzutreffen ist, war auch ARISTOTELES bewusst. In der Kommentierungsliteratur werden zum Beleg ARISTOTELES' Einsicht in die reale Inkongruenz geltender Normierung und charakterlicher Gutheit verschiedene Textbelege angeführt. WOLF verweist etwa darauf, dass ARISTOTELES einige Zeilen vor der oben zitierten Passage die Gleichsetzung von gerechtem Handeln und Handeln gemäß der Gesetze fein nuanciert formuliert.

> Da nun (...) jemand, der die Gesetze verletzt, ungerecht ist, und wer die Gesetze beachtet, gerecht, so ist klar, dass alles, was den Gesetzen entspricht, in gewisser Weise gerecht ist.[411]

Bereits durch den Einschub „in gewisser Weise" zeige ARISTOTELES, so WOLF, dass er nicht alles, was in einer Gesellschaft geltendes Recht vorschreibt, als gerecht einordnet.[412] Diese in der Formulierung noch subtile Abmilderung wird an späterer Stelle als Diskrepanz zwischen gesatztem Recht und gelebter Tugend deutlich formuliert. WOLF verweist in das 10. Kapitel des V. Buches der EN, wo es heißt:

> Das Gerechte im politischen Sinn ist teils von Natur aus gegeben (*physikos*), teils durch das Recht gesetzt (*nomikos*). Von Natur aus gerecht ist, was überall mit gleicher Kraft (*dynamis*) gilt und nicht davon abhängt, was die Menschen für richtig halten oder nicht. Durch Gesetz gegeben ist das, bei dem es ursprünglich nicht darauf ankommt, ob es so oder anderes bestimmt ist. Wenn es aber erlassen ist, kommt es darauf an, dass zum

---

409 *Bien*, Gerechtigkeit bei Aristoteles, in: Höffe (Hrsg.), Nikomachische Ethik, 3. Überar. Aufl., Berlin 2010, S. 136.

410 EN 1129b 30 f.

411 EN 1129b 11.

412 *Wolf*, Aristoteles' Nikomachische Ethik, Darmstadt 2007, S. 98.

Beispiel das Lösegeld für einen Kriegsgefangenen eine Mine betragen soll oder dass man eine Ziege und nicht zwei Schafe opfern soll.[413]

Neben dem realpolitischen Problem der prekären, inhaltlich trefflichen Normierung gerechten Handelns, macht ARISTOTELES auch auf die Schwierigkeit aufmerksam, die sich aus der abstrahierenden Formulierung und damit zwangsläufig einhergehenden transsituativen Isolierung von gelebten Gerechtigkeiten ergibt.

Jede Bestimmung, die gerecht und gesetzlich ist, verhält sich wie das Allgemeine zum Einzelnen. Denn die Handlungen, die getan werden, sind viele, von den Bestimmungen aber ist jede [nur] eine, da sie ein Allgemeines ist.[414]

Die praktisch-philosophische Integration der Dichotomie von abstrakt-generellem Regelsatz und konkret-individueller Lebenssituation ist, wie sich sogleich zeigen wird, Aufgabe der Billigkeit als Teil der universalen Gerechtigkeit. Bevor jedoch zur Besprechung der Billigkeit übergegangen wird, sei noch jenes Merkmal der allgemeinen Gerechtigkeit eingeführt, das ihr nach ARISTOTELES neben ihrer Verbundenheit mit der Tugend und dem Gesetz zukommt: ihre Bezogenheit auf den anderen Menschen.

Vollkommen (…) ist sie [die Gerechtigkeit], weil der, der sie besitzt, die Tugend auch in Bezug auf den anderen Menschen gebrauchen kann, und nicht nur für sich selbst.[415]

In der Tugend der Gerechtigkeit verwirklicht sich der Mensch als *zôon politikón* in besonderer Weise. Als Gemeinschaftswesen ist dem Menschen nach ARISTOTELES nicht ein *Individualeudaimonismus* zugedacht, sondern die Tugendhaftigkeit denkt ihn immer schon als notwendig eingelassen in die menschliche Gemeinschaft. Im sozial gelungenen Miteinander verwirklicht sich seine gemeinschaftliche Wesensart in vornehmster Weise. Was für den Einzelnen das Glück als höchstes Strebensgut ist, wird in der gelungenen Strebensverwirklichung in Gemeinschaft zur Gerechtigkeit.

Deswegen gilt der Ausspruch des Bias als richtig, dass die Ausübung eines Amts zeigt, was für ein Mensch jemand ist. Denn wer ein Amt innehat, der ist schon auf den anderen Menschen bezogen und ist schon in Gemeinschaft.[416]

Wie PETER TRUDE zutreffend zu dieser Textstelle kommentiert, formuliert sie eine wiederkehrende Lehre aus der Geschichte, dass die verantwortungsvollen Menschen an leitender Stelle irgendwelcher menschlicher Gemeinschaften gerade ihre

413 EN 1135a 17 f.
414 EN 1135a 6.
415 EN 1129b 32.
416 EN 1130a 1 f.

gemeinschaftsbezogene Aufgabe zum primären Grund ihres tugendhaften Handelns machten und damit ganz evident „allgemein gerecht“ im ARISTOTELISchen Sinne waren und als Personifikationen für werthaftes Tun über ihre Gegenwart der Nachwelt als gerecht galten.[417] Die besondere Herausforderung im gerechten Handeln gegenüber einem anderen Menschen liegt nach ARISTOTELES darin, dass sie der Schaffung eines fremden Gutes dient.

> (...) Aus demselben Grund hält man auch die Gerechtigkeit als einzige der Tugenden für ein Gut für einen anderen (*allotrion agathon*), weil sie auf den anderen Menschen bezogen ist. Sie tut nämlich das Förderliche für einen anderen, sei es für einen Herrscher oder einen Mitbürger.[418]

Im gedanklichen Rahmen der allgemeinen Gerechtigkeit wird die *phronetische* Selbstgestaltung zur Mitgestaltung, deren Verwirklichung dem Billigen zukommt. Wenn die geistige Haltung des Klugen, das für ihn Tunliche zu realisieren vermag, wäre Billigkeit nicht denkbar, ohne dass der Kluge sein Sich-Wissen empathisch zu projizieren im Stande ist.

Die Besprechung der *epieikeia*, der Billigkeit, erwächst aus der Erkenntnisse des ARISTOTELES‘, dass das gerechte Handeln nicht schlechterdings mit dem gesatzten Recht gleichgesetzt werden kann und zudem als abstrakt-generelle Norm für typisierte Handlungsvollzüge im Kontingenten konzipiert ist.

> Die Schwierigkeit wird dadurch hervorgerufen, dass das Billige zwar ein Gerechtes ist, aber nicht das Gerechte nach dem Gesetz, sondern als Berichtigung (*epanorthōma*) des gesetzlich Gerechten. Der Grund liegt darin, dass jedes Gesetz allgemein ist, sich aber über manche Dinge keine richtigen allgemeinen Sätze aufstellen lassen.[419]

Wenn die allgemeine Gerechtigkeit im gerechten Handeln gemäß der Gesetze zu sehen ist, die Gesetze aber nicht ausnahmslos mit der Tugend zusammenfallen, dann braucht es noch einen Teil der allgemeinen Gerechtigkeit, der für die praxisadäquate Übersetzung des allgemeinen Regelsatzes zuständig ist. Diese Vermittlungsleistung übernimmt die Billigkeit. Sie ist die situativ-kontextuelle Gerechtigkeit.

> Daher ist das Billige gerecht und besser als eine bestimmte Art des Gerechten, nicht besser als das allgemein Gerechte, aber besser als der Mangel, der aufgrund der allgemeinen Formulierung des Gesetzes entsteht.[420]

---

417 *Trude*, Der Begriff der Gerechtigkeit in der aristotelischen Rechts- und Staatsphilosophie, Berlin 1955, S. 65.

418 EN 1130a 3.

419 EN 1137b 12.

420 EN 1137b 24.

Die immer wieder angeführte und unüberbrückbare Kluft zwischen dem Allgemeinen und der Konkretion in ethischen Angelegenheiten formuliert ARISTOTELES als ontologisches Phänomen.

> Wo es nun nötig ist, allgemein zu sprechen, dies aber nicht auf richtige Weise möglich ist, da nimmt das Gesetz die Regel, die meistens richtig ist, durchaus wissend, dass dies fehlerhaft ist. Und doch ist das Gesetz deshalb nicht weniger richtig. Denn der Fehler liegt nicht im Gesetz, auch nicht beim Gesetzgeber, sondern in der Natur der Sache. Denn so ist nun einmal die Handlungsmaterie beschaffen.[421]

Liest man das hier dargelegte Verhältnis vom allgemeinen Gesetz und konkreten Fall vor der weiter oben formulierten Einsicht in die grundlegenden Strukturmerkmale einer kontingenten Praxis, scheint es ARISTOTELES bei dem Hinweis auf die Eigenheit der gesetzlichen Handlungsmaterie um mehr zu gehen, als die Darlegung einer schlichten Korrekturbedürftigkeit etwaiger, gesetzlicher Lücken oder Unklarheiten.[422]

Wie ELM es formuliert, erfährt alle Orientierung am Allgemeinen nach ARISTOTELES seine Grenzen grundlegend am Einzelnen. Der Einzelfall beanspruche in gewisser Weise sein eigenes Recht.[423] Handeln vollzieht sich immer in einer gegenwärtigen, komplexen Situation, deren totale Erfassung sich dem Menschen entzieht. Ein Handeln unter diesen Bedingungen erfolgt unaufhebbar unter einem Mangel an Gewissheiten. Das stets Unstete im fortwährenden Werden menschlichen Miteinanders macht das zwischenmenschliche Hervorbringen von Wohlergehen unherstellbar im technisch-regelhaften Produktionssinne. Diese Grundkonstellation einer kontingenten Praxis sensibilisiert insbesondere bei der praktisch-philosophischen Formulierung der Orientierungsleistung einer Ordnung aus hinterlegten Sätzen, die dem Menschen dazu dienen sollen, sich in der Konfrontation mit einer akuten Entscheidungssituation anhand von allgemeinen Handlungsanweisungen aus der jüngsten, jüngeren oder älteren Vergangenheit zu verhalten. Unter jenen Bedingungen ist die gelingende Aktualisierung des Horizontes menschlicher Ordnung nur dann sinnvoll denkbar, wenn sich der billig Entscheidende den Habitus einer Wertegemeinschaft als gelebt-existierende Praxis des Wohlergehens zu Eigen gemacht hat. Ohne eine Haltung der personal-integrierten Wertevorstellungen bliebe dem Entscheider jede Situation nur äußerlich.[424] Der iterative Handlungsvollzug verfestigt sich zu einer ethischen Erfahrung, die in

---

421 EN 1137b 15f.

422 *Wolf*, Aristoteles' Nikomachische Ethik, Darmstadt 2007, S. 113.

423 *Elm*, Klugheit und Erfahrung bei Aristoteles, Paderborn 1996, S. 273.

424 Vgl. *Elm* a.a.O. S. 275.

ihrer sprachlichen Verarbeitung begrifflich zum *Allgemeinen* stilisiert wird. Dem billig Entscheidenden ist aber nicht der Begriff als unbegriffene Erfahrung bloße Vokabel, sondern er handelt geleitet von einer gefestigten Haltung, die auf das menschlich aktual Angemessene ausgerichtet ist. Die Verwirklichung des Angemessenen lässt sich aber nicht sprachlich-normativ aggregieren und im Bedarfsfall deduzieren, sondern nur in seiner Vitalität als menschliches Verhalten personifiziert erfassen. Jene Personifikation erfolgt mit der Figur des Klugen.

> Denn die Angemessenheit des Urteils, wo es um das Verhältnis zum anderen Menschen geht, ist allen guten Menschen gemeinsam. Alles, was Gegenstand des Handelns ist, gehört aber zum Einzelnen und Letzten. Diese muss der Kluge kennen.[425]

Die Klugheit als Begriff der praktischen Philosophie umfasst die Billigkeit. Sie ist die Klugheit in rechtlichen Angelegenheiten, die *Rechtsklugheit.*

X. Kritische Würdigung

Die ARISTOTELIsche Ethik gilt nicht wenigen Philosophen der Gegenwart als nicht mehr zeitgemäße philosophische Handlungslehre vom Guten menschlichen Leben. Als einer der Hauptgründe für ihren Verlust an Aussagekraft für die gegenwärtige Lebenswirklichkeit wird ihre glücksteleologische Konzeption vorgetragen.

Wie gesehen gründet ARISTOTELES' Abhandlung auf der Annahme eines intendierten Lebenssinnes, *Worumwillen* sich alle menschliche Praxis in der *polis* als Wertegemeinschaft vollzieht. Er konstruiert die menschliche Natur als ontologische Teleologie, die sich allein im vollzogenen Streben nach dem höchsten menschlichen Gut, dem Glück, als alternativlose Lebensform entfaltet und verwirklicht. Als fragloses Strebensziel ist das Wohlergehen in der Gemeinschaft jedem Tun vorausgesetzt und damit der Klugheit unabdingbar-inklusiv zur Verwirklichung aufgegeben.

ARISTOTELES denkt die *eudaimonia* in der statischen Wertegemeinschaft der *polis,* deren Aufrechterhaltung er im Glücksstreben des *zôon politikón* sieht. Sein Staat ist gewissermaßen eine Erziehungsanstalt für gute Menschen als Bürger. Auf diesem Verständnis gründet auch die von ARISTOTELES angenommene Wechselbeziehung zwischen *Ethik* und *Politik,* auf die bereits mit HÖFFE hingewiesen wurde: „Die Ethik weist auf die politische Herrschaft sittlichen Handelns, die Politik auf den sittlichen Sinn der Polis."[426] Wie BUBNER betont, ist unter der

---

425 EN 1143a 31.

426 *Höffe,* Praktische Philosophie – Das Modell des Aristoteles, 3. bearbeitete Auflage, Berlin 2008, S. 56.

Annahme der *Teleologie* alle Wirklichkeit als ein im Einzelnen wie im Ganzen geordneter Bewegungszusammenhang zu betrachten.[427] Durch die Verklammerung von *Ethik* und *Politik* entfällt die Notwendigkeit einer Begründung von Normsetzung in der *Ethik*. Die Geltung des Glücks als Strebensziel ist als *Telos* des Menschen qua seiner Natur als Mensch gesetzt und bedarf keiner weiteren Geltungsbegründung als Norm menschlichen Handelns.

Jene Prämisse der *Teleologie* bildet nun den Hauptansatzpunkt für die Verweisung der ARISTOTELischen *Ethik* in die Geistesgeschichte. Wie etwa LUCKNER aufzeigt, wird in der Geschichte der Klugheitsethik die Klugheit ‚entpolitisiert' und steht nicht mehr länger im Dienste gemeinschaftlicher Praxis, sondern im Dienst individueller Selbstvervollkommnung.[428] So transformiert sich bereits bei den Stoikern, wie LUCKNER darstellt, die Architektur einer Lehre menschlicher Handlungsorientierung. „Aus der Klugheit als Optimalform einer selbstständig agierenden, sprich: ‚autotelischen'; weltimmanenten und erfahrungsbasierten, gemeinschaftsbezogenen praktischen Vernunft, d.h. aus der Klugheit als je individuell ausgebildeter, universaler Lebens- und Handlungsorienterungskompetenz, deren Ausübung nichts anderes als *eudaimonia* ist, wird in der stoischen und der ihr in weiten Teilen folgenden christlichen Ethik ein allgemeingültiges transsituatives, d.h. ‚drittpersonales' Wissen darüber, was gut und übel ist. Die Klugheit ist daher schon bei den Stoikern nicht mehr für den ‚erstpersonalen' Entwurf individuellen Lebens im Sinne einer Selbstorientierung zuständig, sondern für die Einpassung des Menschen in einen (göttlichen) objektiven Heilsplan. Daher kommt es, dass die Klugheit nicht mehr nur im Dienst des guten Lebens im Sinne der eudaimonia steht, dessen Gestalt je schon gesellschaftlich vorgebildet ist, sondern im Dienste eines Lebens, das auf den ganzen Kosmos und dessen Gesetzlichkeit bezogen ist."[429]

Mit dem Beginn der Neuzeit enthebt NICCOLÒ MACHIAVELLI die *prudentia* ihren Gefügen von harmonischen Seelen- und Gesellschaftsordnungen und unterwirft sie einem reinen machtpolitischen Instrumentalismus. Klugheit dient fortan einzig der wertfreien Erkenntnis der besten Mittel zur Realisierung beliebiger, effizienter Zwecke menschlichen Handelns.[430] Ihrer machtpolitischen Instrumentalisierung folgt ihre Verbannung aus der Philosophie als Begriff.

---

427 *Bubner*, Welche Rationalität bekommt der Gesellschaft? Frankfurt am Main 1996, S. 50.

428 *Luckner*, Klugheit, Berlin 2005, S. 105.

429 Ebda.

430 *Brandt*, Klugheit bei Kant, in: Kersting (Hrsg.), Klugheit, Weilerswist 2005, S. 102.

Die reine Basierung der Klugheit auf Erfahrung sollte sodann THOMAS HOBBES nicht mehr genügen, um sie in seiner politischen Philosophie zu dulden. HOBBES suchte im Denkstil seiner *mos-geometricus-Rationalität* sicheres Wissen über den Staat zu generieren. Wirklich wissenschaftlich ist, was sich mechanistisch zerlegen und erklären lässt. In dieses Raster passt die Klugheit nicht. Sie lässt sich als Phänomen nicht „erschließen". Und so betrachtet HOBBES die Klugheit als eine bloße Eigenschaft, die man bei wilden Tieren sowie bei Menschen vorfinde.[431]

Neben dieser erkenntnistheoretisch bedingten Abqualifizierung der Klugheit beginnt mit HOBBES auch die Autonomisierung von Staat und Gesellschaft. An die Stelle einer ständisch, historisch legitimierten Herrschaft tritt das Prinzip der ursprünglichen Freiheit und Gleichheit der Bürger. Der Staat wird zum künstlich geschaffenen, kontraktualistischen Menschenwerk; die Gerechtigkeit zu einer Sache von staatlicher Gerichtsbarkeit.[432] Es tritt eine Trennung von Gesellschaft und Staat auf, in der der Staat nur über die äußeren Handlungsfreiheiten wacht. Die Klugheit wird zu einer reinen Privatsache.

Bei KANT schließlich wird die Klugheit zu einem Unterfall von Geschicklichkeit herabgestuft und die *Ethik* wird zur *Moral*, in deren Zentrum der autonome Wille und der kategorische Imperativ stehen.[433]

Bereits vor dem Hintergrund dieser *très petit tour d'horizon* ist es zunächst nachvollziehbar, wenn KLAUS GÜNTHER von moralphilosophischer Warte aus konstatiert, dass seit dem Zusammenbruch des *teleologischen* Weltbildes des *Aristotelismus* keine gesellschaftlichen Lebensformen existieren, „von denen wir sagen könnten, daß sie für beliebige einzelne verbindlich sind. Damit hängt zusammen, dass sich der Begriff der Klugheit aus dem Bedeutungsfeld, das er im Kontext des Aristotelismus (...) noch umfaßte, herausgelöst hat. Mit dem Autonomwerden der Politik ist er zur moral- und zunächst auch rechtsfreien Kategorie dieses Handlungsbereiches geworden. Gerade weil sich moralische Handlungskonflikte nicht mehr durch Integration in eine gemeinsame Lebensform lösen lassen und weil wir zunehmend auf Konflikte zwischen Angehörigen verschiedener Lebensformen stoßen, war die Abstraktion der moralischen Qualität einer Norm von der jeweiligen Lebensform, in der oder auf die sie angewendet werden könnte, unvermeidlich."[434] In den Focus der Moralphilosophie rückt daher, wie

431 Hobbes 1966, 507 – Leviathan Kap 46.

432 *Brandt*, Klugheit bei Kant, in: Kersting (Hrsg.), Klugheit, Weilerswist 2005, S. 103.

433 Siehe hierzu *Aubenque*, Der Begriff der Klugheit bei Aristoteles, Hamburg 2007, S. 179 ff; *Brandt*, Klugheit bei Kant, in: Kersting (Hrsg.), Klugheit, Weilerswist 2005, S. 105 f.

434 *Günther*, Der Sinn für Angemessenheit, Frankfurt am Main 1988, S. 16.

Günther erläutert, vor allem die Frage nach den Bedingungen der richtigen Begründung moralischer Normen.[435]

Ob die vorgetragenen Befunde hinreichend belastbar sind, um die *aristotelische Ethik* und ihren Begriff der Klugheit für die Lebensgestaltung des Einzelnen tatsächlich *ad acta* legen zu können, kann hier dahinstehen.

Denn das hier übergeordnete Erkenntnisinteresse gilt nicht der Frage, welchen Aussagegehalt die Klugheit für das gute Leben des Einzelnen hat, sondern inwiefern das juristische Denken und Entscheiden anhand des Begriffes der Rechtsklugheit treffend beschreibbar ist und welche Implikationen dies mit sich bringt. Wenn nun auf der Ebene der Moralphilosophie angenommen wird, dass sich durch gewandelte gesellschaftliche Bedingungen die Gültigkeit von Lebenssinn in irgendeiner Weise verändert hat und vorgegebene Handlungsziele allgemeinverbindlich begründungslos nicht mehr angenommen werden dürfen, trifft diese Kritik für die *Rechtsklugheit* einer *praktischen Philosophie* nicht zu, will man die verfassungsrechtliche Realität nicht ausblenden. Mag es der modernen Moralphilosophie an einem allgemeinverbindlich angebbaren, eine gemeinsame Lebensform konstituierenden Strebensziel ermangeln, ist mit dem Leben einer Vielzahl von Menschen in einer Gemeinschaft des Rechts, die gemeinsame Lebensform vorgegeben. Jene verbindliche, gemeinsame Lebensform findet als Rechtsstaat ihre grundgesetzliche Verankerung mit dem Bundesverfassungsgericht in einer Gesamtschau der Bestimmungen des Art. 20 Abs. 3 GG über die Bindung der Einzelgewalten der Art. 1 Abs. 3, 19 Abs. 4, 28 Abs. 1 S. 1 GG sowie aus der Gesamtkonzeption des Grundgesetzes.[436] Der Rechtsstaat verpflichtet, wie Schmidt-Assmann formuliert, zur Gestaltung des staatlichen und gesellschaftlichen Lebens mit den Mitteln und Maßstäben des Rechts als einem spezifischen Ordnungsmedium.[437] „Die Verfassungsentscheidung für den Rechtsstaat", so Schmidt-Assmann weiter, „ist zu allererst die Entscheidung für eine spezifische Struktur staatlichen und auch gesellschaftlichen Lebens: für eine Gestaltung nach Maßgabe des Rechts. Das soziale Verhalten soll an den Zielen des Rechts seine Ausrichtung, das Individuum durch die ordnende Kraft rechtlicher Normen einen Bereich eigener Entfaltung gesichert erhalten (…)."[438] Wie Stern mit Nachdruck formuliert, bedarf die Gesellschaft des Staates, „um

435 Siehe weiter zusammenfassend *Günther* a.a.O. S. 17.

436 BVerfGE 2, 403. Zu den unterschiedlichen Auffassung über die dogmatische Verankerung des Rechtsstaatsprinzips siehe im Überblick *Schmidt-Aßmann*, Der Rechtsstaat, in: HStR I, § 24 Rn. 3, Fn. 12.

437 *Schmidt-Aßmann,* a.a.O. § 24 Rn. 1.

438 *Schmidt-Aßmann* a.a.O. § 24 Rn. 21.

ihrer Überlebensfähigkeit willen. Der Staat erst ist die in Form gebrachte politische Gesellschaft. Politisch und das heißt primär gemeinschafts- und geschichtsgestaltend können Menschen nur noch in der Form des Staates wirken. Da dem so ist, bedarf die Gesellschaft aber auch des Rechtsstaates, um ihre freiheitliche Existenz zu sichern. Insofern entspricht der Rechtsstaat einer anthropologischen Notwendigkeit. Sein großer Wertgehalt ist (...) das Fundament für grundlegende Festlegungen des Gemeinschaftslebens."[439] Dieser anthropologischen Notwendigkeit ist der Glaube daran hinterlegt, dass es dem Menschen am ehesten entspricht in einer *Ordnung des Rechts* zu leben. Damit bleibt einer Gemeinschaft des Rechts das *Telos* des *zôon politikón* immanent, den die moderne Moralphilosophie meint hinter sich gelassen zu haben. Während nach der Vorstellung der Moralphilosophen der Kluge in der Gegenwart ziellos umherirrt, bleibt ihm in einem Rechtsstaat das zu verwirklichende Ziel vorgegeben: die gelingende Verwirklichung eines gemeinschaftlichen Miteinanders nach einer Ordnung des Rechts. Die dieser Annahme inhärenten rechtsstaatlichen Elemente sind vielfältig und können hier nicht umfassend aufgezählt werden.[440] Es reicht allein die Feststellung, dass mit der Rechtsstaatlichkeit die Verwirklichung einer gerechten Gemeinschaftsordnung für jeden, der rechtsgebundene Entscheidungen trifft, als Ziel vorgegeben ist. Ein Staat des Rechts ist eine Ordnung des Rechts, die über die Gerechtigkeit den Kontakt zu ihren Bürgern hält. Dass die Gerechtigkeit als eine der Zielvorgaben in einem Rechtsstaat gelten muss, erläutert Katharina Sobota wie folgt: „Ein Bürger, der in einem Rechtsstaat zu leben meint, erwartet, dass ihm vor Gericht und Behörden Gerechtigkeit widerfährt. Wenn ihn eigene oder fremde Erfahrungen bereits desillusioniert haben, wird er diese Hoffnung nicht auszusprechen wagen. Trotzdem fühlt er sich bitterlich enttäuscht, wenn ihn ein Urteil oder eine andere hoheitliche Maßnahme trifft, die er für ungerecht hält. Dieses schmerzliche Gefühl beruht zu einem großen Teil darauf, daß die vermeintlich ungerechte Entscheidung die eigenen Interessen verletzt; es stellt sich aber auch ein, wenn es um fremde Angelegenheiten geht: Das Rechtsgefühl, ein uneigennütziger Sinn für Gerechtigkeit, begehrt auf.

Von der Warte reiner Theorie oder eines professionell gepflegten Zynismus mögen diese Empfindungen als naiv belächelt werden. Tatsächlich geben sie einer Haltung Ausdruck, ohne die ein Rechtswesen auf Dauer nicht existieren kann. Ohne die Überzeugung, dass Recht zu guter Letzt auf Gerechtigkeit gerichtet

---

439 *Stern*, Das Staatsrecht der Bundesrepublik Deutschland, Band I, München 1984, S. 767.

440 Siehe umfänglich *Sobota*, Das Prinzip Rechtsstaat, Tübingen 1997, S. 19 f.

ist, werden die Teilnehmer, die das Orientierungsgefüge Recht zustandebringen, keinen überzeugenden Beitrag leisten können. Recht wird zu einer beliebigen Organisationsform, die mit physischem oder finanziellem Zwang durchgesetzt werden muss. Diese Konstruktion ist vielleicht theoretisch befriedigend, in der Praxis wird sie unter der ersten Belastung zusammenbrechen."[441] Eben jene praxisgerechte Gerechtigkeit will ARISTOTELES mit seiner Billigkeit erzeugen, die in ihrer konzeptuellen Vollgestalt nur als eine *Rechtsklugheit* unter den Bedingungen einer *praktischen Philosophie* einsehbar wird. Die Klugheit ist also in rechtlichen Angelegenheiten nicht nur in der Gegenwart weiter denkbar, sondern das Recht des Rechtsstaates ist unweigerlich auf Klugheit angewiesen. „Rechtsstaatliches Denken", so liest man bei SOBOTA, „glaubt an den Vorzug der Nomokratie, der neutralisierenden allgemeinen Herrschaft des Gesetzes, aber auch an die Notwendigkeit einer verhältnismäßigen, angemessenen Anwendung von Normen. Insoweit setzt Rechtsstaatlichkeit immer auch ein bestimmtes Rechtsverständnis voraus, das der Exekutive und Judikative Spielräume für ein kluges, kunstgerechtes Gestalten einzuräumen hat."[442] Der in rechtlichen Angelegenheiten und Strukturen agierende Jurist, soll gerade nicht als autonomes Subjekt nach selbstgesetzten Zwecken handeln, sondern eingelassen in die vielschichtigen Bezüglichkeiten einer aktualen Rechtskultur des positiven Rechts und seiner Dogmatik. Nicht reine Vernunft gebietet ihm, sondern ein normenorientierter Realismus. Das *Worumwillen* seines Tätigseins ist die *Praxis des Rechts*. Dort, wo gerechte Praxis das Strebensziel ist, verlangt es nach einem ordnenden Vorgehen, das die weltliche Verwirklichung des Rechts unter gegebenen Bedingungen ermöglicht und gewährleistet. Der juristische Akteur wirkt dabei als Mittler der Ordnung. Die praktisch erreichbare, gerechte Ordnung bedeutet stets nur ein Gemisch aus verstandesgeleiteter Überlegung und wechselnden Gegebenheiten im Umkreis der Praxis.[443] Jene Integrationsleistung einer kontextabhängigen, rechtlich geleiteten Ordnungsverwirklichung ist Aufgabe der Rechtsklugheit. Sie ist die Fähigkeit Erfahrung, Traditions- und Institutionswissen sowie Einfühlungsvermögen[444] für die situativen Gegebenheiten unter normativen Vorgaben in eine Entscheidung einzupassen. Es ist eben jene menschliche Fähigkeit, die in der praktischen Philosophie des ARISTOTELES Klugheit heißt und in ihrer vermittelnden Verwirklichungsleistung im Normengefüge zur *Rechtsklugheit* wird.

441 *Sobota* a.a.O. S. 493.

442 *Sobota* a.a.O. S. 399.

443 Vgl. *Bubner*, Welche Rationalität bekommt der Gesellschaft?, Frankfurt am Main 1996, S. 54.

444 *Sobota*, Das Prinzip Rechtsstaat, Tübingen 1997, S. 441.

Teil 4 – Rechtsklugheit als Denk- und Handlungsweise

> „Handeln und Sprechen bewegen sich in dem Bereich, der zwischen Menschen qua Menschen liegt, sie richten sich unmittelbar an die Mitwelt, in der sie die jeweils Handelnden und Sprechenden auch dann zum Vorschein und ins Spiel bringen, wenn ihr eigentlicher Inhalt ganz und gar »objektiv« ist, wenn es sich um Dinge handelt, welche die Welt angehen, also den Zwischenraum, in dem Menschen sich bewegen und ihren jeweiligen, objektiv-weltlichen Interessen nachgehen. Diese Interessen sind im ursprünglichen Wortsinne das, was ›inter-erst‹, was dazwischen liegt und die Bezüge herstellt, die Menschen miteinander verbinden und zugleich voneinander scheiden."
>
> HANNAH ARENDT

Durch die vorangegangenen Ausführungen ist es nun zum Abschluss möglich, den Aussagegehalt der Rechtsklugheit in Verbindung mit VIEHWEGS topischer Jurisprudenz auszubuchstabieren. Im Zuge der hier vollzogenen Rezeption VIEHWEGS Traktat aus *Topik und Jurisprudenz* wurde bereits eingangs knapp und thetisch bemerkt, dass dessen aporetisch zugeschnittene Topikinterpretation sich nur dann sinnvoll denken lässt, wenn man sie als den argumentationstheoretischen Beitrag zu einer juristischen Handlungs- und Entscheidungslehre liest. Die *Topik* als *technē* der Problembehandlung dient, so hieß es zu Beginn der hier niederlegten Ausführungen, nicht der reinen intellektuellen Übereinbringbarkeit von Meinungen, sondern zielt darauf ab, eine Handlung in Gang zu setzen oder zumindest eine Neigung zur Handlung zu evozieren.[445] Es wurde behauptet, dass VIEHWEG ein Modell juristischen Denkens skizziert, das unausgesprochen seine Verflechtung in eine ethische Handlungslehre stets mitdenkt. Das Unausgesprochene wird nun im hier hergestellten Kontext präzise formulierbar. Es wird deutlich, dass die *Rechtsklugheit* Teil einer Handlungslehre praktisch-philosophischer

445 Siehe Teil 1 I. 3. dort in Anlehnung an *Perelman*.

Provenienz ist, die als Haltung im Sinne einer Tugend den Referenzhorizont für handlungsbezogene Überzeugungsvorhaben bildet und zugleich auf die inventive, ordnende und plausibilisierende Leistungsfähigkeit von *Topik* und *Rhetorik* angewiesen ist, um in einer kontingenten Praxis zu einer situativ gerechten Handlungs*weise* zu gelangen.

Einer jeden klugen, juridischen Praxis geht die entscheidungsorientierte Überlegung voraus. Fluchtpunkt bei der Rekonstruktion juristischen Verhaltens ist die für alle an der forensischen Entscheidungsfindung Beteiligten maßgebliche richterliche Perspektive. Als Begriff der praktischen Philosophie ist die Überlegung zum einen unter der Beachtung des Zieles zu begreifen, dem sie gewidmet ist und zum anderen den Bedingungen, unter denen sie erfolgt. Denn Bedingungen und Ziel restringieren das Wirklichkeitsspektrum, in dem die praktisch-philosophisch gedachte Deliberation operiert. Es handelt sich – ganz im Sinne der ARISTOTELISchen *bouleusis* – um ein handlungsvorbereitendes Sondierungsverfahren, dass unter den in der Handlungskompetenz des Akteurs liegenden Mitteln jenes ausfindig machen soll, das ein vorgegebenes Ziel zu verwirklichen im Stande ist. Die Überlegung beschränkt sich damit streng nur auf solche Wahlmöglichkeiten, die für den Überlegenden mit Blick auf die Zielerreichung machbar sind. Die *bouleusis* fungiert nicht als frei schwebender Intellekt, sondern als ein situationsgebundenes, imaginäres Realisierungsverfahren, das sich innerhalb des Vorgegebenen und Vorgefundenen gedanklich bewegen muss. Die Überlegung ist untrennbar mit dem konkreten Handlungskontext verflochten. Übertragen auf die juristische Entscheidungswirklichkeit bedeutet dies, dass die Überlegung des Juristen stets eingelassen ist in ein situatives Geflecht aus Institutionen, strengen personalen Rangordnungen, parteilichen Bedürfnissen, Sachlagen und Regelungen. Die Gesamtheit dieser Umstände bildet die Realität jeder juristischen Entscheidungsbildung und gibt den realen Spielraum für das vor, was, um mit BALLWEGS Worten zu sprechen, den Entscheidungsbereich darstellt. Die Deliberation waltet in der erfahrbaren, nicht in der ideellen Welt. Für sie gilt die Realität des *Hier* und *Jetzt*. Unter jenen Bedingungen ermittelt der Überlegende in einem gedanklich ordnenden Prozess seine Handlungsoptionen. Die erfassten Wahlmöglichkeiten gilt es dann, im Handlungsvollzug zu verwirklichen.

Der Begriff der Überlegung aus der praktischen Philosophie ist jedoch gewissermaßen nur die äußere Beschreibung und Einordnung eines Teilvorganges im Verlauf eines gesamten Handlungsvollzuges. Es wird mit einem Blick von außen auf die Strukturen und Bedingungen geschaut, die für eine überlegte Handlungsanbahnung elementar sind. Der Begriff dient der Absteckung eines äußeren Rahmens zur Vergegenwärtigung handlungsbedingter Realitäten. Das Innenleben der Überlegung analysiert hingegen VIEHWEG, wenn er das juristische Denken als *topisches Problemdenken* reflektiert.

Durch die Inbezugsetzung der juristischen Begründungspraxis und der *Topik* bringt VIEHWEG neben der Exponierung ihrer situativen *Problembezogenheit* vor allem die *Meinungsmäßigkeit* ihrer Prämissen in Anschlag und führt damit eine grundlegende erkenntnistheoretische Annahme ein, die Bedingungen, Möglichkeiten und Grenzen juristischer Wirklichkeitsverarbeitung prädestiniert. Meinungen sind zeitgebundene Ansichten, deren erkenntnistheoretische Klassifikation nur ein Fürwahrhalten ist. Die Meinung ist keine gesicherte Erkenntnis personenunabhängigen, objektiven Wissens. Meinungen sind nach ARISTOTELES dann anerkannt und damit prämissenfähig, wenn sie „entweder von allen oder den meisten oder den Fachleuten und von diesen entweder von allen oder den meisten oder den bekanntesten und anerkanntesten für richtig gehalten werden."[446] Die Existenz und Anerkenntnis einer Meinung setzt einen gemeinsamen Erfahrungshorizont einer Erlebnisgemeinschaft voraus. Das gemeinsame Erleben in der Erfahrungswelt ist die Bedingung der Möglichkeit eines Erfahrungstausches im Medium versprachlichter Meinungen. In einer prekären Praxis bleibt auch die Gültigkeit von Meinungen prekär. Die Meinung ist untrennbar mit der Gegenwart ihrer Verwender verflochten. Sie ist ein streng gegenwartsbezogenes, situativ amorphes Artefakt. Ihr Erkenntnisgehalt leidet immer unter dem Mangel einer absoluten, zeitunabhängigen Situationseinsehung. Ihre Gültigkeit bleibt aufgrund ihrer Situativität einem zeitlichen Verfallswert ausgesetzt und kann nur durch die iterative Validierung im Austausch innerhalb der Erfahrungsgemeinschaft aktual gehalten werden. Nichtsdestoweniger wäre menschliche Praxis ohne Meinungen orientierungslos. Sie sind funktional nicht substituierbar und bilden den ständigen Boden einer aktuellen gemeinsamen Praxis.[447] Die eigene Artbeschaffenheit des meinungsmäßigen Wissens bildet den erkenntnistheoretisch gemeinsamen Nenner von *Rhetorik*, *Topik* und *phronēsis*. Es ist das Medium der Meinung, das diese handlungsbezogenen Denkweisen prägt und verbindet.[448]

Wenn VIEHWEG nun die Prämissen der juristischen Beratungssituation ihrer erkenntnistheoretischen Art nach als meinungsmäßig identifiziert, ist ihre

---

446 Top. 100b 21 f.

447 *Bubner*, Klugheit im Gebrauch von Argumenten, in: Kersting (Hrsg.), Klugheit, Weilerswist 2005, S. 206.

448 Vgl. *Ballweg*, Medium jeder Rhetorik ist die Meinung, in: ders., Analytische Rhetorik, Frankfurt am Main 2009, S. 172.

wirksame Verwendung in der forensischen Disputation nur dann umfassend beschrieben, wenn neben die *Topik* die *Rhetorik* als Erklärungsmodell gestellt wird.

Um die Meinungen als temporäres, handlungsbezogenes Wissen stabil und vital halten zu können, bedarf es der Bedingung einer *rhetorisch-topischen* Denkweise. Da Meinungen nur zwischen Menschen existieren, setzt eine Analyse ihrer Wirkung eine Betrachtung ihrer unauflöslichen Verflechtung mit dem beredeten Austausch in menschlicher Praxis voraus. Aus diesem Grund versteht auch ARISTOTELES die handlungslenkende Wirkung der meinungsmäßigen Prämissen als vielschichtiges und nicht rein rationales Phänomen.

Eröffnet die *Topik* mit ihren *topoi* Perspektiven, Aspekte und Sichtweisen auf eine Problemlage[449], so handelt es sich bei der *Rhetorik* als *technē* um die menschliche Fähigkeit, in den Angelegenheiten, in denen man mit sich selbst und mit anderen in Ansehung eines Problems zu Rate geht, das Tunliche zu plausibilisieren.[450] Als notwendiger Bestandteil der *Klugheit* dient die *Rhetorik* als Tugend der diskursiven Ermittlung des situativ Gebotenen durch das (Er-) finden von überzeugenden Beweisen im Moment der handlungsbezogenen Überlegung.[451] Der Begriff der *Rhetorik* steht jedoch nicht allein für die menschliche Fähigkeit durch Reden andere zu überzeugen. Er steht zugleich für eine Theorie, die die Bedingungen praktischen Überzeugens reflektiert. Als zentrale These ist der *Topik* und der *Rhetorik* als Theorien die Annahme gemein – der praktischen Philosophie entsprechend –, dass es keine absoluten Wahrheits- und Richtigkeitserkenntnisse in der Redepraxis gibt. Denn gerade die der *Topik* und *Rhetorik* zu Grunde liegende Hauptannahme der Meinungsmäßigkeit der Prämissen im praktischen Denken begrenzt den Grad der menschlichen Fähigkeit zur Wirklichkeitserkenntnis und -verarbeitung und bildet somit zugleich die Antithese zur Vorstellung der Existenz eines handlungsleitenden Wahren und Richtigen als etwas absolut Gültigem.[452] Die unentbehrliche praxistragende Funktion von *Topik* und *Rhetorik* besteht darin, das immerhin situativ wahr und richtig Erscheinende in einer kontingenten Praxis zum Zwecke der Interaktion überzeugend zu vermitteln.[453] Eine solche Auffassung von *Topik* und *Rhetorik* versteht die *Rhetorik* nicht als bloße Stilkunde über die ansprechende sprachliche

---

449 *Debatin*, Die Rationalität der Metapher, Berlin 1995, S. 21.

450 Rhet. 1355a25; 1357a2ff; vgl. *Rapp*, Rhetorik und Philosophie in Aristoteles' „Rhetorik", in: Rhetorik. Ein internationales Jahrbuch, Bd. 18 (1999), S. 96.

451 Vgl. *Debatin*, Die Rationalität der Metapher, Berlin 1995, S. 20.

452 Vgl. *Garrn*, Zur rechtspraktischen Bedeutung einer Theorie der juristischen Rhetorik, ARSP Beiheft Nr. 44, S. 97.

453 Ebda.

Gestaltung einer *eigentlichen* Wirklichkeit, sondern sieht in ihr vor dem Hintergrund der Annahme eines allein meinungsmäßigen Wirklichkeitszugriffs die notwendige Bedingung der Möglichkeit für zwischenmenschlichen, handlungsorientierenden Austausch von versprachlichten Wirklichkeitsrekonstruktionen. Der *Rhetorik* ist die Annahme der *Rhetorizität* menschlicher Wirklichkeitsvermittlung immanent.[454] *Topik* und *Rhetorik* ermöglichen gemeinsam eine *topisch* strukturierte *rhetorische* Plausibilisierung von Handlungsoptionen. Als Tugend sucht die *Rhetorik* in der Handlungs- und Entscheidungssituation zu überzeugen und nicht zu überreden.[455] Als Theorie analysiert sie jenes handlungsorientierte Überzeugungsverhalten.

In seiner Abhandlung *über* die *Rhetorik* untersucht Aristoteles eben jene Bedingungen der Erzeugung überzeugenden Redens. Den Effekt des Überzeugt-Seins forscht er als Phänomen einer in ihrer Gesamtheit zu betrachtenden Redesituation aus. Aus diesem Blickwinkel ergeben sich für ihn drei in ihr wirkende Überzeugungsmittel: *ethos*, *pathos* und *logos*.[456] *Ethos* befasst sich mit der Bedeutung des Charakters des Redners, *pathos* mit den Emotionen des Publikums und *logos* mit den sachbezogenen Argumenten.[457] Nach Aristoteles kommt dem *logos* besondere Bedeutung zu, denn Überzeugung stellt sich bei dem Zuhörer immer dann ein, wenn er eine Sache als erwiesen ansieht.[458] Rapp bezeichnet die aristotelische *Rhetorik* als eine Art Selbsthilfeeinrichtung des *logos*, die durch sachbezogene Überzeugung – mit *paradeigma* und *enthymem* – dem Gerechten und Besseren zur Geltung verhelfen soll.[459]

Neben dem *paradeigma* gilt Aristoteles in der *Rhetorik* das *enthymem* als wichtigstes Beweismittel.[460] Es handelt sich nach Aristoteles um eine Art von *syllogismos*.[461] Ganz allgemein lässt sich mit Wörner annähernd sagen, dass es

---

454 Zur Rhetorizität siehe *Ostheeren*, Rhetorizität, in: Ueding (Hrsg.), Rhetorik. Begriff – Geschichte – Internationalität, Tübingen 2005, S. 324 f.

455 *Debatin*, Die Rationalität der Metapher, Berlin 1995, S. 20.

456 Rhet. 1356b 2–25.

457 Siehe zusammenfassend *Kienpointner*, Rhetorik, in: Rapp / Corcilius (Hrsg.), Aristoteles Handbuch, Stuttgart 2011, S. 510; *Rapp*, Aristotelische Grundbegriffe in der Theorie der juridischen Argumentation, in: Rechtstheorie 42, Berlin 2011, S. 283.

458 Rhet. 1355a 5 f.; vgl. so *Wörner*, Das Ethische in der Rhetorik des Aristoteles, Freiburg 1990.

459 *Rapp*, Rhetorik und Philosophie in Aristoteles' „Rhetorik", in: Rhetorik. Ein internationales Jahrbuch, Bd. 18 (1999), S. 104.

460 Rhet. 1356b 13–17.

461 Rhet. 1355a 8. Angesichts der sich hinter dieser Aussage verbergenden Vielschichtigkeit kann hier nur auf die Sekundärliteratur verwiesen werden. Siehe zusammenfassend

beim *enthymem* um den Erweis von etwas aufgrund eines innerlichen Sachzusammenhanges zwischen etwas Aufzuzeigendem und dessen Voraussetzungen geht, die man in der Rede darlegt oder als bereits bekannt übergehen kann.[462]

Wörner betont in diesem Zusammenhang die besondere Beziehung zwischen Sach- und Sprachaspekt, der durch die *Rhetorik* deutlich wird. Der *logos* selbst repräsentiere den Sachaspekt, insofern er die Sachbeziehung zur Sprache bringe, weswegen man in der Regel rede.[463] Den kommunikativen Aspekt stellt Wörner auch weiter als ein wesentliches, unausgesprochenes Merkmal der aristotelischen *Rhetorik* heraus. *Ethos, pathos* und *logos* selbst seien als Überzeugungsmittel der menschlichen Rede insofern angemessen, als sie in ihrer sachlichen Interdependenz auf ein Verständnis des Menschen als Einheit von *Ethos, Affektivität* und der Fähigkeit zur Orientierung an gesellschaftlich anerkannten Regel verweisen, das sich in seinem Sprechen ausdrücke und manifestiere. Damit arbeitet die aristotelische *Rhetorik* Bedingungen überzeugenden Redens in der Praxis heraus und trägt so dazu bei, sie als Medium der pragmatischen Plausibilisierung zu reflektieren.[464]

In einer Zusammenschau von *Topik*, *Rhetorik* und praktischer Philosophie wird deutlich, dass die Argumentation in die Beratungssituation der praktischen Klugheit gehört.[465] Die Praxisbezogenheit der *Rhetorik* spiegelt sich in dem von Aristoteles rekonstruierten Konzept der Überzeugung wieder. Der praktische Erfahrungshorizont des Handelnden bildet die geistige Referenz meinungsmäßiger Überzeugungsunternehmungen. Praktische Philosophie begreift den Menschen als vernunftbegabtes Strebenswesen, dessen erstes Streben durch Affekte evoziert wird. Das Streben kontrolliert den Menschen in seinem Handeln aber

---

Rapp, Aristotelische Grundbegriffe in der Theorie der juridischen Argumentation, in: Rechtstheorie 42, Berlin 2011, S. 391–415; *Kraus*, Deduktion, Reduktion, Kontradiktion: Rhetorische Theorien des Enthymems, in: Rechtstheorie 42, Berlin 2011, S. 417–436.

462 *Wörner*, Das Ethische in der Rhetorik des Aristoteles, Freiburg 1990, S. 53; siehe vertiefend zum Enthymem insbesondere mit Blick auf die Rekonstruktion juristischen Begründens: *von Schlieffen*, Wie Juristen begründen, Juristen Zeitung, 66. Jahrgang, 2011, S. 109 ff.; *Rapp*, Aristotelische Grundbegriffe in der Theorie der juridischen Argumentation, in: Rechtstheorie 42, Berlin 2011, S. 386/387; *von Schlieffen*, Das Enthymem – Ein Modell jurdischen Begründens, in: Rechtstheorie 42 (2011), S. 601–619.

463 *Wörner*, Das Ethische in der Rhetorik des Aristoteles, Freiburg 1990, S. 55.

464 Vgl. *Wörner* a.a.O. S. 15.

465 In Anlehnung an *Bubner*, Klugheit im Gebrauch von Argumenten, in: Kersting (Hrsg.), Klugheit, Weilerswist 2005, S. 202.

nicht in voller Dominanz, sondern wird seinerseits gemäß dem erfahrungsgeprägten Habitus zu einer Handlung kanalisiert, die die Klugheit auf den Einzelfall angemessen justiert. Die in der Rhetorik genannten Analyseebenen von *ethos*, *logos* und *pathos* entsprechen Wirkungsebenen, die ARISTOTELES im Moment menschlichen Entscheidens und Handels am Werk sieht. Der *Rhetorik* und der praktischen Philosophie liegt ein und dasselbe Menschenbild zu Grunde. Als Wirkmittel ist die *Rhetorik* nur auf die menschliche Praxis *gerichtet*. Sie ist nicht der Lebensvollzug selbst, sondern will zu ihm bewegen. „Wer handeln will, muß," so formuliert BUBNER treffend, „vom Reden zur Tat schreiten. Der Schritt ", so heißt es weiter bei ihm, „ist eher ein Sprung, ein dezisionistischer Akt. Der Abbruch des Austausches von Argumenten ist nicht schlechterdings irrational, denn man debattiert in der Absicht der Handlungsvorbereitung. Aber wann die Debatte als abgeschlossen gilt, daß warum zu einem bestimmten Zeitpunkt die Entscheidung fällt, lässt sich nicht aus dem Gang der Rede schlüssig ableiten."[466] Die Bedingungen der Entscheidung in einer kontingenten Praxis bleiben der Erfahrung und situativen Wahrnehmung des Entscheiders überantwortet. Die Zeitlichkeit unter der menschlicher Argumentationsaustausch zum Zwecke der Überlegung im handlungsvorbereitenden Stadium stattfindet, bedingt durch den der Praxis immanenten Handlungszwang stets einen Abbruch von Vernünftigkeit.[467]

Entscheidend bleibt der Entscheider. Wie bereits zuvor formuliert, muss der Akteur zur Verwirklichung der innerhalb der Überlegung ermittelten Handlungsmöglichkeit den intellektuellen Raum der Planung verlassen und seine Überlegung in eine außerhalb von ihm liegende Wirklichkeit entlassen. Alles praktische Denken geschieht um einer von ihm selbst verschiedenen Wirklichkeit willen. Das Umsetzen in die Tat ist aber nicht mehr Sache der Überlegung. Die praktische Überlegung kann nicht in der Fiktion eines Konsenses zwangsfrei vermittelt durch einen fortlaufenden Dialog mit einer Handlung aggregieren. Die Diskussion vermag die Aktion nicht zu determinieren. Die *topisch-rhetorisch* geordnete Überlegung kann den Entscheider allenfalls überzeugen. Dennoch bleibt die nötige handlungsauslösende Kontrollinstanz die Wahrnehmung der Entscheidungspraxis des erfahrenen Entscheiders in Ansehung der konkreten Situation.[468]

---

466 *Bubner*, Handlung, Sprache und Vernunft, Frankfurt am Main 1982, S. 118, hier in Bezug auf parlamentarische Debatten. Siehe *ders.* a.a.O. S. 236 zur Leistungsfähigkeit des Dialoges.

467 Vgl. *Elm*, Klugheit und Erfahrung bei Aristoteles, Paderborn 1996, S. 66.

468 Vgl. *Bubner* a.a.O. S. 119.

Das Besondere der juristischen Überlegung liegt nun in ihrer mehrfachen rechtlichen Vorstrukturierung. Denn Recht und Gerechtigkeit als Ziel und Ordnungsgarant menschlich gelungener Gemeinschaft gehen der Deliberation immer schon voraus. Ist bei ARISTOTELES das Glück als höchstes Strebensgut und damit als Verwirklichungsziel einer jeden menschlichen Überlegung in eigenen Angelegenheiten gesetzt, so tritt an die Stelle des Glücks in den Überlegungen in rechtlichen Angelegenheiten die Gerechtigkeit. Ihre Verwirklichung ist konstantes Ziel juristischer Überlegung. Als Ziel bleibt sie dem Wesen nach – dem Glück vergleichbar – eine vage Vorgabe menschlichen Wohlergehens. Es sei daran erinnert, dass es sich nach ARISTOTELES bei der universellen Gerechtigkeit um kein Ideal handelt, sondern um eine *Tugend*, eine gelebte, zur menschlichen Seins*weise* verfestigten *Haltung*, die auf die Verwirklichung menschlichen Wohlergehens *tätig* abzielt. Wie bereits formuliert, materialisiert ARISTOTELES Gerechtigkeit nicht singulär zu einem außerhalb des Menschen liegenden metaphysischen Ideal, sondern begreift sie als beschreibbare *Weise* menschlichen Handelns. Im sozial gelungenen Miteinander verwirklicht sich die menschliche Wesensart als *zôon politikón* in vornehmster Manier. Was für den Einzelnen das Glück als höchstes Strebensgut ist, wird in der gelungenen Strebensverwirklichung in Gemeinschaft zur Gerechtigkeit. Als Tugend ist Gerechtigkeit Selbstgestaltung als selbstgestaltete Mitgestaltung.

Jenes vage Strebensziel der Gerechtigkeit wird im Rechtsstaat durch eine komplexe Normenordnung ausbuchstabiert. Durch das staatlich gesatzte Recht und die privatautonomen Regelungen wird die juristische Überlegung auf den unterschiedlichsten Gebieten menschlicher Gerechtigkeitsfragen antizipiert und vorgeordnet. Die Gesetze entsprechen als *topoi* Argumentationsmustern[469] zur Erreichung eines Argumentationszieles: gerechten Handelns. Wie der *Rhetorik* des ARISTOTELES entnommen werden kann, ist in dem *topos* eine Art gedanklicher Sammelort zu sehen, unter den viele Enthymeme fallen.[470] Die *enthymeme* als rhetorische Beweise bilden das die Überzeugung erzeugende Argument. In Gesetzesterminologie übersetzt bedeutet dies, dass die einzelnen Tatbestandsmerkmale jeweils Argumente darstellen, bei deren Vorliegen in der Gesamtheit überzeugend vorgetragen ist, dass eine bestimmte Handlung vorzunehmen ratsam ist. Wurde etwa nachgewiesen, dass die Tatbestandsmerkmale eines Diebstahles erfüllt sind, so gilt es, eine Bestrafung herbeizuführen. Liegen die

---

469 Vgl. Hierzu auch *Garrn*, Zur rhetorischen Begründungsfunktion juristischer Topik, in: Schirren / Ueding (Hrsg.), Topik und Rhetorik, Tübingen 2000, S. 501 ff.

470 Siehe zum Ganzen *Wagner*, Topos, in: Rapp / Corcilius (Hrsg.), Aristoteles Handbuch, Stuttgart 2011, S. 355.

Voraussetzungen eines Kaufvertrages vor, ist zu veranlassen, dass der Verkäufer vom zahlungsunwilligen Käufer den zu zahlenden Betrag erlangt. Durch die abstrakte Fassung von Regelungen ist die Überlegung zu einem gewissen Grad vorargumentiert und wird in wiederkehrenden, vergleichbaren Fällen und ihren Bedingungen schlicht repetiert.

Gleichwohl bleibt die gesetzliche Vorordnung in der handlungsbezogenen Überlegung im Modell der praktischen Philosophie jener intellektuelle Prozess, der von der Klugheit umklammert wird. Die Überlegung sorgt für eine Vergegenwärtigung der Entscheidungssituation, in der Norm- und Fallmaterial *topisch* geordnet aufbereitet werden und mittels eines Redeaustausches zur Überzeugung der Gebotenheit eines bestimmten Handlungsvollzuges führen. Da die gesetzliche Ordnung als Ausdruck der staatlichen Gemeinschaft keinen Selbstzweck hat, sondern der Verwirklichung eines menschengerechten Miteinanders dient, bleibt die Entscheidungsinstanz der entscheidende Jurist selbst. Denn die Verwirklichung einer Gerechtigkeitsgemeinschaft ist kein Werk der sprachgefassten Regeln, sondern des Handelns.[471]

Die in der Überlegung diskursiv gewonnene Handlungsempfehlung bedarf ihres Abgleichs mit dem Realisierungswissen des Klugen. Er verfügt über die verfestigte, praktisch-kognitive Einstellung, die aus der Erfahrung des wiederholten Handlungsvollzuges erwachsen ist.[472] Im Modell des ARISTOTELES ist dem Klugen die vor ihm liegende Entscheidungssituation nicht äußerlich. Als Strebenswesen steht er stets zu allererst unter der affektiven Wirkung jenes Lebenssachverhaltes mit dem er konfrontiert wird. Das Streben ist ihm aber nicht alleiniger Grund seines Handelns. Ungezügelte Handlungsimpulse in Form von Ablehnung oder Zugewandtheit hat der Kluge in charakterliche Disposition gemeinschaftsverträglich kultiviert und habitualisiert. Dennoch bleibt er nicht gefühlstaub. Ohne jene Fähigkeit zur Empathie verflüchtigte sich die charakterliche Haltung der Klugheit und Gerechtigkeit und es verbliebe eine wertlose Psychopathie. Menschliche Konfliktsituationen werden überhaupt dann erst zu Problemlagen ethischer oder rechtlicher Qualität, die etwa in Kategorien von Zumutbarkeit, Vorwerfbarkeit und Interessengerechtigkeit besprochen werden müssen, wenn sie eine pathetische Relevanz erlangen. Die in rechtlichen Angelegenheiten diffuse, emotionale Vielverflochtenheit aller Beteiligten bildet jedoch nur den naivsten, initialen Moment für eine Entscheidungsfindung. Es gilt sie

---

471 Vgl. *Kersting*, Der Einsichtige Staatsmann und der Kluge Bürger, in: ders. (Hrsg.), Klugheit, Weilerswist 2005, S. 21.

472 Vgl. *Kersting* a.a.O. S. 39.

nun in bewährte, erfahrungsbasierte menschliche Interaktionsmuster einzupassen, die dem Akteur über die Zeit zu Handlungsdogmen Wohlergehen schaffenden Interagierens geworden sind. Es handelt sich im Juristischen um jene stabilen Muster, die als Rechtsdogmatik gelten. Sie bilden die lose Gesamtheit von unzähligen Einzelwahrnehmungen, die dem Klugen zu *begriffenen* Handlungssätzen allgemeiner Art geworden sind; jene Dogmen, die er internalisiert hat. Allgemein begriffene Begriffe, wie bereits aufgezeigt, können jedoch nicht zu allgemeinen Prinzipien übersituativ isoliert werden. Denn Erfahrung und Wahrnehmung gehen ihnen voraus. Durch den Erfahrungserwerb beherrscht der Kluge die Fähigkeit eine unbestimmte Mehrzahl von verschiedenen Einzelfällen mit den in dem Begriff beschriebenen Erfahrungen zu identifizieren, ohne das es notwendig ist, diese Einzelfälle durch eine einzige allgemeine Formel zu umfassen.[473] Die in der juristischen Überlegung gewonnenen Überzeugungen müssen in den Erfahrungshorizont des Entscheiders integrierbar sein. In rechtlichen Angelegenheiten waltende Klugheit bietet damit nicht mehr als die charakterliche, erfahrungsbasierte Ausrichtung des Menschen auf die Verwirklichung der rechtmäßigen Gerechtigkeit.

Die Zusammenführung von *rhetorisch-topischer* Argumentation und *Rechtsklugheit* verzichtet auf die Angaben von irgend gearteten Richtigkeitsmaßstäben oder komplexeren, Richtigkeit gewährleistenden Anwendungsmechanismen. Die Praxis gestaltet und befindet selbst über die Praxis. Weder lässt sich kontroverse Argumentationspraxis unter Verweis auf außerhalb von ihr liegende höhere Prinzipien der Vernunft konsensualisieren, noch lassen sich Entscheidungen dadurch leiten, das über den Köpfen der Entscheider ein Firmament der ewigen Wahrheit aufgespannt wird. Alles Höhere, alles Abstrakte blickt aus schwereloser Sphäre erhaben und unverständig auf jene Wirklichkeit herab, über der sie schwebt: der kontingenten menschlichen Praxis. Die Rechtsklugheit ist allein die Fähigkeit, eine an Recht und Gerechtigkeit orientierte Lebensweise zu verwirklichen. Hinter ihr verbirgt sich einzig eine tätige, erfahrungsbasierte Haltung, situationsgerechte Konfliktentscheidung zum Wohle der Parteien unter gegebenen, realen Bedingungen zu treffen. Es mag dem ein oder anderen besorgniserregend wenig sein, juristisches Denken und Handeln als schlichte Gesinnung einer bestimmten menschlichen Grundhaltung zu begreifen. Doch gerade die Angst vor der Flüchtigkeit, Fragilität, Vergänglichkeit und Unfassbarkeit, der die Haltung

473 So *Taylor*, Aristoteles über den praktischen Intellekt, in: Buchheim / Flashar / King (Hrsg.), Kann man heute noch etwas anfangen mit Aristoteles, Hamburg 2003, S. 156.

als fein entsponnene Weise menschlicher Seinsmöglichkeit ausgesetzt ist, präsentiert zugleich in aller Klarheit ihren Wert als menschliche Kulturleistung. Die letztlich wenigen Beschreibungselemente, für die die Rechtsklugheit steht, erinnern an WIEACKERS Skizzierung der römischen Jurisprudenz: „Die Einstellung auf den Rechtsfall oder die einzelnen Rechtsfragen, die starke Bindung (…) an akzeptiertes *ius non controversum*, der praktisch-eklektische Charakter der *rationes decidendi*(…) und eine lange festgehaltene Reserve gegen allgemeine, fachexterne Wertungsgesichtspunkte: dies scheint in fast allen Epochen die Entscheidungen stärker motiviert zu haben als die ideologischen Suprastrukturen und deren Varianten."[474] Der Versuch der Flüchtigkeit der juristischen Denk- und Handlungsweise als Haltung durch ihre Verwissenschaftlichung oder Methodisierung entgegenzuwirken, hieße eben einer jener ideologischen Suprastrukturen in modernistischer Selbstüberschätzung illusorisch zu verfallen.

Mit dem Begriff der *Rechtsklugheit* wird nicht mehr an Klarheit und Bestimmtheit reflektiert, als eine praktische Philosophie in ihren Erörterungen zu den werthaften und gerechten Handlungen gegenstandsadäquat hervorzubringen vermag. In der Praxis bleibt der Mensch sich selbst überlassen.

474 *Wieacker*, Zur Ideologie der römischen Juristen, in: Jakobs / Knobbe-Keuk / Picker / Wilhelm (Hrsg.), FS für Werner Flume zum 70. Geburtstag, Köln 1978, Bd. I, S. 250.

Literaturverzeichnis

Arendt, Hannah, Vita activa, 12. Auflage 2013, München.

Aristoteles, Metaphysik, übersetzt von Hermann Bonitz, 6. Auflage, Reinbeck 2010.

Aristoteles, Nikomachische Ethik, übersetzt von Ursula Wolf, 3. Auflage, Reinbeck 2011.

Aristoteles, Politik, übersetzt von Franz Susemihl, 3. Auflage, Reinbeck 2009.

Aristoteles, Rhetorik, übersetzt von Gernot Krapinger, Ditzingen 2005.

Aristoteles, Topik, übersetzt und kommentiert von Tim Wagner und Christof Rapp, Stuttgart 2004. (zitiert: Aristoteles, Topik, Stuttgart 2004).

Aubenque, Pierre, Der Begriff der Klugheit bei Aristoteles, Hamburg 2007.

Ballweg, Ottmar, Science, Prudence et Philosophie du Droit, in: Archiv für Rechts- und Sozialphilosophie (ARSP) 1965, S. 543–560.

Ballweg, Ottmar, Quelques progrès de recherches dans le domaine: Science, Prudence et Philosophie du Doit, in: Archiv für Rechts- und Sozialphilosophie (ARSP) 1966, S. 221–225.

Ballweg, Ottmar, Rechtswissenschaft und Jurisprudenz, Basel 1970.

Ballweg, Ottmar, Rechtsphilosophie als Grundlagenforschung der Rechtswissenschaft und der Jurisprudenz, in: ders., Analytische Rhetorik, Frankfurt am Main 2009, S. 3–12.

Ballweg, Ottmar, Ein wissenschaftstheoretisches Lehrschema für den juristischen Unterricht, in: ders., Analytische Rhetorik, Frankfurt am Main 2009, S. 39–46.

Ballweg, Ottmar, Phronetik, Semiotik und Rhetorik, in: ders., Analytische Rhetorik, Frankfurt am Main 2009, S. 87–118.

Ballweg, Ottmar, Rhetorik und Res humanae, in: ders., Analytische Rhetorik, Frankfurt am Main 2009, S. 137–154.

Ballweg, Ottmar, Analytische Rhetorik als juristische Grundlagenforschung, in: ders., Analytische Rhetorik, Frankfurt am Main 2009, S. 155–168.

Ballweg, Ottmar, Medium jeder Rhetorik ist die Meinung, in: ders., Analytische Rhetorik, Frankfurt am Main 2009, S. 169–181.

Ballweg, Ottmar, Prolegomena einer rhetorischen Didaktik des Rechts, in: ders., Analytische Rhetorik, Frankfurt am Main 2009, S. 203–212.

Barnes, Jonathan, Aristoteles. Eine Einführung, Stuttgart 1992.

Behrends, Okko / Knütel, Rolf / Kupisch, Berthold / Seiler, Hans Hermann, Corpus Iuris Civilis, Die Institutionen, 3. Aufl., Heidelberg 2007.

Bien, Günther, Gerechtigkeit bei Aristoteles, in: Höffe (Hrsg.), Nikomachische Ethik, 3. Überar. Aufl., Berlin 2010, S. 135–165.

Bubner, Rüdiger, Handlung, Sprache und Vernunft, Frankfurt am Main 1982.

Bubner, Rüdiger, Welche Rationalität bekommt der Gesellschaft?, Frankfurt am Main 1996.

Bubner, Rüdiger, Klugheit im Gebrauch von Argumenten, in: Kersting (Hrsg.) Klugheit, Velbrück 2005, S. 201–214.

Blumenberg, Hans, Paradigmen zu einer Metaphorologie, Frankfurt am Main 1998.

Brandt, Reinhard, Klugheit bei Kant, in: Kersting (Hrsg.), Klugheit, Weilerswist 2005, S. 98–132.

Brink, Stefan, Über die richterliche Entscheidungsbegründung, Frankfurt am Main 1999.

Brüllmann, Philipp, Ethische Schriften, in: Rapp / Corcilius (Hrsg.), Aristoteles Handbuch, Stuttgart 2011, S. 134–146.

Coing, Helmut, Zum Einfluß der Philosophie des Aristoteles auf die Entwicklung des römischen Rechts, in: Zeitschrift der Savigny-Stiftung für Rechtsgeschichte – Romanistische Abteilung, LXXXII, 1952, S. 24–59. (zitiert ZRG (R))

Corcilius, Klaus, Praktische Syllogismen bei Aristoteles, Archiv für Geschichte der Philosophie, 90 Bd., 2008, S. 247–297.

von Cube, Felix, Was ist Kybernetik, 3. Aufl., Bremen 1970.

Debatin, Bernhard, Die Rationalität der Metapher, Berlin 1995.

Detel, Wolfgang, Wissenschaft, in: Rapp / Corcilius (Hrsg), Aristoteles Handbuch, Stuttgart 2011, S. 393–397.

Dreier, Ralf, Was ist und wozu Allgemeine Rechtstheorie, wieder abgedruckt in: ders. Recht – Moral – Ideologie, Frankfurt am Main 1981.

Elm, Ralf, Klugheit und Erfahrung bei Aristoteles, Paderborn 1996.

Hofmann, Hasso, Rechtsphilosophie nach 1945, Zur Geistesgeschichte der Bundesrepublik Deutschland, Berlin 2012.

Hassemer, Winfried, Juristische Methodik und richterliche Pragmatik, in: Rechtstheorie 39 (2008), S. 1–22.

Hassemer, Winfried, Rechtssystem und Kodifikation: Die Bindung des Richters an das Gesetz, in: Arthur Kaufmann (Hrsg.), Einführung in Rechtsphilosophie und Rechtstheorie der Gegenwart, 8. Aufl. Heidelberg 2011, S. 251ff.

Herberger, Maximilian, Dogmatik. Zur Geschichte von Begriff und Methode in Medizin und Jurisprudenz, Frankfurt am Main 1981.

Herberger, Maximilian, Beziehungen zwischen Naturwissenschaft und Jurisprudenz in der ersten Hälfte des 19. Jahrhunderts, in: Berichte zur Wissenschaftsgeschichte 6 (1983), S. 79–88.

Herzberg, Stephan, Wahrnehmung, in: Rapp / Corcilius (Hrsg.), Aristoteles, Stuttgart 2011, S. 383–388.

Höffe, Otfried, Praktische Philosophie – Das Modell des Aristoteles, 2. durchges. Auflage, München 1996.

Höffe, Otfried, Aristoteles: Ethik und Politik, in: Buchheim / Flashar / King (Hrsg.), Kann man heute noch etwas anfangen mit Aristoteles? Hamburg 2003, S. 125–141.

Höffe, Otfried, Aristoteles, München 2006.

Höffe, Otfried, Vorwort, in: ders. (Hrsg.) Nikomachische Ethik, 3. Aufl. Berlin 2010, S. 1–2.

Höffe, Otfried, Einführung, in: ders. (Hrsg.), Nikomachische Ethik, 3. Aufl., Berlin 2010, S. 3–13.

Höffe, Otfried, Ethik als praktische Philosophie – Methodische Überlegungen (I 1, 1094a22–1095a13), in: ders. (Hrsg.), Nikomachische Ethik, 3. Überar. Aufl., Berlin 2010, S. 13–29.

Hörl, Erich / Hagner, Michael, Überlegungen zur kybernetischen Transformation des Humanen, in: dies. (Hrsg.), Die Transformation des Humanen, Frankfurt am Main 2008, S. 7–38.

Flechtner, Hans-Joachim, Grundbegriffe der Kybernetik, 5. Aufl., München 1984.

Gabriel, Gottfried, Grundprobleme der Erkenntnistheorie, 3. Aufl., Paderborn 2008.

Garrn, Heino, Zur rechtspraktischen Bedeutung einer Theorie der juridischen Rhetorik, in: Alexy / Dreier / Neumann (Hrsg.), Rechts- und Sozialphilosophie in Deutschland heute, Archiv für Rechts- und Sozialphilosophie Beiheft Nr. 44, Stuttgart 1991, S: 96–109. (zitiert ARSP Beiheft Nr. 44).

Garrn, Heino, Einleitung, in: Theodor Viehweg, Rechtsphilosophie und Rhetorische Rechtstheorie, Baden-Baden 1995, S. 9–19.

Garrn, Heino, Zur rhetorischen Begründungsfunktion juristischer Topik, in: Schirren / Ueding (Hrsg.), Topik und Rhetorik, Tübingen 2000, S. 499–517.

Garstka, Hansjürgen, Regelkreismodelle des Rechts, München 1983.

Gröschner, Rolf, Justizsyllogismus? Jurisprudenz!, in: Lerch (Hrsg.), Recht verhandeln, Argumentieren, Begründen und Entscheiden im Diskurs des Rechts, Berlin 2005, S. 203–217.

Gröschner, Rolf, Kluges Entscheiden, Der Staat 46 (2007), S. 641 ff.

Gröschner, Rolf, Das Kreuz der Entscheidung in einer dialogischen Philosophie der Jurisprudenz, in: Joas / Jung (Hrsg.), Über das anthropologische Kreuz der Entscheidung, Baden-Baden 2008, S. 95–113.

Günther, Klaus, Der Sinn für Angemessenheit, Frankfurt am Main 1988.

Kaser, Max, Zur Methode der römischen Rechtsfindung. Nachrichten der Akademie der Wissenschaften in Göttingen, Philologisch-historische Klasse., 2. Auflage, Göttingen 1969, S. 50–78.

Kaser, Max, Das römische Privatrecht I, 2. Aufl., München 1971.

Kaufmann, Arthur, Das Verfahren der Rechtsanwendung, München 1999.

Kaufmann, Martin, Der Baum der Kybernetik, Dornbirn 2007.

Kersting, Wolfgang, Der einsichtige Staatsmann und der kluge Bürger, in: ders. (Hrsg.), Klugheit, Weilerswist 2005, S. 15–41.

Kienpointner, Manfred, Rhetorik, in: Rapp / Corcilius (Hrsg.), Aristoteles Handbuch, Stuttgart 2011, S. 510–515.

Kisch, Guido, Erasmus und die Jurisprudenz seiner Zeit, Basel 1960.

Klaus, Georg, (Hrsg.), Wörterbuch der Kybernetik, Berlin 1967.

Kunkel, Wolfgang / Schermaier, Martin Josef, Römische Rechtsgeschichte, 14. Auflage, Köln; Weimar; Wien 2005.

Kraus, Manfred, Deduktion, Reduktion, Kontradiktion: Rhetorische Theorien des Enthymems, in: Rechtstheorie 42, Berlin 2011, S. 417–436.

Launhardt, Agnes, Topik und Rhetorische Rechtstheorie, Frankfurt am Main 2010.

Lerner, Aleksandr Ja., Grundzüge der Kybernetik, Berlin 1970.

Leunissen, Mariska, Teleologie, in: Rapp / Corcilius (Hrsg.), Aristoteles Handbuch, Stuttgart 2011, S. 348–354.

von Lübtow, Ullrich, De iustitia et iure, Zeitschrift für Rechtsgeschichte, (R), LXVI, 1948, S. 458–565.

Luckner, Andreas, Klugheit, Berlin 2005.

Malink, Marko, Syllogimos, in: Rapp / Corcilius (Hrsg.), Aristoteles, Stuttgart 2011, S. 343–348.

Mayer-Maly, Theo, Vom Rechtsbegriff der Römer, in: Öst. Zeitschr. f. öff. Recht 9 (1958/59),S. 151–173.

Mayer-Maly, Theo, Gedanken über das Recht, Wien; Graz; Köln 1985.

Mayer-Maly, Theo, Rechtswissenschaft, 5. Aufl. München 1991.

Mayer-Maly, Theo, Juristische Reflexion über ius, in: Zeitschrift der Savigny-Stiftung für Rechtsgeschichte, Bd. 117 (2000), S. 1–29.

Müller, Anselm Winfried, Praktisches Folgern und Selbstgestaltung, Freiburg 1982.

Nörr, Dieter, Traditionalismus der römischen Juristen, in: Jakobs / Knobbe-Keuk / Picker / Wilhelm (Hrsg.), FS für Werner Flume zum 70. Geburtstag, Köln 1978, Bd. I, S. 186.

Ostheeren, Klaus, Rhetorizität, in: Ueding (Hrsg.), Rhetorik. Begriff – Geschichte – Internationalität, Tübingen 2005, S. 324–327.

Perelmann, Chaïm, Das Reich der Rhetorik, München 1980.

Raisch, Peter, Juristische Methoden. Vom antiken Rom bis zur Gegenwart, Heidelberg 1995.

Nierhauve, Christian, Zur Rechtsklugheit. Eine heuristische Begriffsannäherung, in: Bäcker / Ziemann, Junge Rechtsphilosophie, ARSP-Beiheft (Bd. 135) 2012, S. 127–142.

Rapp, Christof, Rhetorik und Philosophie in Aristoteles' „Rhetorik", in: Rhetorik. Ein internationales Jahrbuch, Bd. 18 (1999), S. 94–113.

Rapp, Christof, Freiwilligkeit, Entscheidung und Verantwortlichkeit, in: Höffe (Hrsg.), Nikomachische Ethik, 3. Überar. Aufl., Berlin 2010, S. 109–134.

Rapp, Christof, Aristotelische Grundbegriffe in der Theorie der juridischen Argumentation, in: Rechtstheorie 42, Berlin 2011, S. 383–415.

Rese, Friederike, Praxis und Logos bei Aristoteles, Tübingen 2003.

Ritter, Joachim, Naturrecht bei Aristoteles, in: ders. (Hrsg.), Metaphysik und Politik, Frankfurt am Main 1977, S. 133–183.

Ritter, Joachim, Die Lehre vom Ursprung und Sinn der Theorie bei Aristoteles, in: ders., Metaphysik und Politik, Frankfurt am Main 1977, S. 9–33.

Ritter, Joachim, Zur aristotelischen Theorie des Glücks, in: ders, Metaphysik und Politik, Frankfurt am Main 1977, S. 57–106.

Rückert, Joachim, Zu Kontinuitäten und Diskontinuität in der juristischen Methodendiskussion nach 1945, in: Acham / Nörr / Schefold (Hrsg.) Erkenntnisgewinne, Erkenntnisverluste / Kontinuiten und Diskontinuitäten in den Wirtschafts-, Rechts- und Sozialwissenschaften zwischen den 20er und 50er Jahren, Stuttgart 1998, S. 113–165.

Rüthers, Bernd, Methodenrealismus in der Jurisprudenz und Justiz, JuristenZeitung 2006, S. 53–60.

von Schlieffen, Katharina, Rhetorik, in: Römermann / Paulus (Hrsg.), Schlüsselqualifikationen für Jurastudium, Examen und Beruf, München 2003, S. 192–229.

von Schlieffen, Katharina, Rhetorische Rechtstheorie, in: Ueding (Hrsg.), Rhetorik. Begriff – Geschichte – Internationalität, Tübingen 2005, S. 313–324.

von Schlieffen, Katharina, Rhetorik und Stilistik in der Rechtswissenschaft, in: Rhetorik und Stilistik, Ein internationales Handbuch Band 2, Fix / Gardt / Knape (Hrsg.), Berlin / New York 2009, S. 1811–1833.

von Schlieffen, Katharina, Zur Analytischen Rhetorik von Ottmar Ballweg, in: Ballweg, Analytische Rhetorik, Frankfurt am Main 2009, S. XIII–XXXVII.

von Schlieffen, Katharina, Wie Juristen begründen, Juristen Zeitung, 66. Jahrgang, 2011, S. 109–116.

von Schlieffen, Katharina, Vorwort, in: Rechtstheorie 42 (2011), S. 377–379.

von Schlieffen, Katharina, Das Enthymem – Ein Modell juridischen Begründens, in: Rechtstheorie 42 (2011), S. 601–619.

Schmidt, Hermann, Regelungstechnik. Die technischen Aufgaben und ihre wirtschaftliche, sozialpolitische und kulturpolitische Auswirkung, in: VDI-Zeitschrift 85 (1941), S. 81–88; wieder in Beiheft zu GrKG 6 (1965) 3–34.

Schmidt-Aßmann, Eberhard, Der Rechtsstaat, in: Isensee / Kirchhof, Handbuch des Staatsrechts der Bundesrepublik Deutschland, Band 1, Heidelberg 1995, § 24 (zitiert: *Schmidt-Aßmann,* Der Rechtsstaat, in: HStR I, § 24.).

Schröder, Jan, Wissenschaftstheorie und Lehre der „praktischen Jurisprudenz“ auf den deutschen Universitäten an der Wende zum 19. Jahrhundert, Frankfurt am Main 1979.

Schröder, Jan, Aequitas und rechtswissenschaftliches System, in: Zeitschrift für neuere Rechtsgeschichte Bd. 21 (1999) S. 29–44.

Schröder, Jan, Theoretische und praktische Jurisprudenz, in: Berichte zur Wissenschaftsgeschichte 16 (1993), S. 229–240.

Schröder, Jan, Recht als Wissenschaft, 2. Auflage, München 2012.

Schulz, Fritz, Geschichte der römischen Rechtswissenschaft, Weimar 1961.

Simon, Dieter, Jurisprudenz und Wissenschaft, in: ders. (Hrsg), Rechtshistorisches Journal 7 (1988), S. 141–156.

Simon, Fritz B., Einführung in Systemtheorie und Konstruktivismus, Heidelberg 2008.

Sobota, Katharina, Sachlichkeit, Rhetorische Kunst der Juristen, Frankfurt am Main 1990.

Sobota, Katharina, Das Prinzip Rechtsstaat, Tübingen 1997.

Stachowiak, Herbert, Gedanken zu einer allgemeinen Theorie der Modelle, in: Studium Generale, Jg. 18, 1965, H. 7, S. 438.

Stern, Klaus, Das Staatsrecht der Bundesrepublik Deutschland, Band I, München 1984.

von Stephanitz, Dieter, Exakte Wissenschaft und Recht, Berlin 1970.

Taylor, C.C.W., Aristoteles über den praktischen Intellekt, in: Buchheim / Flashar / King (Hrsg.), Kann man heute noch etwas anfangen mit Aristoteles, Hamburg 2003, S. 142–159.

Troje, Hans-Erich, Wissenschaftlichkeit und System in der Jurisprudenz des 16. Jahrhunderts, in: Blühdron / Ritter (Hrsg.), Philosophie und Rechtswissenschaft, Frankfurt am Main 1969,S. 63–88.

Trude, Peter, Der Begriff der Gerechtigkeit in der aristotelischen Rechts- und Staatsphilosophie, Berlin 1955.

Vico, Gian Battista, Vom Wesen und Weg der geistigen Bildung (De nostri temporis studiorum ratione, 1708), deutsch-lateinische Ausgabe, Godesberg 1947.

Viehweg, Theodor, Topik und Jurisprudenz, 5. Aufl., München 1974.

Viehweg, Theodor, Rechtsphilosophie als Grundlagenforschung, in: ders., Rechtsphilosophie und Rhetorische Rechtstheorie, Baden-Baden 1995, S. 45–60.

Viehweg, Theodor, Zur geplanten Reform des Rechtsstudiums in Deutschland, in: ders., Rechtsphilosophie und Rhetorische Rechtstheorie, Baden-Baden 1995, S. 61–73.

Viehweg, Theodor, Antirhetorische und rhetorische Kontrolle rechtlicher Argumentation, in: ders., Rechtsphilosophie und Rhetorische Rechtstheorie, Baden-Baden 1995, S. 218–222.

Viehweg, Theodor, Notizen zu einer rhetorischen Argumentationstheorie der Rechtsdisziplin, in: ders., Rechtsphilosophie und Rhetorische Rechtstheorie, Baden-Baden 1995, S. 191–200.

Wagner, Tim, Topos, in: Rapp / Corcilius (Hrsg.), Aristoteles Handbuch, Stuttgart 2011, S. 355–356.

Wagner, Gerhard / Zimmermann, Reinhard, Vorwort, in: Bork / Taupitz / Wagner, Archiv für die civilistische Praxis, 214. Band, 2014, S. 2–8.

Waldstein, Wolfgang, Zu Ulpians Definition der Gerechtigkeit, in: Jakobs / Knobbe-Keuk / Picker / Wilhelm (Hrsg.), FS für Werner Flume zum 70. Geburtstag, Köln 1978, Bd. I, S. 213–232.

Waldstein, Wolfgang, Ist das „suum cuique" eine Leerformel?, IUS HUMANITATIS, FS zum 90. Geburtstag von A. Verdoss, Berlin 1980, S. 285–320.

Waldstein, Wolfgang, Zur juristischen Relevanz der Gerechtigkeit bei Aristoteles, Cicero und Ulpian, in: Beck-Mannagetta / Böhm / Graf (Hrsg.), Der Gerechtigkeitsanspruch des Rechts: FS für T. Mayer-Maly zum 65. Geburtstag, Wien; New York 1996, S. 1–73.

Watzlawick, Paul, Menschliche Kommunikation, 8. Aufl., Bern 2000.

Wieacker, Franz, Zur Ideologie der römischen Juristen, in: Jakobs / Knobbe-Keuk / Picker / Wilhelm (Hrsg.), FS für Werner Flume zum 70. Geburtstag, Köln 1978, Bd. I, S. 250.

Wieacker, Franz, Zur Rolle des Arguments in der römischen Jurisprudenz, wiederabgedruckt in: ders., Ausgewählte Schriften Band 1, Frankfurt am Main 1983, S. 153–174.

Wieacker, Franz, Römische Rechtsgeschichte, Erster Abschnitt, München 1988.

Wieland, Wolfgang, Die aristotelische Physik: Untersuchung über die Grundlegung der Naturwissenschaft und die sprachlichen Bedingungen der Prinzipienforschung, 3. Aufl., Göttingen 1992.

Wieland, Wolfgang, Poietische Philosophie: Schritte zu einer Philosophie der Poiesis, in: Buchheim / Flashar / King (Hrsg), Kann man heute noch etwas anfangen mit Aristoteles, Hamburg 2003, S. 223–245.

Wolf, Ursula, Aristoteles‘ Nikomachische Ethik, Darmstadt 2007.

Wolf, Ursula, Über den Sinn der Aristotelischen Mesoteslehre, wiederabgedruckt in: Höffe (Hrsg.), Nikomachische Ethik, 3. Aufl. Berlin 2010, S. S. 83–109.

Wolf, Ursula, Nikomachische Ethik, 3. Aufl., Hamburg 2011.

Wörner, Marcus H., Das Ethische in der Rhetorik des Aristoteles, Freiburg 1990.

Zielinski, Theodor, Cicero im Wandel der Jahrhunderte, 2. Aufl., Leipzig, 1908.